Michail Krausnick

Johann Georg August Wirth

Vorkämpfer für Einheit, Recht und Freiheit

Eine Biografie

Wellhöfer Verlag
Ulrich Wellhöfer
Weinbergstraße 26, 68259 Mannheim
Tel. 0621-7188167, info@wellhoefer-verlag.de
www.wellhoefer-verlag.de

Der Verlag dankt dem Sparkassenverband Rheinland-Pfalz für die großzügige Unterstützung dieser Auflage.

Die Abbildungen stammen aus den Archiven von Michail Krausnick, Christoph Müller-Wirth und dem Verlagsarchiv. Das Foto des Denkmals in Hof (Seite 296-297) wurde dankenswerterweise von der Gemeinde Hof zur Verfügung gestellt.

Titelgestaltung und Satz: Uwe Schnieders, Fa. Pixelhall, Mühlhausen
Lektorat: Julia Rettig

ISBN: 978-3-939540-93-9

INHALT

Einem besseren Zeitalter gewidmet

Vorbemerkung

Traditionen gehören nicht in die alleinige Erbpacht von Reaktionären, obgleich diese am lautesten von ihnen reden.

Glücklicherweise hat es auch in Deutschland lange vor der Revolution von 1848 nicht wenige freiheitlich und sozial gesinnte Männer und Frauen gegeben, die sich mit der Bevormundung der Herrschenden nicht abfinden wollten.

Es ist Zeit, daß ein freiheitlich-demokratisches Deutschland unsere Geschichte bis in die Schulbücher anders schreibt.

Gustav Heinemann

Am 26. Juli 1985 machten Handwerker bei der Renovierung der Kirchturmspitze von St. Stephan in Konstanz eine eigenartige Entdeckung. Die riesige goldene Kugel, auf der Kreuz und Wetterhahn befestigt sind, klang merkwürdig hohl. Sie vermuteten einen Schatz darin. Beim Öffnen fanden sie eine in Tücher eingewickelte Bleikassette. Sie meldeten den Fund dem Hausherrn. Doch als Pfarrer Hugo Merkel in Anwesenheit von Presse, Historikern der Universität und Fachleuten des Rosgartenmuseums die verlötete Kassette mit Hammer und Meißel öffnete, war die Enttäuschung groß. Die Kassette enthielt vermoderte Papiere,

Bilder von Naturkatastrophen, ein paar vergammelte Reliquien – Erinnerungen an frühere Kirchturmrenovierungen. Ein alter Handwerker- und Richtfestbrauch, mehr nicht.

Bei näherem Betrachten jedoch entdeckte der Pfarrer ein versiegeltes Leinenpäckchen. Beim Aufschnüren entpuppte sich der Inhalt als eine kleine Sensation: eine revolutionäre Schrift gegen Fürstenwillkür, Unterdrückung und Zensur. Ausgerechnet in einem katholischen Kirchturm hatte das verbotene Buch Zuflucht gefunden. Beigelegt war ein Gruß des Konstanzer Handelsmanns Carl Zogelmann[1] an künftige Generationen:

»Einem besseren Zeitalter gewidmet mit dem Wunsch begleitet, daß bey Eröffnung dieser Bulle kein Kämpfer für Freiheit und Recht, wie Doctor Wirth, der am 21ᵗ April dieß Jahr aus dem Gefängniß zu Kaiserslautern nach der Festung Oberhaus (...) abgeführt wurde, gleich diesem vier Jahr im Gefängnis seiner Meinung wegen schmachten muß.«[2]

Eine beigelegte Zeitung weist als Datum den 13. Mai 1836 aus. An jenem Tage, anlässlich der letzten Turmrenovierung, dürfte Zogelmann den hochbrisanten Inhalt – gewissermaßen als weltliche Reliquie – heimlich in die Kirchturmspitze geschmuggelt haben: ein Dokument des demokratischen Kampfes und ein Zeichen der Hoffnung auf eine bessere Zukunft in Freiheit, Einheit und Gerechtigkeit.

Das verbotene und von den damaligen Behörden unnachsichtig verfolgte Buch aber war eine »Heilige Schrift« der Demokratie, die Beschreibung des Hambacher Festes[3], der ersten großen Volksversammlung auf deutschem Boden. Verfasst hatte sie einer der Organisatoren und Hauptredner. Ein Mann, der zu diesem Zeitpunkt als Vorkämpfer und Märtyrer seiner Ideen bereits vier Jahre in Haft war: Johann Georg August Wirth.

Der Konstanzer Kirchturmfund erinnert nicht nur an die Ursprünge und die Entwicklung demokratischer Traditionen in unserem Lande, sondern auch an einen großen Vergessenen, den die untertänige Geschichtsschreibung vom Kaiserreich bis heute als einen »Verlierer«[4] links liegen ließ. Konservative Historiker verengten Wirths Bedeutung auf seinen beharrlichen Kampf um die Einheit der Nation, andere betonten mit Vorliebe seine Schwächen, überbewerteten Irrwege und Widersprüche. Oder verniedlichten ihn als »einen Mann des 19. Jahrhunderts«.

Verdrängt wurde und wird das Überragende und Zukunftsweisende. Ich bin sicher: Der Freiheitskämpfer, der sich selbst riskierte, der Not, Haft und Verbannung auf sich nahm, der sein ganzes Leben für sozial gerechte Zustände und die »Souveränität des Volkes« einsetzte, hat sein Denkmal mehr als mancher andere verdient. Der Widerständige, Widerborstige und gewiss auch Widersprüchliche ist aktueller denn je.

Wirths publizistische Leistungen, sein mutiger Kampf um »Preßfreiheit«, vor allem aber seine politischen »Erfindungen« verdienen eine Wiederentdeckung. Geprägt vom Fortschrittsglauben des 19. Jahrhunderts ragen sie weit über ihre Zeit hinaus. Auch wenn der zeitbedingt skeptische Leser bei mancher Idee oder Haltung (wie bei Marx, Lassalle, Freud, aber bei wem eigentlich nicht?) ein zeitbedingtes *Verfallsdatum* bemerken mag.

In der Summe jedoch – wenn wir seine politischen Ansprüche und sein Engagement hochrechnen auf unsere Zeit – ist von Wirth auch heute noch eine Menge zu lernen. Nicht nur in Deutschland. In vielen Ländern der Erde.

Unabhängige Zeitungen im Besitz der Leser, Druckereien auf Aktienbasis, Wählbarkeit der Redakteure, Flugblätter als Gegenöffentlichkeit, kalkulierte Nichtbeachtung der Zensur, ein »Preß- und Vaterlandsverein« als Keimzelle gewerkschaftlicher Solidarität, die Vernetzung der Hilfe für politisch Verfolgte und schließlich sein »Aufruf an die Volksfreunde in Deutschland« als erstes demokratisches Parteiprogramm und Vorform unserer Verfassung – dies alles waren gewaltige Innovationen, mit denen Johann Georg August Wirth dem Geist seiner Zeit auf die Sprünge half.

Der unsterbliche Funke der Freiheit[5]

Kindheit und Jugend

Jetzt lernte ich die Einflüsse der Freiheit auf Herz und Geist begabter Jünglinge zum ersten Mal kennen.
Ach wie ganz anders wirkt freie Erziehung, als ein sklavisches Zucht-Regiment!

Johann Georg August Wirth entstammte einer alten Hofer Postmeisterfamilie. Schon der Großvater Georg Friedrich August war Postkommissarius und Reichspostmeister gewesen. Sein Sohn, Johann Adam Gottlieb, trat in seine Fußstapfen und wurde 1794 gar zum kaiserlichen Reichspoststallmeister ernannt.

Als August Wirth am 20. November 1798 geboren wurde, war seine Heimatstadt noch preußisch. Der ständige Wechsel der Regierungsformen im Grenzgebiet zwischen der Markgrafschaft Bayreuth und dem Königreich Sachsen, machte ihm bereits als Kind deutlich, wie zufällig und willkürlich die staatliche Autorität auf dem deutschen Flickenteppich behauptet wurde.

August Wirth war das dritte von fünf Kindern. Eine Schwester war im Alter von fünf Jahren gestorben. Und auch seinen Vater hat er vor allem aus Erzählungen gekannt. Er starb im Alter von 33 Jahren nach einem Reitunfall.

»Ein Sturz mit dem Pferde bei dem Setzen über eine Umzäunung brachte ihm eine Verletzung der Brust, die bedenklich Folgen hatte; endlich spann sich eine abzehrende Krankheit an.«

August war damals erst fünf Jahre alt. Später, in den »Denkwürdigkeiten« setzt er dem verlorenen und entbehrten Vater ein Denkmal. Ein tatkräftiger und lebhafter Mann sei er gewesen, ein kühner Reiter und leidenschaftlicher Jäger. Trotz des »angeborenen Feuers« habe er bei Gefahren jedoch stets »kaltblütig und geistesgegenwärtig« gehandelt. Wichtig ist ihm aber auch ein anderer Charakterzug: »Begabt mit dem weichsten Herzen übte er die Wohltätigkeit auf eine so reiche ... Weise, daß die Armen mir die Erinnerung an ihn oft mit Thränen in den Augen dargelegt haben.«

Einen Tag vor seinem Tode hatte der Vater noch einmal den Pferdeschlitten anspannen lassen. In dicke Decken gehüllt fuhr der Sterbenskranke zu seiner vermögenden Tante und bat sie, nach seinem Tode für seine unmündigen Kinder zu sorgen. Die Tante änderte daraufhin ihr Testament und finanzierte mit einem »ansehnlichen Vermächtnis« die Ausbildung der vier kleinen Halbwaisen.

Die Erziehung der drei Söhne und der Tochter aber lag fortan allein in den Händen der Mutter Wilhelmina Augusta Albertina, einer resoluten Pfarrerstochter, die aus dem sächsischen Vogtland stammte. »Die Mutter war eine reichbegabte Frau, doch womöglich noch feuriger und heftiger als ihr Gatte. Wohl unterrichtet und voll Entschlossenheit.« In Vermögens- und Vormundschaftssachen ergriff die junge Witwe mehrmals »selbst die Feder« und stritt für die Rechte ihrer Kinder – »ja, sie konnte sich sogar über Rechtsgelehrte manches Sieges rühmen.«

Augusts geistige Ausbildung lag ihr besonders am Herzen. »Ich war ihr Liebling, vielleicht weil ich geistig an meisten Aehnlichkeit mit ihr hatte.«

Ein weiterer Schatten verdüstert die Kinderjahre, als 1806 Augusts dreijähriger Bruder Fränzchen plötzlich stirbt: »Sein frühzeitiges Hinscheiden brachte mich fast zur Verzweiflung.«

Nach der »gewöhnlichen Bürgerschule« besucht August vom achten Lebensjahr an das Gymnasium in Hof. Die Schule hat einen ausgezeichneten Ruf, auch Wirths Lieblingsdichter Jean Paul war ihr Schüler gewesen. Die Lehrer jedenfalls verstehen es, das Interesse für die klassischen Sprachen und Literatur zu wecken. »Es ist mir noch jetzt gegenwärtig, mit welcher Begeisterung wir den Schilderungen der Freiheit und edlen Nationalzustände der Griechen und Römer zuhörten.«

Schon bald ist August einer der Besten und schafft es – zu Weihnachten – eine Klasse zu überspringen. Seine Fortschritte sind so außergewöhnlich, dass er bereits vier Monate darauf – zu Ostern – erneut in die nächsthöhere Klasse versetzt werden soll. Doch »mit Rücksicht auf sein Alter« wird davon abgesehen.

Einer von Wirths Klassenkameraden ist Karl Ludwig Sand, ein »gebildeter, fleißiger und sittlicher Jüngling, welcher damals noch keine Spur von Schwärmerei offenbarte«. Gemeinsam mit Sand unternimmt August Wanderungen nach Wunsiedel im Fichtelgebirge, wo beide Verwandte haben. Acht Jahre später wird der Theologiestudent und Burschenschafter Sand weltweit bekannt durch die Ermordung des Lustspieldichters und russischen Staatsrats August von Kotzebue, dem er in nationalem Fanatismus einen Dolch in den Leib stößt. Eine engere Freundschaft zwischen Wirth und Sand scheint sich jedoch nicht entwickelt zu haben.

Die einschneidendste Erfahrung für den jungen Gymnasiasten aber ist, dass ihm geradezu über Nacht die Schule »geklaut« wird. Die Stadt Hof und das Fürstentum Bayreuth waren in jenen Jahren ein Spielball der Geschichte. Von Preußen wurden sie im Tilsiter Frieden für vier Jahre an Frankreich abgetreten und kamen 1810 unter bayerische Regierung. Dies wurde von den Bürgern »sehr ungern« und als Rückschritt gesehen. Rechtspflege, Handel, Finanzverwaltung und Bildungssystem waren unter Preußen und Franzosen vorangeschritten und hatten dem Fürstentum einen gewissen Wohlstand gebracht. »Kaum hatte aber Baiern Besitz ergriffen, so erschien eine Fluth von Verordnungen, welche alle Zustände des Landes zu ihrem Nachtheil umstießen.«

Mit großem Groll beobachtet bereits der Heranwachsende die bayerische Machtergreifung, die Wiedereinführung alter Zöpfe, die Erhebung neuer Steuern und Zölle, die Vermengung von Justiz und Administration. »Zudem wurden die vorzüglichsten Beamten des Landes, welche durch langjährige Erfahrung mit den Bedürfnissen des Volkes vertraut waren, in andere bairische Provinzen versetzt, und an ihrer Stelle Altbaiern ernannt.«

Auch äußerlich soll die neue Macht demonstriert werden. So lässt die bayerische Verwaltung an allen öffentlichen Gebäuden die schwarzen Preußischen Adler mit dicker Farbe übertünchen. Doch oft schimmert nach wenigen Wochen der fatale Adler wieder durch – zur klammheimlichen Freude der Bürger. »Einige Leute hielten dieß für eine Vorbedeutung, daß das Land bald wieder preußisch sein werde ... und wenn man den [bayerischen] Anstreicher mit seinem dicken Pinsel auf das Kammeramtsgebäude zueilen sah, so hieß es unter Gelächter ...: ›Der Adler ist schon wieder da.‹«

Besonders schmerzlich aber erlebt der junge August Wirth den königlich bayerischen Kolonialismus am eigenen Leibe: »Man hob mit einem Federstrich das Gymnasium in Hof und die nützlichen Rektorate in den Marktflecken auf, wo die Schüler bis auf die zwei letzten Jahre für die Universität vorbereitet wurden ...

Viele fähige Jünglinge wurden dadurch aus ihrer Laufbahn gerissen, weil sie keine Mittel hatten, eine auswärtige Anstalt zu besuchen. Mein Vermögen erlaubte mir zwar, sogleich das Gymnasium in Baireuth zu beziehen ...; da ich aber erst 13 Jahre alt war, so wurde ich zu früh mir selbst überlassen, und darum brachte mir die Zerstörung unserer geachteten Lehranstalt außer größern Kosten, auch sonst noch empfindlichen Nachtheil.«

Die so glanzvoll begonnene Schulkarriere bekommt einen empfindlichen Knick. Wirth wechselt 1811 an das Gymnasium in Bayreuth und 1813 nach Plauen, fühlt sich aber, »der Obhut der Mutter entrissen«, an keiner der beiden Schulen wohl und muss sie wegen »übermütiger Jungenstreiche« bald wieder verlassen.

1813 ist seine Situation so verfahren, dass der 15-jährige daran denkt, Soldat zu werden und gegen Napoleon zu ziehen. Über die preußische Kriegserklärung an Frankreich »waren die Höfer hocherfreut, vorzugsweise freilich aus dem Grunde, weil sie nun gewiß wieder preußisch zu werden hofften; indessen man haßte ... auch die Franzosen, und es wurde nur die Annäherung der preußischen Heere abgewartet, um wider die Fremden allgemein zu den Waffen zu greifen. Viele Jünglinge aus Hof und der Umgegend eilten schon vorher den preußischen Fahnen zu ...« Doch seinen privaten und politischen Freiheitsdrang kann August nicht ausleben. »Glücklicherweise«, schreibt er später, »erhielt ich zur Antwort, daß ich für das Kadettenkorps zu alt, und für das Heer zu jung sei ...«

Wirth bleibt in Hof und erhält ein Jahr lang Privatunterricht in Latein, Griechisch und Mathematik bei einem »vortrefflichen Geistlichen«, dem Prediger Johann Gebhardt. »Nichts hatte auf mein Leben einen größeren Einfluß als die Unterweisung Gebhardts.«

Der neu geweckte Lerneifer wird allerdings immer wieder durch die Kriegsereignisse unterbrochen. Als eine Schwadron vom Lützowschen Korps vor Hof anlangt, werden die alten preußischen Freunde von der Jugend und der Bevölkerung in den Vorstädten mit Jubel begrüßt. Das verärgert die bayerische Regierung, sie drängt die Preußen zum Abzug und schickt einen Kriminal-Untersuchungs-Kommissär, der die Hochverräter feststellen und verhaften soll. Doch als die Gefangenen nach Bamberg abgeführt werden, können sich die meisten selbst befreien.

Als Zaungast beobachtet der Jugendliche die Waffenübungen eines in Hof stationierten französischen Husaren-Regiments. Es »gefällt« ihm dort. Später ist er »mitten im Getümmel« dabei, wie österreichische Husaren die Franzosen angreifen und bewundert den Mut und die Entschlossenheit eines französischen Wachtmeisters, der seine Leute gegen die Übermacht der Österreicher anführt und dabei schwer verwundet wird. Als der Franzose als Gefangener abgeführt werden soll, bittet er auf gut deutsch: »Bruder, ich bitte Dich um Gotteswillen, lass' mich auf ein Pferd setzen, ich kann nicht mehr gehen!«

Er war ein Elsässer. Der Wunsch wurde ihm erfüllt.

Mehr als einmal wird der junge Wirth mit der Absurdität der deutschen Verhältnisse konfrontiert, einer Kleinstaaterei, die Deutsche auf Deutsche schießen lässt, und mit einem Krieg, der sich vor allem in verschiedenen Uniformen manifestiert. Am Ende ist er froh, dass er neutral blieb und sich nicht in den Kriegstaumel hineinziehen ließ.

Im März 1814 greift der Tod abermals in sein Leben ein. Infolge der Durchzüge von kranken Soldaten ist in Hof das »Nervenfieber« eingeschleppt worden. Auch der 18-jährige Bruder, Christian, erliegt der Krankheit.

»Alle Aufmerksamkeit und ärztliche Hilfe erwies sich als vergeblich. Nachdem die kräftige Natur des Bruders mehrere Tage hartnäckig gegen das bösartige Fieber gekämpft hatte, trat ... in der Nacht das Todesröcheln ein. Noch jetzt höre ich das schreckliche Stöhnen, welches mir das Herz zerriß. Wie ein Wahnsinniger wollte ich den Kopf wider die Mauer rennen: da ließ mich die Mutter mit Gewalt aus dem Hause tragen. Nach einigen Stunden erhielt ich die Botschaft, daß der Bruder geendet habe.«

Der Tod des »treuen Gefährten« seiner Kindheit erschüttert August so sehr, dass er selbst am Nervenfieber erkrankt. »Der Schmerz, der mich durchwühlte, war entsetzlich ... Bei Annäherung der Nacht stellten sich die ersten Phantasien ein, welche von Tag zu Tag an Schauerlichkeit zunahmen ... Nur das Gefühl der Verzweiflung, dem ich später unterlag, kommt am Entsetzen der Folter jener wilden Phantasien gleich ... mein Inneres war so öde, daß ich den Tod als einen Freund ersehnt hatte. Während der Genesung kam allmälig, doch sehr langsam die Lebenslust wieder. Ein Hang zur Einsamkeit und Schwermut blieb jedoch mehrere Monate zurück.«

August und seine zwei Jahre jüngere Schwester Friederike sind nun die einzigen von fünf Kindern, die der Mutter geblieben sind. Doch auch Friederike stirbt früh. Am Ende ist August der einzige, der das Erwachsenenalter erreicht.

1814 – von Pfarrer Gebhardt gründlich vorbereitet – entschließt sich Wirth, nach Nürnberg an das Ägidien-Gymnasium zu gehen. Dort besucht er die zwei oberen Klassen, um sich auf die Universität vorzubereiten. Das Gymnasium leitete damals kein Geringerer als der Philosoph Georg Wilhelm Friedrich Hegel.

»Das Gymnasium in Nürnberg war in jener Zeit eine Musteranstalt im eigentlichen Sinn des Wortes ... Sämtliche philosophische Vorträge hatte sich der Rektor vorbehalten ... Zuvörderst zog Hegel die Naturwissenschaften, Geschichte, Kunst und die Literatur der Alten in seine Entwicklungen, um an ihnen gleichnungsweise philosophische Thesen zu erklären: dann diktierte er nur kurze Sätze, und ließ den Sinn derselben im Wechselgespräch frei erörtern. Jeder das Wort verlangen und eine Meinung gegen andere geltend zu machen suchen, der Rektor selbst trat nur hin und wieder belehrend dazwischen ...

Was aber noch wohltätiger wirkte, ... war die Art, wie Hegel die Schüler behandelte. Von der unteren Gymnasialklasse an ... redete er jeden Schüler mit ›Herr‹ an, und bemaß hiernach auch seinen Tadel oder seine Zurechtweisungen. Ein solches achtungsvolles Benehmen eines Mannes, dessen Ruf täglich stieg, gegen junge Leute, erweckte ein ungemein hebendes Selbstgefühl, dem notwendig das Verlangen entsprechen mußte, durch anständiges Betragen einer so hohen Auszeichnung sich würdig zu machen. Wie groß war deshalb die Verwunderung, welche die erste Unterrichtsstunde ... bei mir hervorbrachte? Das urbane Benehmen eines gefeierten Lehrers, die ehrerbietige Aufmerksamkeit der Schüler, der letztern Bestreben nach feinerer Sitte: der akademische Anstand des Ganzen! Das Beispiel von Hegel wurde allmälig auch von den übrigen Professoren befolgt ...«

Die eigene Lernmüdigkeit und »Schulaufsässigkeit« ist schnell vergessen. Die lockere und heitere Atmosphäre, der freundliche Umgang mit den Erziehern klingt in seinen Erinnerungen immer wieder an. Selbst bei Prügeleien drückt mancher Lehrer ein Auge zu, vielleicht auch, weil die Schüler ihre Raufereien und »Klassenkämpfe« klassisch, als trojanischen Krieg austragen und in Hexametern besingen.

Obgleich Wirth später das System und die Grundsätze der Hegelschen Philosophie entschieden ablehnt, bleibt er dem Pädagogen zeitlebens verpflichtet: » ... als Rektor in Nürnberg wirkte Hegel unendlich segensreich: auch in mir entzündete er den unsterblichen Funken der Freiheit ... dafür stammle ich noch seiner Asche meinen tiefgefühlten Dank.«

Die beiden Nürnberger Jahre bieten nicht nur in der Schule mannigfaltige Anregungen. Zum ersten Mal besucht Wirth – zum ermäßigten Eintrittspreis – Schauspiel- und Opernaufführungen. Die »bisher ungekannten« Eindrücke sind überwältigend. Durch hemmungsloses Applaudieren fällt der 18-jährige unangenehm auf. Noch Jahrzehnte danach schwärmt er von seinen Rauschzuständen: »Das Duett ... löste mein ganzes Inneres in Melodien auf, und versetzte mich in ein

Entzücken, das ich unwillkürlich äußern mußte. Man betrachtete mich im Parterre mit Befremden, entschuldigte aber das unaufhaltsame Überströmen eines glühenden Gefühls.«

Zeitlebens wird er die Musik als einen »Wecker von Ideen« sehen: »Ich überzeugte mich lebhaft, daß meine Gefühle zarter würden, daß meine Sehnsucht nach Idealen geistiger und selbstbewusster sich entwickle ... Darum verließ ich eine gelungene Kunstproduktion höherer Art niemals, ohne irgend einen bedeutenderen Entschluss für das Leben gefasst zu haben.«

Zudem schöpft bereits der junge Wirth – wie viele seiner Zeitgenossen – angesichts der Rückständigkeit und staatlichen Zersplitterung Deutschlands aus der Beschäftigung mit Wissenschaft und künstlerischen Produktionen ein patriotisches Selbstwertgefühl. Nicht zuletzt in kulturellen Leistungen sieht er später den Anspruch auf Freiheit und »Nationalwürde« begründet.

Im Herbst 1816 zieht es Wirth an die Universität Erlangen, um Rechtswissenschaften zu studieren. Mit seinen Professoren ist er zufrieden. Neben den juristischen besucht er auch mathematische und philosophische Vorlesungen. Vor allem die Philosophie von Professor Ehrhardt wird für seine Entwicklung bedeutsam. In ihr findet der junge Student ein erstes »heilsames« Gegengewicht zum Hegelschen System: »eine Philosophie im Sinn Herders, das heißt, er forderte von ihr Bildung des Geistes und Erquickung des Herzens.« Obgleich Wirth noch etliche Jahre den Kategorien des dialektischen Denkens und der Terminologie Hegels verpflichtet bleibt, gefällt ihm an Ehrhardt bereits die klare Sprache, der Verzicht auf dunkle Redensarten und komplizierte Termini wie »Negation der Negation«.

Unumwunden gibt er zu, damals nicht gerade »ein Muster an Fleiß« gewesen zu sein. »Mit unendlicher Lust« genießt er das Studentenleben und schließt sich der Landsmannschaft Frankonia an. »Ich war ein großer Verehrer der Landsmannschaften, da deren Wetteifer, in Humor, Waffenübung und glanzvoller Repräsentation sich gegenseitig zu überbieten, mir Freude machte.« Die nur kurze Zugehörigkeit Wirths zur Burschenschaft, in der sich vorübergehend alle Erlanger Landsmannschaften zusammenschlossen, blieb allerdings ohne Auswirkung. Damals hatte er noch kein allzu großes Interesse an politischen Bestrebungen, wie etwa sein ebenfalls in Erlangen studierender Schulfreund Sand.

Dagegen ist Wirth nicht selten auf Studentenfesten zu sehen. Er habe dabei dem berühmten Erlanger Bier »manchmal mehr zugesprochen, als billig sein mochte.« Einmal allerdings – so eine mysteriöse Andeutung – sei dieser vielseitige »Studententaumel« für ihn äußerst gefährlich geworden. »Fast einem Wunder ist es zuzuschreiben, daß ich in Erlangen mein Grab nicht fand.«

Vielleicht auch deshalb sucht er in den letzten Semestern verstärkt die Gesellschaft von »erfahrenen Männern«. Im Gasthaus *Zum goldenen Herz* sitzt er »fast täglich« mit Professoren, Ärzten, Pfarrern und gebildeten Bürgern am Stammtisch. Ein Assessor am Landgericht erzählt ihm Fälle aus der gerichtlichen Praxis. »Als ich das erste Mal einen Rechtsfall … aus dem Strafrecht im Leben vor mir sah, als ich so das Verhältnis der Theorie zur Praxis wahrnahm, regten sich in meinem Innern ganz eigentümliche Gefühle.«

Mit anderen Worten: Endlich sieht er ein konkretes berufliches Ziel. Mit großem Eifer macht er sich daran, sein Studium abzuschließen.

Der junge Rechtsgelehrte

Erste Berufsjahre

Durch die Ausübung der Rechtswissenschaft im Leben tritt man dem Volke näher, und lernt dessen wahre Lage kennen.
Bald sieht man das Ringen mit unverdienter Not, bald den Ausbruch unbeherrschter Leidenschaften, hier das schleichende Unrecht, welches unter der Hülle von Täuschung und List den Armen umstrickt, dort die ungezügelte Macht, welche ihre Gewalt mißbraucht.

Im Herbst 1819 findet Wirth eine Anstellung als Rechtspraktikant am Fürstlich Schönburgischen Patrimonialgericht Schwarzenbach an der Saale. Sein Arbeitsplatz liegt – zu Pferde – nur zwei Stunden von Hof entfernt. Sein Vorgesetzter, der Amtmann Johann Wilhelm Werner, steckt in einer Überfülle von Arbeit.

Da 1818 auf der Grundlage der bayerischen Verfassungsurkunde die »gesamte streitige Gerichtsbarkeit« von vier Landgerichten an das Patrimonialgericht zurückgegeben worden war, ist er total überlastet. Durch die Neuorganisation hat es einen gewaltigen Aktenstau und enorme »Geschäftsrückstände« gegeben. Da kommt ihm der Feuereifer des jungen Praktikanten gerade recht.

Wirth ordnet die Registratur »von A – Z«, liest die Akten und verfertigt Gutachten, Berichte, Briefe und Urteils-Entwürfe, die er dem Amtmann vorlegt. »Dieser prüfte meine Arbeiten genau, und zeigte sich, als gebildeter Rechtsgelehrter, auch in seinem Urteil streng; allein im Wesen war er mit meinen Gutachten und Entwürfen meistens einverstanden.« Wirths Selbstbewusstsein wächst, er macht sich rasch unentbehrlich. Nachdem sein erstes Urteil auch vom Appellationsgericht bestätigt wurde, steigt das Vertrauen seines Chefs, »so daß meine Stellung in Schwarzenbach bald sehr angenehm wurde«.

Wirth durchschaut bald sehr klar die Mängel der Strafgesetzgebung, die Rückständigkeit der Kriminaljustiz und die »Härte von Oben«, die vor allem die Ärmsten der Armen trifft. Im juristischen Alltag wächst sein Widerwille gegen »knechtische Staatszustände« und das »kleinliche Bureau-Regime« der bayerischen »Schergen und Schreiber«. Zugleich empfindet er Mitleid für die sozial Benachteiligten.

Nach Aufarbeitung der »Geschäftsrückstände« findet Wirth wieder Zeit für private Interessen und Besuche in seiner Heimatstadt. Auf Wanderungen und Ausritten erkundet er die »schönen geschlossenen Forsten des Fichtelgebirges«. Die Wälder und Berge preist er als einen »Altar der Schöpfung, der zum Morgengebet einlädt«. Zuweilen geht er auch mit dem Förster König aus Hallerstein zur Jagd, ist aber wenig erfolgreich. Einmal, als ihm in wildromantischer Landschaft ein Edelhirsch direkt vor die Flinte tritt, vergisst er das Schießen: »Hingerissen von dem majestätischen Anblick und den reizenden Bewegungen des edlen Wildes ... hatte ich nicht mehr an die Jagd gedacht, welche ich ohnehin mehr wegen ihrer launigen Zwischenvorfälle und des Naturgenusses, als um des Waidwerks willen liebte.«

Wohl eher im Wirtshaus lernt der »junge Rechtsgelehrte« den Humor und die Spottlust der Vogtländer kennen. So erzählt er von einem zugereisten höheren bayerischen Beamten, der sich gern in Adelskreisen bewegte und auf die unteren Stände hochmütig herabsah. Da der Adelsfreund die Wirtshausrunde wiederholt fragte, wann und wo denn die vogtländische Ritterschaft ihre Zusammenkünfte abhielte, beschloss die genervte Runde, ihm eine Lehre zu erteilen. Beim nächsten Besuch spielten einige Hofer Bürger dem Fremden mit verteilten Rollen das so heiß ersehnte Treffen der Adeligen vor. »Der eine stellte diesen, der andere jenen Edelmann vor, und alle agierten so vortrefflich, daß der Adelsfreund wirklich die Blüthe der voigtländischen Ritterschaft vor sich zu haben wähnte, und laut sich glücklich pries, endlich einmal seinen sehnlichen Wunsch erfüllt zu sehen.« Wirth und die anderen aber mussten an sich halten, um nicht laut loszulachen.

In seiner autobiografischen Erzählung *Walderode* gibt Wirth in Jean Paul'scher Manier noch weitere Beispiele des Volkshumors. Liebevoll porträtiert er einen Bekannten, den knorrigen Medizinalrat Hechtel, »einen Arzt von unbeschreiblichem Ruf, aber ein Mann mit den närrischsten Eigenheiten. Er wurde bei allen bedenklichen Krankheiten von nah und ferne so sehr gesucht, daß er ungeheure Summen verdienen könnte; allein er mochte es nie über sich bringen, eine Rechnung zu machen.« Der Medizinalrat lebte gewissermaßen von der Hand in den Mund und nahm oft weite Wege mit der Kutsche oder dem Pferdeschlitten in Kauf, wenn ihm die Küche seiner Patienten behagte. Als leidenschaftlicher Gourmet hielt er nichts von der Geldwirtschaft und ließ sich seine Arztbesuche lieber mit Wildbret, Fischen, Schinken, Wein oder Tabak honorieren. Barbezahlung lehnte er grundsätzlich ab, ja sie machte ihn sogar wütend. Als ihm ein Jagdaufseher einmal keine Hasen als Tribut schicken wollte, beauftragte er »den jungen Rechtsgelehrten« mit einem juristischen Mahnschreiben: »Macht sogleich ein Requisitionsschreiben ... an das Forstamt, daß der unverschämte Pfeiffer angewiesen werde, im Interesse des Dienstes mir Hasen zu liefern.«

»Was haben denn die Hasenbraten für eine Verwandtschaft mit dem Dienst, Herr Medizinalrath?«, wollte Wirth einwenden, wurde aber sofort zurechtgewiesen:

»Seht Ihr noch nicht so viel ein? Wildpret ist sehr gesund: bin ich gesund, so gereicht dieß meinem ganzen Bezirk zum Nutzen, weil ich über den öffentlichen Gesundheitszustand wachen muß, also ...«

Wirth übernimmt das Mandat, schreibt einen halbernsten Brief an den Forstmeister, der unverzüglich Befehl erteilt, den Tribut in Hasenbraten zu liefern.

Mit seinem Vorgesetzten freundet sich Wirth an und verkehrt bald als Gast in seinem Hause. Auch ihn, seinen späteren Schwager, zählt er zu den Originalen und ungewöhnlichen Naturen seiner Heimat: »Um die Armen seines Gerichtssprengels während der Hungersnot 1816 und 1817 zu ernähren, errichtete mein Schwager mit den zehnjährigen Ersparnissen seines Einkommens eine Linnenfabrik, ließ aber dieselbe auf eine äußerst seltsame Weise betreiben. Einst schickte er einen Weber ... mit einem Warenlager von mehr als 1.000fl. auf die Messe und der possierliche Werkführer vertrank die ganze Summe. Er brachte nichts zurück als einen ungeheuren Rausch und einige elende

Taschenuhren im Werte von ungefähr 12fl. Man neckte den Amtmann in Gesellschaft über seine glänzenden Geschäfte; doch er antwortete kaltblütig: ›Freilich hat der Weber alles durchgebracht, allein er ist doch ein ehrlicher Kerl: ein anderer wäre davongelaufen ...‹«

Bei einem seiner Besuche lernt er Werners jüngste Schwester Regina Magdalena kennen und lieben. »Ich verlobte mich in Schwarzenbach mit der jüngsten Schwester meines Amtmanns, und meine Stellung wurde dadurch noch angenehmer ...«

Doch nicht zuletzt wegen seiner Heiratspläne muss Wirth an seine Karriere denken und verlässt die »liebliche« Schwarzenbacher Idylle. Nach seiner Promotion zum Doctor juris in Halle (1820) zieht er sich zu einem intensiven Quellenstudium des römischen Rechts in seine Heimatstadt Hof zurück.

1821 heiratet er Regina Werner und übersiedelt mit ihr nach Breslau. Dort beginnt er seine erste größere Druckschrift, das »Handbuch der Strafrechtswissenschaft und Strafgesetzgebung«[6] auszuarbeiten, um sich an der Schlesischen Universität zu habilitieren. Sein Einkommen in den ersten Ehejahren bezieht er vor allem aus Zeitschriftenveröffentlichungen. Wirth sieht einen politischen Zusammenhang zwischen der Freiheit der Völker und der Menschlichkeit ihrer Gesetze. Schon in Schwarzenbach hatte er Gelegenheit, ältere Akten der Kriminaljustiz zu durchstöbern: Hexenprozesse und andere blutige Inquisitions-Fälle, in denen die Geständnisse unter Folterqualen erpresst wurden. Dabei wird ihm klar: Je unfreier ein Volk, desto härter seine Gesetze. Umgekehrt vermutet er, dass auch die Gesetzgebung einen »Theil der Schuld« an der »Rohheit des Volkes« hat. Noch immer stehe die Rechtspflege nicht auf der Höhe der Zeit, noch immer gebe es »grausame Strafgesetze« und »einzelne Überbleibsel der alten Barbarei«.

Wirths »Strafrechts-Wissenschaft« fußt bereits auf demokratischen und patriotischen Gesichtspunkten. Anstelle der »Härte von oben« fordert er eine fortschrittlichere und humanere Strafgesetzgebung. Der eigentliche Zweck müsse »Besserung« sein. Die Strafe sei schließlich nichts anderes als »Notwehr« des Staates, dem »jeder Staatsangehörige aus Bewusstsein und Willensfreiheit« wie das Glied eines organischen Leibes angehöre. Wirth erklärt das Volk zu einer »heiligen Verbindung« und zum eigentlichen Souverän des Staates – was wohl kaum der herrschenden Auffassung im Metternich-System entsprochen haben dürfte.

In den beiden Breslauer Jahren muss es im Hause Wirth recht kärglich zugegangen sein. Er selbst vergleicht später die Zeit mit dem Leben des Armenadvokaten Siebenkäs bei Jean Paul. Auch habe sich sein Leben fortan nur noch im »häuslichen Kreise, ohne irgendeine Gesellschaft« abgespielt. »Gleichwohl waren wir zufrieden.« Am 27. Januar 1822 wird der Sohn Maximilian Wilhelm Gottlob, später nur Max genannt, geboren.

Die beabsichtigte Habilitierung und Universitätskarriere scheitert. Wirth muss erkennen, dass er mit Büchern und theoretischen Aufsätzen allein seine Familie nicht ernähren kann und kehrt im März 1823 in seine Heimat zurück. Bald darauf erhält er die Chance, in eine angesehene Anwaltskanzlei einzutreten. Der damals berühmteste Rechtsanwalt in Bayreuth, der frühere preußische Regierungsassessor Gottlieb Friedrich Ferdinand Keim, lädt »den jungen Rechtsgelehrten«

zur Mitarbeit ein. Wirth gelingt es, die erste Probe zu bestehen und einen überaus verwickelten Fall zu lösen. Keim überlässt ihm daraufhin bald schon bedeutendere Schriftsätze und sogar die Rechtserörterungen in höheren Instanzen. In zahlreichen Fällen vertritt Wirth Privatleute gegen den bayerischen Fiskus. Oft hat er auch unschuldig Angeklagte und die Rechte armer Leute zu vertreten.

»Eine ganze Masse von Prozessen mit feinen und verwickelten Rechtsfragen ging nun Jahre lang durch meine Hände, und da der scharfsinnige Keim alle meine Arbeiten sogar noch strenger prüfte, als früher mein Amtmann, so machte das Zusammentreffen unsrer Urteile unser gegenseitiges Verhältnis noch inniger und angenehmer.« Durch die Grenzlage und die wechselvolle Geschichte herrscht im Bayreuthischen eine geradezu »babylonische Verwirrung«: Der »junge Rechtsgelehrte« muss nicht weniger als 52 bürgerliche Rechte handhaben.[7]

Mit einem Hausbau beschäftigt, überlässt Keim seinem jungen »Freund und Kollegen« zeitweise sogar die Leitung seiner »gesamten, weitberühmten Praxis«. Und bald schon genießt die Familie des »jungen Rechtsgelehrten« einen gewissen Wohlstand. »Die Dornen der Siebenkäsischen Zeit hatten infolge eines guten Einkommens nunmehr mit Blumen- und Fruchtstücken gewechselt.« Die Bayreuther Jahre seien die glücklichsten seines Lebens gewesen, heißt es später. Am 6. Juli 1826 wird ein zweiter Sohn, Franz Ulpian, ein Jahr später, am 19. November 1827 die Tochter Rosalie Christiane geboren.

Wirth genießt mit seiner Familie die »liebliche Gegend« und die »heiteren Gesellschaften von Baireuth«. Auch lobt er das »ganz vorzügliche« Bier, das so klar sei, »daß man noch bei halbgefülltem Gefäße den blinkenden Boden sah«. Auch hier treffen sich die Honoratioren »in kleinen niedlichen Schenkstübchen« und leeren Humpen um Humpen. Doch neben privaten und beruflichen Fragen erörtert man auch die »Staatszustände ... mit einer würdigen Freimütigkeit. Dadurch teilte sich auch den Bürgern ein höheres Selbstgefühl mit ...« Kein Zweifel, Wirth fühlt sich wohl in Bayreuth. Er ist angesehen, der Beruf macht ihm Vergnügen.

In zahlreichen Fällen erlebt Wirth die skandalösen Mängel der bayerischen Rechtspflege, die durch Prozessverschleppung und manchmal sogar glatten Rechtsbruch die Bürger um berechtigte Ansprüche bringt und sie obendrein durch eine Vielzahl von Gerichtsgebühren belastet.

»Nach meiner Ansicht vom Staate sollten die obersten Leiter desselben [Gerichts] ihre Zwecke nie von jenen des Ganzen trennen, sondern nur nach der Wohlfahrt des Volkes streben. Statt einer solchen öffentlichen Moral trat mir in unserer Praxis vor allem ein System der Fiskalität entgegen, welches mich unsäglich verwundete. Wenn der Rechtsanspruch eines Privatmanns an den Staat auch noch so klar vorlag, so bewilligte ihn das Finanz-Ministerium doch niemals in der Güte, sondern ließ es auf einen Prozess ankommen, um den Gegner zu ermüden, zu entkräften, und wo möglich um seine Rechte zu bringen.«

Als Beispiel erwähnt Wirth einen seiner spektakulärsten Fälle. Die Bewohner von Bayreuth hatten 1806 gegen Rechnung den preußischen Truppen Lebensmittel, Futter und Stroh geliefert. Wegen des Krieges unterblieb die Zahlung. Mit dem Tilsiter Frieden übernahm

Napoleon ausdrücklich die Verbindlichkeiten und gab sie, als Bayreuth 1810 bayerisch wurde, an die Regierung in München weiter. »Völlig klar lag also vor, daß die bairische Staatsregierung die Lieferungs-Forderung Baireuthischer Gemeinden zu bezahlen verpflichtet sei; gleichwohl ward die Erfüllung dieser heiligen Verbindlichkeit aus den frivolsten Gründen verweigert.«

1818, nach Verkündung der bayerischen Verfassung, wurde das Finanzministerium angewiesen, statt endlich zu zahlen, »bei den Gerichten Recht zu nehmen«. Als die Bayreuther Bauern nun die Kanzlei Keim beauftragten, ihre alte Forderung von etwa 30.000 Gulden einzutreiben, ging der Streit erstmal erfolglos durch alle Instanzen, bis schließlich das Oberappellationsgericht sich selbst für unzuständig erklärte. »Als Entscheidungsgrund wurde angeführt, daß es sich um eine Rechtsfrage handle, ob die Krone Preußen oder Baiern die Lieferungsforderung zu bezahlen schuldig sei.« Damit sei der Fall eine zwischenstaatliche Angelegenheit. Bayerische Gerichte wären daher überhaupt nicht befugt, den »Grund oder Ungrund« einer Forderung an die Krone Preußen zu untersuchen.

Somit wären die Bayreuther Bauern für immer um ihr Recht gebracht gewesen, wenn Wirth nicht doch noch einen Weg gefunden hätte. Er verfertigt eine Denkschrift an den Bundestag in Frankfurt als die für Streitigkeiten zwischen zwei Kronen zuständige Instanz und erwirkt schließlich, dass das Münchener Kabinett die seit 18 Jahren fällige Schuld doch noch auszahlen muss. Um Zins und Zinseszins freilich bleiben die Bayreuther betrogen.

Die Benutzung, beziehungsweise der Missbrauch des Rechtsweges zum Abschmettern oder Hinauszögern berechtigter Forderungen sei damals »überhaupt Grundsatz der bairischen Regierung« gewesen. Der Wechsel der Regierungshoheit und der Prozessordnungen erlaubte die Verschleppung auf dem Instanzenweg über Jahrzehnte hinweg, sodass entweder der Kläger verarmte, zermürbt aufgab oder im günstigeren Fall der Sohn oder Enkel das Recht erhielt. Darüber hinaus sah die Münchener Regierung durch die Erhebung zahlloser Gebühren und Kostenerhebungen eine zusätzliche Einnahmequelle.

»Durch die Unsterblichkeit der Prozesse und die übertriebene Masse von prozessleitenden Dekreten, Protokollen, Zwischen-Urteilen, Remonstrationen, Berufungen u.s.w. häuften sich die Sportel-Beträge … übermäßig an, und saugten das Volk unbeschreiblich aus. Endlich wurden sie mit einer Gierde und Rücksichtslosigkeit eingetrieben, welche zu den Pflichten der Humanität in schreiendem Widerspruch standen.«

Zutiefst empört über dieses »System der Fiskalität« verfasst Wirth seine »Beiträge zur Revision der bürgerlichen Prozeßgesetzgebung«[8] und legt sie der Staatsregierung in München vor, welche der Eingabe jedoch keinerlei Beachtung schenkt.

»Ich sah alle diese Leiden des Volkes vor Augen, und hörte täglich die bittern Seufzer, ja oft das Jammergeschrei der Rechtsuchenden. Klar lagen die Ursachen des Übels und die Mittel zur Abhülfe vor, und ich meinte, man dürfe nur die Regierung auf beide aufmerksam machen, um dem Elend sofort abzuhelfen. Tief betrübt über den Zustand der Dinge, setzte ich mich daher bei meinen überhäuften Berufsgeschäften halbe Nächte hin, um der Regierung in einer besonderen Druckschrift über den Zustand der Rechtspflege Licht zu geben.«

In einer weiteren Abhandlung über den »Zustand der Rechtspflege in Baiern«[9] legt Wirth dar, dass es im Fürstentum Bayreuth, unter preußischer Regierung wie auch unter französischer Verwaltung nur im Ausnahmefall »überjährige« Prozesse gegeben habe, während die bayerische Justiz Rechtsstreitigkeiten über 12 bis 14 Jahre hinzuziehen imstande war. »Die Erfahrungen sind entsetzlich und flößten mir ... oft Schauder ein: denn man mußte Familien oder Geschäfte geradezu verderben sehen, weil sie nicht zu ihrem Recht gelangen konnten. Welcher Abstand war dies von der preußischen Justiz?«

Wirth hat zu jener Zeit noch Vertrauen zur Staatsregierung und meint, dass seine Argumente und Verbesserungsvorschläge in München Gehör finden müssten. Noch hofft er, dass die Regierung »nur das Gute wolle, also auch dem Volk endlich die Wohltat einer guten Rechtspflege gewähren werde.« Doch er sieht sich getäuscht.

»Was war das Ergebnis meiner Anstrengung? Die Regierung lachte mich aus! Alle Vernunftgründe und alle Ergießungen eines fühlenden Herzens zeigten sich vergeblich: es war gerade so, als wenn man tauben Wänden vorgepredigt hätte. Da setzte sich die erste Bitterkeit in mir an, und ich fasste den Gedanken, ... ob es in den Kräften einer Regierung stehe, gegen die Leiden des Volkes dauerhaft sich zu verhärten, und den Forderungen der Gerechtigkeit bleibend sich zu widersetzen?«

Geschäftsreisen und Konsultationen, die der »junge Rechtsgelehrte« stets zu Pferde unternimmt, erweitern seine Erfahrungen. Unterwegs in den Dörfern wird er oft angehalten und um juristischen Rat gefragt. Meistens warnt er die Bauern jedoch vor dem teuren Rechtsweg und dem aussichtslosen Prozessieren. Immer stärker empfindet er seine Ohnmacht, als Anwalt das Recht durchzusetzen.

Während er zunächst nur das Elend in seinem Fach, der Rechtspflege, wahrgenommen hatte, lernt er allmählich auch die Missstände in anderen Bereichen kennen. Er sieht den Verfall der Industrie im Fichtelgebirge, erfährt von der Not, von den Arbeitslosen und hört die Klagen der Bauern. In *Walderode* hat Wirth seine Eindrücke geschildert.[10]

Bei einem Ritt durch die Täler um Rollenstein, in denen er früher eine rege Industrietätigkeit bestaunt hatte, macht Wirth eine gespenstische Erfahrung: Die meisten Hüttenwerke, Stabhämmer, Hochöfen, Alaunwerke, Eisengruben und Webereien sind stillgelegt. Verwundert reitet er an verödeten und totenstillen Werksanlagen vorbei. Eine Geisterlandschaft. Ab und an jedoch sieht er Gruppen von Männern mit leeren Tragkörben auf dem Buckel am Waldrand der nahen Grenze zuwandern. Doch darauf kann er sich keinen Reim machen. Erst am Ausgang des Tales erhält er Auskunft von Hannes Thüß, einem Hüttenarbeiter, den er von früheren Besuchen kennt. Auch er ist gerade dabei, einen Tragkorb auf die Schulter zu nehmen.

»Gott grüß euch, Hannes, wie geht es mit Leib und Leben?«

»Schlecht, Herr Doktor, sehr schlecht, es gibt keinen ehrlichen Verdienst!«

»Seid Ihr denn nicht mehr auf der Adlerhütte?«

»Die steht heuer! Es fehlt den Fabriken an allem

Absatz, weil der Handel in Folge der hohen Zölle fast ganz aufgehört hat. Kein Mensch erinnert sich bei uns so niedriger Eisenpreise, und doch keine Nachfrage! Sie werden schon bemerkt haben, daß in unserem Thale viele Werke ruhen ... Unser großes Alaunwerk steht; die Gruben sind wie ausgestorben, und die Köhlerei will natürlich auch nicht viel sagen. Den Webern geht es nicht besser als uns, den Gastwirten fehlt ... die Einkehr, viele andere Gewerbe verkümmern aus dem gleichen Grunde, und sogar die Bauern klagen, weil sie wegen der Mauten keinen rechten Markt für ihre Erzeugnisse haben!«

»Das ist ja recht traurig, guter Hannes! Wie bringen sich denn die arbeitslosen Hammerschmiede, Hochöfner, Bergleute, Köhler und Weber durch?«

»Sie schmuggeln! Haben Sie die Haufen von Männern mit leeren Reefen nicht bemerkt? Eben bin ich auch daran, das Meinige zu richten, und abzuziehen ... Der Mensch will leben, und so befase ich mich denn auch mit Schwärzen, obgleich mir der geringere Verdienst auf der Hütte lieber wäre!«

»Ist denn das Schmuggeln Euch so einträglich?«

»Ja wohl! Jeder Träger kann in einer Nacht 24 Groschen fränkisch, auch einen preußischen Thaler verdienen!« Doch nur wenige seien bisher davon reich geworden. Der meiste Verdienst würde beim Trinken und Schafskopf wieder durchgebracht, und aus den Schmugglerhaufen würden früher oder später Räuberbanden werden. »Mich schreckt die Zeit, Herr Doktor, es sieht böser aus, als man glaubt. Die Schwärzer wollen sich ihr Gewerbe durch die Gendarmen nicht wehren lassen ... absichtlich gehen sie scharenweise aus, um den Zollschutzwächtern überlegen zu sein. Einzelne führen schon Pistolen bei sich, bald werden Flinten und Büchsen folgen, und wir erleben an der Grenze sicher noch einen förmlichen Schmuggler-Krieg! Sie kommen, lieber Herr Doktor, ... wahrscheinlich oft in Gesellschaft der Herren Regierungsräte. Legen Sie doch ein gutes Wort ein, daß mit der unglücklichen Maut eine Änderung vorgenommen wird!«

»Ja, mein ehrlicher Hannes, solche Vorstellungen sind in München schon oft gemacht worden, und stets fruchtlos!«

»Daß Gott erbarm! Soll ich denn als Schwärzer sterben!«

Missmutig und betrübt – so die autobiografische Erzählung – setzt der »junge Rechtsgelehrte« seinen Ritt fort und kann sich nicht einmal mehr an der Natur freuen. » ...sein Auge blieb düster, denn die Angst seiner Freunde und die Not des Landes hatten die Seele verstimmt.«

Wirth, der den Vergleich zu den besseren, vormals preußischen und französischen Staatszuständen zu ziehen vermag, weiß, dass dieses Elend nicht von ungefähr kommt, sondern konkrete Ursachen hat: 34 deutsche Staaten mit eigenen Schlagbäumen und eigenem Zolltarif.

»Was er gegenwärtig erfuhr, war kein natürlicher Zustand, kein gewöhnliches Übel, sondern eine Krankheit des Staates, veranlasst durch fehlerhafte Regierungs-Maximen; es war die Kurzsichtigkeit einer Staatsleitung, welche bei dem Fortschreiten der Zeit still gestanden war, an Vorurteilen klebte und die Bedürfnisse des Volkes weder kannte, noch zu befriedigen verstand.«

Aufgrund seiner bitteren Erfahrungen empfindet Wirth das »lebhafteste Verlangen, ... seine Stimme öffentlich zu erheben, und ... die Landes-Regierung ... um Einleitung durchgreifender Verbesserungen wiederholt anzugehen.«[11]

Während des Jahrmarkts in Hof lernt er einen bayerischen Beamten kennen, der angesichts der Wirtschaftsmisere eine völlig andere Ansicht vertritt und die Zölle verteidigt.[12] Bayern müsse alles selbst hervorbringen, nichts vom Ausland kaufen; denn dadurch ginge das Geld aus dem Land. »Aller Irrtum«, fuhr der Beamte fort, »liegt darin, daß unsere Regierung die Zölle nur als Finanzquelle ansieht: dies dürfen sie aber nicht ausschließlich sein, sondern ihr Hauptzweck ist Schutz der inländischen Industrie gegen die fremde. Die Zölle müssen daher so hoch sein, daß gar kein fremdes Produkt in Baiern eingehen kann. Besser freilich wäre unbedingtes Verbot ...«

»Der Beamte hatte eine schöne Uniform mit Löwenknöpfen an und führte eine wichtige Amtsmiene! Ich hatte daher großen Respekt, aber bei aller Ehrerbietung wollten mir seine Gründe doch nicht recht einleuchten ...«

Für Wirth nämlich steht fest, dass für den Handel »die Freiheit dasselbe wäre, was für den Menschen der Atem ist.« Und dass die Beseitigung der zahlreichen Zollschranken die erste Voraussetzung für den Aufschwung des inländischen Handels sein müsse. Ein gründliches Studium über Handelsgeschichte, Zoll- und Verkehrspolitik soll seine Ansichten untermauern. Seine zusätzliche Arbeit beginnt er nachts um ein oder zwei Uhr und setzt sie bis in die Morgenstunden fort. Er beschäftigt sich mit Wirtschafts- und Sozialtheorien und sucht nach Mitteln zur Verbesserung der sozialen Verhältnisse.

Das Ergebnis seiner wirtschaftswissenschaftlichen Gedankenarbeit, die Forderung nach freiem Handelsverkehr, legt er später erneut in einer Denkschrift nieder.

Eines Morgens im Frühling 1827 meint er auf der blumenübersäten Aue bei Bayreuth, den Schlüssel zur Lösung aller Probleme gefunden zu haben. »Trunken vor Lust wandelte ich durch das Schmelz des grünen Teppichs bis Heinersreuth, und immer neue Täler aufsuchend bis Culmbach. Die Natur hatte an jenem Tag eines ihrer schönsten Festkleider angezogen: Blüten wogten in üppiger Fülle, Düfte berauschten, Millionen von Käfern schwärmten um mich, und das unermeßliche Summen und Singen erweckte auch die Harmonie in meiner stillen, glücklichen Brust. Uneigennützige Liebe zu dem Volk, und die erhebende Hoffnung, daß die Verbesserung seiner Lage, die Veredlung seines Geistes und seiner Sitten bei redlichem Willen unzweifelhaft zu erreichen sei, gießt über die Seele einen hohen Frieden, dessen Herrlichkeit keine Sprache beschreiben wolle. Hinziehend durch meine lieben Täler griffen meine Hoffnungen und Ahnungen immer weiter hinaus, und die Sehnsucht nach Völkerfreiheit pochte zum ersten Mal an die verborgensten Kammern meines Herzens.«

Als Erste seiner neuen Ideen trägt er im geselligen Kreise vor, dass im Interesse des Volkes zunächst eine materielle Verbesserung durch »Freiheit des Handels ... in Verbindung mit Kanälen und Eisenbahnen« erreicht werden müsse. Zunächst stößt er damit auf Widerspruch. Eisenbahnen brauche man nicht, mäkelt der eine, und ein anderer meint, auch wenn es für England gut sei, wäre es »doch nicht deutsche Art«.

Die Maschinen würden den Menschen nur die Arbeit nehmen, meldet sich ein Dritter, während ein Vierter die alten Hohlwege und Schlaglöcher lobt. Bessere Straßen, Kanäle und Eisenbahnen brächten die Pferdehändler, Schmiede, Wagner und Gasthäuser nur um ihren Gewinn. Der radikalen »Eisenbahnpartei« jedenfalls möchte man nicht angehören.

Am Tag darauf entschließt sich Wirth zu einem Abstecher nach Nürnberg. Er will erkunden, was man in der großen, betriebsamen Stadt von Handelsfreiheit und Eisenbahnen hält. »Früh um vier stampfte und wieherte mein schöner vierjähriger Hengst schon vor der Haustüre. Seine Augen sprühten, und ungeduldig scharrte er mit dem Vorderfuß das Pflaster. Jetzt schwang ich mich in den Sattel, und das edle Tier schwebte leicht und froh dahin, mit weit geöffneten Nüstern lustig in die frische Morgenluft hinausschnaubend.«

Der Ritt auf seinem Goldfuchs führt ihn durch eine seiner Lieblingslandschaften, die Fränkische Schweiz und das Muggendorfer Tal. Am Abend erreicht er Nürnberg und logiert im *Rothen Roß*.

»Nürnberg und die deutsche Reichsverfassung konnte ich in meinen Begriffen niemals trennen: wo die Stadt genannt wurde, richtete sich im Hintergrund der Seele der *deutsche Kaiser* auf: echt poetisch war daher meine Stimmung.« Doch seine Begegnungen und Gespräche in der alten Reichsstadt sind keineswegs rückwärtsorientiert. Bei den Nürnbergern findet er, was er in Bayreuth vermisst: »Offenheit, geistige Originalität« und »verständige Ansichten über Handel und Gewerbsbetrieb«.

Auch seine neuen Erkenntnisse finden Verständnis und vielfache Bestätigung. »Ich überzeugte mich zu meiner Freude, daß Nürnberg sowohl in industrieller, als in politischer Hinsicht den freisinnigen Ideen huldige, und ... einst Bahn brechen werde.«

Als Wirth nach Bayreuth zurückreitet, ist er überzeugt, ein neues Lebensziel gefunden zu haben.

»Mit eigentlicher Politik wollte ich mich früher weniger beschäftigen; doch seit einiger Zeit hatten sich ... meine Begriffe erweitert, und es hob damit ein neuer Abschnitt meiner Entwicklung an ... Für Freiheit der Presse, der Gewerbe und des Handels, sowie für Volksvertretung, Selbstständigkeit der Gemeinden und wahre Verantwortlichkeit der Minister war ich schon lange begeistert.

Zunächst studierte ich nun die Geschichte der Parlamente und gesetzgebenden Kammern in England und Frankreich, sowie der Reichs- und Landtage in Deutschland. Da sich hiebei mancher neue Gesichtspunkt ergab, so durchdrang mich die Würde freier Volkszustände mit ihrer ganzen überwältigenden Macht, und fortan gestaltet sie sich allmälig zum Kultus meines Herzens.«

Ach die Freiheit siegt!

1830 – Julirevolution

*Die in Frage gestellte Freiheit ist die gemeinsame Ange-
legenheit aller Nationen.*
*Daher die aufrichtige und tiefe Sympathie für jedes
unterdrückte Volk, welches mit seinen Drängern entschlossen in die Schranken tritt.*

Die Julirevolution von 1830 erschüttert nicht nur
Frankreich und Europa, sondern wird auch für Wirth
persönlich zu einem Wendepunkt. Zum ersten Mal
erlebt er die Macht und Wirkung einer freien Presse.
Bereits im Vorfeld beobachtet der »junge Rechtsgelehrte« das revolutionäre Gären in Frankreich. Regelmäßig nach dem Mittagessen geht er in die *Ressource*,
um Zeitungen zu lesen. Er spürt, dass eine gewaltige
Umwälzung im Gange ist.

»Französische Journale konnte ich mir damals leider nicht verschaffen; dafür gab die *Augsburger Allgemeine Zeitung* täglich die Hauptaufsätze des *Courier
français*, des *Constitutionel* und der *Gazette de France*
in der Übersetzung. Die beiden ersten Blätter waren die
vorzüglichsten Organe der Opposition, und das dritte
jenes der Regierung. Mit ungemeinem Vergnügen las
ich deren gegenseitige Aufsätze, und ich fand bald, wie
nützlich dies für mich war ... die Gegensätze traten in
eifriger Tätigkeit lebendig hervor ...«

Dem Prinzip, entgegengesetzte Meinungen aus anderen Journalen abzudrucken, bleibt Wirth später auch

in eigenen Zeitschriften und Journalen treu: im Dialog widersprechender Ansichten entwickle sich die eigene Meinung. Diese Erfahrung verdanke er der *Augsburger Allgemeinen,* der damals bedeutendsten Zeitung in Bayern. »Ich habe dadurch großenteils meine politische Bildung erhalten.«

Während die französischen Oppositionsblätter für Gerechtigkeit, Freiheit und Aufklärung eintreten, hat das Regierungsorgan einen schweren Stand. Das starre Festhalten am Bourbonen-Königtum sowie die Verteidigung der Priesterherrschaft und der Vorrechte des Adels sind wenig einleuchtend und alles andere als populär. »Die Vorwürfe der Oppositionsblätter gegen die Regierung waren oft so wahr und unwiderleglich, daß ich neugierig wurde, was man wohl auch dagegen vorzubringen vermögen werde; doch am andern Tag kam immer eine Beschönigung oder schlaue Wendung des Sachverhältnisses.«

Wirth sieht den Ausbruch einer Revolution nahen und gerät immer mehr in Aufregung. Er lässt auch keinen Zweifel, auf welcher Seite er steht. »Am 3. August 1830, einem Sonntag, befand ich mich in der Gesellschaft zum Frohsinn ... Es war ein heiterer, schöner Tag, und wir saßen im Garten unter den Bäumen. Da trat plötzlich ein Kaufmann ein und meldete, daß eben durcheilende Handels-Estafetten die Nachricht brachten: ›der König von Frankreich habe das Wahl- und Preßgesetz aufgehoben!‹ Mir war dies nichts unerwartetes, weil man schon lange einen Staatsstreich sich vorbereiten sah; gleichwohl sprang ich vom Stuhl auf, und ging unruhig im Garten umher ... Die Folgen der Gewalttat standen mir klar vor Augen.«

Kurz darauf gerät er mit einem Angestellten am Landgericht in eine Kontroverse. Sein Gegenüber hält die Maßnahmen des Königs für wenig bedeutend, doch Wirth entgegnet ihm erregt: »Der französische Hof beabsichtigt, die letzten Spuren der Revolution zu verwischen, und alle Zustände hinter 1789 zurückzuführen. Es ist ein vermessener Gedanke, eine so ungeheure Bewegung ... in allen ihren Wirkungen aufheben zu wollen. Karl X. greift in ein Rad, welches ihn bei seinem unaufhaltsamen Umschwung zermalmen wird.«

Sein Gesprächspartner mag das nicht glauben. Das Volk werde sich wenig um »Preßfreiheit« und Wahlen bekümmern, wenn es ihm materiell nur gut gehe. Das sei ein Irrtum, erwidert Wirth, das Volk werde die Errungenschaften der Französischen Revolution verteidigen, zumal es ja einen mächtigen Bundesgenossen habe: »die Presse. ... welche seit 15 Jahren als eine hell strahlende Fackel die Gänge der Regierung ... beleuchtet, und das Volk über alle seine Interessen aufklärt. Deshalb wird die Presse zuerst angegriffen.« Dagegen jedoch werde sich das Volk erheben. »Da die Nation die Rückkehr unter Gewissenszwang, sowie die übermütige Herrschaft des Adels außerordentlich fürchtet, so wird sie ihre wachsame Schildwache, die freie Presse, sich nicht nehmen lassen, sondern dieselbe schützen.«

»Das möchte wahr sein,« bemerkte mein Gegner, »wenn auf Seite der Opposition das ganze Volk, und nicht bloß Parteien stünden ... Die Regierungen lassen sich nicht mehr gutmütig entwaffnen, wie Ludwig XVI. Die Kartätschen sind gute Abkühlungsmittel für überspannte Köpfe; seien Sie ohne Sorgen, man wird die Franzosen gehörig zur Ruhe verweisen.«

Die wichtigsten Unruhen und Revolutionen, die im Verlauf des Jahres 1830 Europa erschütterten, sind in dieser »Gedächtnistafel« festgehalten. Als herausragendes Ereignis steht eine Straßenkampfszene der Pariser Julirevolution im Mittelpunkt. Vorgeschichte und Nachwirkung dieser Revolution zeigen auch noch drei weitere Sequenzen. Drei Darstellungen sind der Revolution in Belgien gewidmet, zwei den Ereignissen im Königreich Sachsen und je eine den Aufständen in Warschau, Braunschweig und Hanau.

Wenige Tage später werden die ersten Barrikaden-kämpfe gemeldet und in der »gebildeten Welt« entsteht eine Aufregung, als sei die Revolution bereits in München oder Berlin ausgebrochen.

»Ich, meines Orts, war so sehr ergriffen, daß ich nicht mehr arbeiten konnte. Da die Post Mittags ankam, so ging ich den ganzen Morgen unruhig umher, und zählte die Minuten bis 12 Uhr. Vorher schon versammelte sich eine Gesellschaft regelmäßig in der Ressource ... Ein Diener mußte auf der Post die Ankunft der Zeitungen erwarten ... Irgend Jemand las sodann, von einem Tische herab, die Berichte vor, und wir lauschten atemlos dem Vortrag. Da kam einst die Nachricht:

›Die Truppen weichen auf allen Punkten zurück: die dreifarbige Fahne weht auf Notredame, das Volk drängt siegreich gegen die Tuilerien vor.‹

Unwillkürlich brach ein Freudenruf unter uns aus, und wir stäubten auseinander, um den Jubel weiter zu tragen.«

Zu Hause angekommen findet Wirth eine »Damen-Gesellschaft« beim Tee vor.

»›Was ist geschehen?‹ rief mir meine Frau zu: ›Deine Augen blitzen so ungewöhnlich!‹

›Ach die Freiheit siegt!‹

Gewaltsam wollten die Tränen hervorbrechen, und ich stürmte hinaus, um sie zu verbergen. Hastig durchzog ich Feld und Fluren: die Pulse tobten, die Brust wogte heftig, mein Inneres schien eine hoch emporlodernde Flamme zu sein. Almälig kehrte die Ruhe zurück und mit ihr ein undenklich weiches Gefühl: mein ganzes Wesen war ein feierliches Gebet, welches lange in der Seele nachzitterte.«

Nicht nur Wirth geht es so. Die Mehrheit der Stadt sympathisiert mit den Freiheitskämpfern in Paris. »Das Vergnügen leuchtete aus aller Augen, und Niemand wagte, seine Stimme gegen die Sache des Volkes zu erheben ...«

Die bayerische Regierung dagegen ist wie erstarrt. Dem *Würzburger Volksblatt* allerdings wird ausdrücklich verboten, die Pariser Ereignisse und die Folgen zu erwähnen. Denn überall in den deutschen Kleinstaaten sympathisieren die Menschen mit den Freiheitskämpfern.

»Die Freiheit ist tief in das Herz des Menschen gegraben, und nur künstliche Verhältnisse können ihre mächtige innere Stimme ... zum Schweigen bringen. Doch von Zeit zu Zeit bricht der göttliche Funke unwiderstehlich hervor ... Solch ein Moment war die denkwürdige Nacht des 4. August 1790 in Paris, wo der Adel freiwillig seine Vorrechte am Altare der Menschheit niederlegte: solch ein Moment war es, als die Botschaft der Julius-Siege Europa durchflog. So oft der Genius unsres Geschlechts in dieser erschütternden Weise uns erscheint, treten die Einzelnen und die Völker einander näher ...«

Die Juli-Revolution gibt Wirth den Impuls zu eigener journalistischer Tätigkeit. Wenige Monate nach dem Ereignis, das auch in Deutschland eine Welle von Erschütterungen auslöst, beendet Wirth seine achtjährige Mitarbeit im Anwaltsbüro Keim. Eine ebenso mutige wie schwerwiegende Entscheidung: »Ich hatte dabei viel zu opfern und zu wagen ... Mein Leben war in Baireuth bisher so heiter gewesen, ein Wechsel angenehmer Arbeiten und Studien mit scherzhaften Gesellschaften, und erhebenden Naturgenüssen. Der trauliche Familienkreis vermehrte noch das bescheidene, doch um so werthvollere Lebensglück. Meine Kinder, zwei Knaben und ein Mädchen, gediehen sichtbar ... Ich war unendlich zufrieden, und wenn ich im Sommer Nachmittags über die liebliche Aue wanderte, ... so sagte ich oft zu mir:

›*Ich habe keinen Wunsch mehr!*‹«

Doch »mein Friede mußte mir ja genommen werden!« Der 32-jährige sieht sich berufen, sein künftiges Leben »ganz in den Dienst der Volkssache« zu stellen. Zunächst versucht er zwar, sich und die Familie als selbstständiger Gutachter und juristischer Berater finanziell abzusichern. Aber bald schon hat er angesichts »der Allmacht der Ideen« seine »Geld-Interessen« vergessen. Jetzt will er alles auf eine Karte setzen.

Überzeugt von der Macht und Wirkung der Presse wagt Wirth den ersten Schritt als politischer Publizist. Vom 1. Januar 1831 an gibt er zweimal wöchentlich seine Zeitschrift *Der Kosmopolit* heraus. Zum ersten Mal ist er Verleger, Redakteur und Autor in einer Person und setzt seine ganze Kraft, ebenso wie seine Ersparnisse ein.

Bereits die erste Nummer erregt Aufsehen. Der Leitartikel befasst sich kritisch mit der eingeschränkten »Preßfreiheit« und fordert das verfassungsmäßige Recht »unverkümmerter Erörterung«:

»In einem Reiche, wie Deutschland, wo man dem Volk nicht einmal das natürlichste aller Menschenrechte, nicht das Recht zu sprechen vergönnt, war es ganz am Ort, eine neue Zeitschrift mit einem Artikel über Preßfreiheit zu beginnen.« Sodann folgte ein umfassender Aufsatz »Andeutungen über den Zustand Baierns.«

Bitterer Tadel traf »die mechanische Gesetzfabrik, die hohen Zölle, die unverhältnismäßige Verteilung der Lasten, zweckwidriges Sparen bei erledigten Richterstellen, und die üble Neigung der Regierung, den Privaten wohlerworbene Rechte ohne Entschädigung abzunehmen. Der Aufsatz machte in Baireuth großes Aufsehen und ward auch mit Beifall aufgenommen.«

In der nächsten Ausgabe lässt Wirth mit dem Artikel »Baierns Bedürfnisse« seiner Kritik konkrete Verbesserungsvorschläge folgen. Zum Beispiel schlägt er die Gründung einer allgemeinen Wohltätigkeitsanstalt, eine Kreditanstalt für Grunderwerb sowie Reformen im Bildungs- und Verkehrswesen vor.

In der sechsten Nummer setzt er sich engagiert für eine Verbindung des Rheins mit der Donau ein, empfiehlt aber der Regierung, fachmännische Gutachten englischer Ingenieure einzuholen, ob ein Kanal oder eine Eisenbahnverbindung zweckmäßiger sei.

Auch in München ist man auf den *Kosmopoliten* aufmerksam geworden. Er ist nicht die einzige, aber die frischeste und respektloseste Stimme der Opposition. Ungeachtet der in der Verfassung garantierten Pressefreiheit verordnet die bayerische Regierung am 28. Januar 1831 plötzlich, sämtliche Zeitschriften auch bei innenpolitischen Themen der Zensur zu unterwerfen. Dies bedeutet das Aus. Nach nur sieben Nummern muss die so hoffnungsvoll gestartete Zeitschrift ihr Erscheinen wieder einstellen. Der finanzielle Einsatz ist verloren.

»Ich wollte nie glauben, daß sie [die Regierung] absichtlich üble Wege einschlage ... Dieser verfassungswidrige Gewaltschritt ... erschütterte mich tief, da anstatt der ersehnten Entwicklung der staatsbürgerlichen Freiheit die Bahn der Verfinsterung von oben herab eingeschlagen wurde.«

Wie soll es weitergehen? Wirth ist zunächst ratlos. Doch dann setzt sich seine hervorstechendste Charaktereigenschaft durch: Jetzt erst recht!

»Am Tage nach dem Eintreffen der Verordnung in Baireuth, stand ich früh um 3 Uhr nachdenkend in meinem Zimmer ... Bei der damaligen Aufregung der Gemüther mußte der unbegreifliche Staatsstreich einen Zusammenstoß der Regierung mit dem Volke hervorbringen ...

Mir erschien die Laufbahn eines politischen Schriftstellers von unabhängiger Gesinnung ... als eine gefahrvolle Pflicht: ... an dem Kampfe, der nun als unwiderruflich vor mir stand, mußte ich entweder gar keinen Anteil nehmen, oder mich kopfüber in denselben stürzen: – deshalb erwog ich in der Stille der Nacht alle Folgen, um über das Schicksal meines gesamten künftigen Lebens mit klarem Selbstbewusstsein zu entscheiden.«

Wirth ist bereit, auch Not und Verfolgung auf sich zu nehmen, und beginnt den »schweren Kampf für die Volksfreiheit« mit einem Artikel für die Abschieds-Ausgabe seiner Zeitschrift: »*Rückschritte der bairischen Regierung*«. Die neue Zensur-Verordnung stellt er als einen klaren Verfassungsbruch öffentlich an den Pranger und fordert die Kammern zur Verweigerung der Steuern auf. Seine Anklage gipfelt in den Worten: »*Armes Baiern, dir droht eine lange, finstere Nacht!*«

Von seinen bisher nur sieben Abonnenten verabschiedet er sich mit der Erklärung, dass er nicht bereit sei, seine Blätter der Zensur zu unterwerfen. Er wolle

»vielmehr von der verfassungsmäßigen Freiheit der Presse so lange Gebrauch« machen, »bis man Gewalt wider ihn anwendet.« Vorläufig jedoch müsse er das Erscheinen einstellen, da er »seinen Charakter nicht verläugnen und der Censur gemäß« schreiben könne. Er wolle Beschwerde führen und vor Gericht Klage gegen den Verfassungsbruch erheben.

Die letzte Nummer des *Kosmopoliten,* mit der sich Wirth provokant über das Verbot hinwegsetzt, wird die erfolgreichste. Am Tag darauf hagelt es Abonnement-Bestellungen. Auch in anderen Städten wird Unmut gegen die Zensurmaßnahmen laut. Die Magistrate von Bamberg und Nürnberg legen offiziell Protest ein. Von einem Aufstand für Bürgerrechte und Pressefreiheit wie in Paris allerdings ist man in Bayern weit entfernt. »Ja, wenn es Dampfnudeln wären!«, meint ein Bekannter spöttisch.

Wirth und sein Drucker hingegen sollen eingeschüchtert werden. Sie werden vom Stadtkommissär verhört. Wirth dreht den Spieß um und beschuldigt die Regierung – in deutlicher und bislang noch nicht gehörter Sprache – erneut des Verfassungsbruchs.

Statt zurückzuweichen geht Wirth weiter voran, und zwar nach München, ins Zentrum der Macht. Die Julirevolution von 1830 hat der liberalen Bewegung in vielen deutschen Staaten Auftrieb gegeben. In Sachsen, Churhessen und Hannover gab es Unruhen und in Braunschweig wurde von Aufständischen sogar das Schloss des despotischen Herzogs Karl II. in Brand gesetzt. Das gewachsene politische Interesse macht sich mächtig bemerkbar. Viele Regierungen sehen sich zu Konzessionen genötigt. Und in Bayern setzt man große Hoffnungen auf den neuen Landtag.

Begleitet von seinem neunjährigen Sohn Max fährt Wirth Ende Februar 1831 in die Landeshauptstadt. Dort will er die Eröffnung der Ständekammer beobachten, mit den Abgeordneten ins Gespräch kommen und gegen das »Unrecht der Censur-Verordnung« Klage führen. Und nicht zuletzt will der stellungslose Publizist auch die Möglichkeit einer neuen »öffentlichen Wirksamkeit« erkunden.

Wirth nimmt Quartier im *Goldenen Hahn*, in dem auch viele Abgeordnete wohnen, und sucht bei Tisch, in Wein- und Bierwirtschaften Verbindung zu den frischgebackenen Politikern. Die meisten Deputierten sind Einzelgänger, haben sich noch nicht zu Parteien oder Fraktionen zusammengefunden. »Weder die Mitglieder oder Anhänger der Regierung, noch jene der Opposition wussten recht, wie die Stimmung der Stände beschaffen sein werde.« In Diskussionen tastet man sich vorsichtig ab, sucht Bundesgenossen und mit der Zeit stellt sich heraus, »daß eine gemäßigt liberale Richtung in der zweiten Kammer eine außerordentliche Mehrheit erlangen, ja daß nach Umständen selbst die entschiedenere das Übergewicht behaupten könne.«

Des Abends treffen sich die freisinnigen Bayern mit Abgeordneten aus Franken, Schwaben und Rheinbayern (ab 1838 »Pfalz«) in einem Kaffeehaus. Man plaudert über die politische Lage, die Aussichten im Landtag und die Übergriffe der Zensur. Dabei erfährt Wirth in launiger Runde so manchen Fall aus dem journalistischen Alltag. Ein Redakteur beispielsweise erzählt ihm, er habe es mit einem besonders hartnäckigen Zensor zu tun. Gerade habe er ihm eine Nachricht vorgelegt, nach der polnische Freiheitskämpfer in einem Treffen sechs russische Kanonen erbeutet hatten. Das wäre dem zarentreuen Zensor allerdings entschieden zu viel gewesen. Er habe also die »6« vor den eroberten Kanonen durchgestrichen, eine »2« darüber gesetzt und an den Rand geschrieben: »Zwei sind auch genug!« Nach der neuen Verordnung nämlich müsse der Zensor stets den tatsächlichen Grund für seine Striche angeben.

Das Kaffeehaus entwickelt sich mit der Zeit zum Hauptquartier der »entschiedeneren« Opposition. Wirth mischt kräftig mit und findet Freunde unter den »freisinnigen« Abgeordneten. »Man beschloss …, nicht bloß auf Rücknahme der Censur zu bestehen, sondern auch Gewährschaften für die Beobachtung der Verfassung zu erwirken.«

Wirth bietet an, eine Zeitung herauszugeben, die der Opposition Gehör verschaffen soll: »Unter solchen Umständen war es von Wichtigkeit, in München eine unabhängige Zeitschrift in der freisinnigen Richtung zu gründen: denn es ist ein Erfahrungssatz, daß die Rednerbühne der gesetzgebenden Kammern mit der freien Presse in Wechselwirkung treten müsse, wenn das wahre öffentliche Leben der Völker entstehen soll.«

Wirth, dessen Mittel mit jedem Münchener Tag dahinschmelzen, macht sich sogleich auf die Suche nach einem geeigneten Drucker. Mit wenig Erfolg. Sämtliche Druckereien der Hauptstadt sind mit amtlichen Protokollen und Regierungsaufträgen ausgelastet. Doch seine Pläne sprechen sich herum.

Eines Tages wird ihm von unerwarteter Seite der Antrag gemacht, die oberste Leitung der Zeitschrift *Das Inland* zu übernehmen. Wirth fühlt sich geehrt. Der Karriereschritt wäre gewaltig. Nach nur sieben Nummern einer Sieben-Abonnenten-Zeitschrift zum

Chefredakteur einer eingeführten Tageszeitung – von der Provinz in die Hauptstadt. Und auch seine finanziellen Sorgen wäre er mit einem Schlag los. Schließlich hat er eine Familie zu ernähren.

Zunächst jedoch ist er misstrauisch. Will man ihn einkaufen und korrumpieren? *Das Inland* ist immerhin eine halboffizielle Zeitung und steht im Dienste jener Regierung, die er gerade noch verklagen wollte. Kann er das mit seinen politischen Überzeugungen vereinbaren? Andererseits ist ja auch einer der Redakteure, Dr. Wilhelm Schulz, ein »erprobter Freisinniger« und damit der lebendige Beweis, »daß unabhängige Gesinnung mit der Redaktion des *Inlandes* keineswegs unvereinbarlich« ist.

Wirth überlegt hin und her. Hat sich die Regierung vielleicht doch eines Besseren besonnen? Ist sie seinen Reformvorschlägen insgeheim doch gewogener als er dachte? Will sie am Ende gar die Chance nutzen, vernünftige Ideen »von oben herab« zu verwirklichen?

Wirth macht sich die Entscheidung nicht leicht. Er bespricht sich mit Freunden und freisinnigen Abgeordneten, bevor er eine Abendeinladung des *Inland*-Verlegers annimmt. Der ist kein Geringerer als der geheime Hofrat Freiherr Johann Friedrich von Cotta. Als Besitzer mehrerer Verlage, Zeitungen und Zeitschriften, vor allem aber als Verleger Goethes und Schillers, ist er eine der angesehensten Persönlichkeiten seiner Zeit. Und bekanntermaßen ständig auf Talentsuche für sein Verlagsimperium. Um so schmeichelhafter ist es für den jungen Publizisten, dass der »Pressekönig« erklärt, dass es vor allem sein persönlicher Wunsch gewesen sei, »daß ein höher gebildeter Rechtsgelehrter« künftig seine Zeitung leite.

Bald schon kommen beide auf politische Fragen zu sprechen. Der 67-jährige Cotta erweist sich als gründlicher Leser des *Kosmopoliten* und räumt ein, dass er die »kühnen Ideen« Wirths weitgehend teile. Nur über die Wege zum Ziel habe er andere Ansichten. »Sie sind noch ein junger Mann und wenn Ihre Erfahrungen zunehmen, werden auch Ihre Ideen alles Jugendliche und Unreife vollends abstreifen ... Allein, weil Sie so viel organisierende Ideen hegen, sollten Sie den Ministern näher treten.«

»Gerne, wenn dieselben ein wirklich freisinniges Blatt ertragen könnten, wenn es ihnen nicht um eine papierne Verfassung, sondern um ächte Freiheit und Würde des öffentlichen Volkslebens zu tun wäre. Davon finde ich jedoch in Baiern noch keine Spur, und das Verhältnis des Volkes zu den Staatsdienern ist im Gegenteil wahrhaft widerlich. Gegen oben beweisen die strengen Herren häufig eine Willfährigkeit, welche nicht von Schmeichelei, ja kaum von Kriecherei entfernt ist ...; gegen Unten verfahren sie dagegen mit empörendem Hochmut ...«

Damit kommt Wirth auf den kritischen Punkt zu sprechen: dass er keineswegs bereit sei, sich das Rückgrat verbiegen zu lassen, und nennt seine Bedingung:

»Solange man den Grundsatz freier Erörterung nicht wenigstens in den innern Angelegenheiten anerkennt, vermöchte ich niemals die Redaktion eines ministeriellen Blattes zu übernehmen.«

Zu Wirths Überraschung erklärt Cotta, dass nicht nur er persönlich seine »Ansichten über Preßfreiheit« teile, sondern dass auch die Regierung bereits die Rücknahme der Zensurverordnung beabsichtige. Neben der Abschaffung der Zensur werde ein Gesetzentwurf vorbereitet, der öffentliche Gerichtsverhandlungen in Strafverfahren vorsehe. Als sich Wirth von Cotta verabschiedet, sind die meisten seiner Zweifel ausgeräumt. Und fast schon hat er seinen Glauben an die Staatsregierung wiedergewonnen. »Mein Widerstand war nun überwunden, und ich stellte nur noch die Bedingung, aus dem Munde des Ministers des Innern selbst zu erfahren, daß man keine systematische Feindseligkeit gegen das konstitutionelle Prinzip hege.«

Auch der Innenminister Eduard von Schenk empfängt Wirth. Der für die Zensur-Verordnung Verantwortliche und sein Ankläger stehen sich direkt gegenüber. Doch Schenk gibt sich erstaunlich liberal und wünscht sich ausdrücklich Wirth als Chefredakteur. Trotz gegensätzlicher Ansichten sichert er die gewünschte Unabhängigkeit zu. Wirth kann zufrieden sein: »Ich legte mehrfach und auf das bestimmteste das Bekenntnis entschiedener Freisinnigkeit ab, und verband damit die Erklärung, daß ich nie ein Wort gegen meine Überzeugung schreiben würde. Herr von Schenk war damit so sehr einverstanden, daß er gern bewilligte, jene Erklärung an die Spitze der ersten Nummer des *Inlandes* zu setzen, welche unter meiner Oberleitung erscheinen werde.«

Nach langwierigen Verhandlungen erfolgt die Übernahme der Chefredaktion relativ rasch. Bereits kurz vor der ersten öffentlichen Sitzung der »Deputierten-Kammer«, am 10. März 1831, erscheint die erste Ausgabe des *Inland* unter Wirths Leitung. Wie mit dem Innenminister vereinbart verkündet er auf der Titelseite offen den Kurswechsel des Blattes: »Das *Inland* verfolgt von heute an zum Teil eine veränderte Richtung, indem es die Handlungen der Staatsregierung nur insofern verteidigen werde, als diese mit der Überzeugung des Redakteurs zusammentreffen.« In einem weiteren Artikel schreibt Wirth ausdrücklich: »daß die Censur-Verordnung vom 28. Januar 1831 gesetzwidrig sei.«

Als Leiter einer Tageszeitung hat Wirth eine ebenso spannende wie aufreibende Aufgabe übernommen. Der für ihn noch weitgehend ungewohnte journalistische Alltag fordert ihn rund um die Uhr. Von neun Uhr vormittags bis nachmittags um drei sitzt er auf der Pressetribüne und beobachtet die Sitzungen der Kammer, danach schreibt er seine Berichte, verfasst den Leitartikel, redigiert, korrigiert, liest die ausländischen Journale und trifft sich mit Regierungspolitikern oder Abgeordneten. Er setzt seinen Ehrgeiz darein, möglichst viel selbst zu machen. »Meine Gewohnheit, sehr früh aufzustehen, leistete mir jetzt ersprießliche Dienste, und ich bewältigte das Übermaß der Geschäfte ohne wesentliche Beihülfe.« Sein Freund und Redakteur Wilhelm Schulz, der den frischen Wind und den »freimütigen Ton« des *Inland* freudig begrüßt, schildert Wirth allerdings als schwierigen Vorgesetzten. In Redaktionssitzungen habe er stets das letzte Wort behalten wollen.

Bestärkt durch die Thronrede, die tatsächlich das Versprechen enthält, die »Freiheit der Presse« gesetzlich zu sichern, versucht Wirth, liberale und progressive Tendenzen der Regierungsvorschläge zu stützen und den Dialog mit der Opposition zu fördern. So meint er, den amtlichen Auftrag mit seinen Grundüberzeugungen harmonisch verbinden zu können. Schließlich hat Bayern seit 1818 – zumindest auf dem Papier – eine vielversprechende Verfassung: »Freiheit der Gewissen und der Meinungen, gleiches Recht der Staatsbürger zu Ämtern und Auszeichnungen ... Unabhängigkeit der Rechtspflege, Gleichheit der Gesetze und vor dem Gesetze, Gleichheit der Besteuerung ...«[13] Die Verwirklichung der »schönen Worte« anzumahnen, den König beim eigenen Wort zu nehmen – das zumindest werde ja wohl erlaubt sein.

Zunächst läuft alles nach Wunsch. Mit überwältigender Mehrheit beschließt die bayerische Kammer, die Zensurordnung für verfassungswidrig zu erklären. »Wie eine Batterie, deren Geschütze sämtlich nach einem Ziele gerichtet sind, oder wie ein Feuerwerk, wo die Raketen, Schwärmer und Feuerräder in unaufhörlicher Abwechslung lebhaft emporprasseln, wurden die Angriffe der freisinnigen Abgeordneten gegen die Ministerbank geschleudert.«

Als Konsequenz wird der verantwortliche Minister, »das verantwortliche Werkzeug der lichtscheuen Ordonnanz«, von der Regierung fallengelassen. Schenk muss zurücktreten – nicht zuletzt auch, »weil es in den Ministerien eine geheime Spaltung gab«. Für Wirth ein zweifelhafter Triumph, denn der »arme Mann« ist inzwischen ja derjenige, der ihn und seine Zeitung protegiert.

Wirths Sympathien gehören zweifelsfrei der liberalen Opposition. Vor allem bewundert er den »volksthümlich« und republikanisch gesonnenen Abgeordneten Rudhart aus Franken und den als Redner herausragenden rheinbayerischen Abgeordneten Friedrich Schüler aus Zweibrücken.

»Aller Mängel ungeachtet war die Volkskammer in Baiern ... von großer Bedeutung, und in gewisser Beziehung selbst wichtiger, als die badische.«

Nicht ohne Stolz rechnet Wirth die neue parlamentarische Aktivität, die »Schnellkraft« der Oppositionsarbeit auch seiner eigenen publizistischen Tätigkeit zu. Durch regelmäßige Berichterstattung erst sei das wahre demokratische Leben erwacht, die Brücke vom Parlament zum Volke geschlagen. So veröffentlicht er ganz bewusst im *Inland* die Abstimmungsergebnisse »mit dem Namen jedes einzelnen Votanten«. Er will die Kontrolle der »Volks-Vertreter« durch das Volk. Und durch diese Wechselwirkung auch das politische Interesse im Volk wachhalten.

»›So! Stimmt der auf die Art‹ hörte ich neulich bei meiner kurzen Reise nach Hause ... sprechen, ›der bekommt meine Stimme auch nicht mehr!‹«[14]

Wirth nennt die Presse »die Seele der Stände-Verhandlungen«. Mit einer kleinen Anekdote illustriert er die Macht der öffentlichen Meinung:

»Der Bürgermeister von Landau stimmte bekanntlich früher nicht mit uns, sondern mit den unbedingten Anhängern der Regierung. Als nun die Art seiner Abstimmung in Landau bekannt wurde, ergoss sich in allen Gesellschaften eine solche Flut von Scherzen und Neckereien, daß die Gemahlin des Bürgermeisters in Verzweiflung geriet. ›Wenn du nicht anders stimmest, so lasse ich mich scheiden!‹ schrieb sie endlich ihrem Manne, und seitdem gibt es gar keinen eifrigeren Oppositions-Mann als unseren Bürgermeistern.«[15]

Tag für Tag verbreitet Wirth seine Reformvorstellungen und nicht nur Frau von Cotta rühmt ihn als einen »eisernen Mann«.

»Mancher Staatsmann drückte mir wegen dieses oder jenes Aufsatzes im Stillen teilnehmend die Hand: manche hochgestellte Persönlichkeit erklärte sich in vertrautern Kreisen sogar offen für jene Richtung, und ich erhielt später überhaupt die überzeugendsten

Beweise, daß ich den Gesinnungen der tüchtigsten Männer ... nur die Worte lieh, nur das aussprach, was sie in ihrer Stellung nicht öffentlich sagen wollten. Indessen ein geheimer Einfluss auf die Staatsregierung, welcher der gespenstermäßigen Furcht vor Revolutionen entsprang, machte alle Ratschläge freisinniger Männer wirkungslos, und lähmte alles Anstreben der aufgeklärten Regierung-Mitglieder zur Einleitung einer wahrhaft konstitutionellen Verwaltung.«

Die Reformkräfte stehen letztlich auf verlorenem Posten. Die Regierung zeigt sich befremdet vom neuen Kurs des *Inland* und erklärt offiziell, dass die Zeitung künftig nicht mehr Regierungsorgan sei.

Wirths Hoffnung, kraft besserer Argumente positiv Einfluss auf die Regierung nehmen zu können, erweist sich als Illusion. »Die kalte Gleichgültigkeit der Staatsverwaltung gegen drückende Übelstände« betrübt ihn »ungemein«. Die Eitelkeit der Regierenden, ihre Intrigen, ihr übermäßiger Lebensgenuss, ihre Gewinnsucht und ihr Machtstreben stoßen ihn ab. Um so entschiedener tritt er für die Anliegen der Opposition ein, seine Anklagen gegen die bayerischen Missstände werden zunehmend aggressiver. So geißelt er beispielsweise die ungeheuren Kosten der Justiz, die anwaltlichen Gebühren und die Tagfahrtsgelder, die es Bauern, Handwerkern und Armen unmöglich machen, ihr Recht in Anspruch zu nehmen. Er schildert dabei Fälle aus seiner eigenen Praxis, berichtet von dem Tagelöhner, der seine einzige Kuh verkaufen muss, um die »Rechtspflege« zu finanzieren.

»Meine Gefühle erlangten eine Bitterkeit, welche mir das Herz vergiften wollte. Die Erfahrung lag zu drückend auf mir!

In Bayreuth lebte ein schwelgender Advokat ..., dem die Armen ebenfalls das Geld zur Befriedung seiner übermäßigen Tafelfreuden liefern mußten.« Einst war einer seiner Klienten, ein Bauer, durch gerichtliche Hilfe gezwungen, seine armselige Habe zu verkaufen. Er übergab dem Anwalt das Geld, mit Tränen in den Augen und sagte: »Es hängt das Blut daran!« Worauf der Anwalt gefühllos erwiderte: »Das waschen wir schon ab!«

Vieles hatte Wirth schon in seiner Bayreuther Denkschrift vergeblich angemahnt. Diesmal jedoch erreicht sein Appell für die »Bedrängten« ein breites Publikum, nicht zuletzt auch die »Herren in seidenen Gewändern und Goldbrokat« und die verantwortlichen »Herren vom Justiz-Ministerium«.

Immer offensiver, direkter, unerbittlicher fordert er die Minister und Beamten auf, endlich die Verfassung zu verwirklichen, und macht sie persönlich für die Missstände verantwortlich. Doch die Regierung schlägt zurück. Obwohl die Zurücknahme der Zensurverordnung schon beschlossen ist, wird der Zensor plötzlich wieder aktiv.

Wirth erlebt das in dieser Form zum ersten Mal: »Mein Aufsatz ging also wie die früheren des *Inlandes* zur Censur; indessen das Blatt kehrte kreuzweise durchstrichen zurück. Ich kannte die Censur bis jetzt nur in der Theorie, und fühlte zum ersten Mal die Wirkung der schönen Sitte, die Ergebnisse tiefen Nachdenkens, die Studien durchwachter Nächte, die Ausströmungen einer reichen Menschenbrust mit einem dicken Span auszuwischen!

Seht ihr das Meer, wenn es brüllende Orkane peitschen, wenn tausend Blitze in seine dunklen Tiefen schlagen, wenn es tobt, wie der Sturm der Ewigkeit?

So sah es ungefähr in meinem Innern aus!

›Ah, meine Herren von der Staatsregierung,‹ sprach ich in der Stille der Nacht, ›ah, ich fühle etwas in mir, was wie eine Anlage zur Beredsamkeit aussieht, ich stoße auf etwas, was den Anschein einer Kraft hat, mit der man Ruinen erschüttert!‹

›Ich will mir eine Feder suchen, mit der Härte des Diamanten, um in eure Felsenherzen zu schneiden, und eine Tinte mit der Ausdauer von Jahrhunderten, um euere Taten zu verzeichnen.‹«

Der Fluch Deutschlands

Journalist in München

Wahrlich die Zensur ist der Fluch Deutschlands: denn sie dient nur dazu, alles Große, Schöne und Edle zu stören; sie ist das Mittel, im feigen Hinterhalte die Kämpfer für Recht und Wahrheit niederzuwerfen und einer finstern Gewalt, die vor dem öffentlichen Urteile zittert, noch ein kurzes Dasein zu fristen.

Immer wieder fordert die Regierung den Verleger des *Inland* auf, seinen Chefredakteur zu »entfernen«. Doch Cotta denkt nicht daran. Ohnehin ist er die Richtungskämpfe innerhalb der bayerischen Regierung und die Kursänderungen seines Blattes leid. Er überlässt die Zeitung seinem Schwiegersohn, dem Buchhändler und Journalisten Friedrich Sonntag. Als am 13. Juni 1831 die Zensur endlich gelockert wird, wandeln Sonntag und Wirth das inzwischen unabhängige *Inland* in ein offen demokratisches Sprachrohr um: Die *Deutsche Tribüne*. Die Zeitung verdreifacht in kurzer Zeit ihre Auflage und gewinnt einen »phänomenalen Einfluss«[16] auf das politische Leben.

Wenige Wochen später versuchen die liberaleren Kräfte in der Regierung ein letztes Mal, den erfolgreichen Publizisten auf ihre Seite zu ziehen. Ein hoher Staatsbeamter, eine »Excellenz« – so Wirth in seiner autobiografischen Erzählung[17] – bittet ihn in sein »Kabinet«. Diesmal habe die Regierung ein eigenes, hochkarätiges Zeitungsprojekt – »zum gemeinsamen Wohle des Regentenhauses, wie des Volkes«. Die angemahnten Reformen wären ja ohnehin auf dem Weg – eine freisinnigere Verwaltung wolle künftig »an den Diskussionen der Presse Anteil nehmen«. Der Regierungsvertreter stellt Wirth nicht nur die »Haupt-Redaktion« sondern auch eine Stelle in der Staatsverwaltung »als Legations- oder Ministerialrat« in Aussicht. Doch als Wirth Genaueres wissen will, stellt sich schnell heraus, dass an wirkliche Reformen überhaupt nicht gedacht ist: Für die Armen und Bedürftigen habe man leider kein Geld. »Unmöglich, schlechthin unmöglich! Wo sollen die Millionen zu solchem Zwecke erspart werden?«

»Am Militär-Etat«, schlägt Wirth vor, beziehungsweise: »Kosten die Kunstbauten in München nicht ungleich mehr?«

Der Beamte ist befremdet. Eingriffe in die Macht der Krone sind für ihn undenkbar. Auch die angekündigte Pressefreiheit könne nur für auswärtige, aber keineswegs für Angelegenheiten des deutschen Bundes zugestanden werden. Metternich regiert auch in Bayern mit.

»Das heißt, wir dürfen über Frankreich und England, nur nicht über Deutschland schreiben?«

Wirth erkennt, dass jede ernsthafte Reform letztlich an den Interessen des Königs oder am Veto des deutschen Fürstenbundes scheitern würde. »Was sind das für Institute, welche mit dem Wohl des Volkes im Widerspruch stehen und geradezu unvereinbar sind?«, fragt er und empfiehlt sich mit den Worten: »Entschuldigen Sie deshalb, Excellenz, das Geständnis, daß mich Ihre Gründe nicht zu überzeugen vermögen!«

Von nun an steht Wirth ganz bewusst in Opposition zur Regierung. Alle Illusionen von einem harmonischen Ausgleich der Interessen hat er aufgegeben. Seine Angriffe werden gezielter. Sie richten sich nun auch direkt gegen die Krone, gegen Ludwig I. Der König habe sich trotz der allgemeinen Not eine übermäßige Zivilliste für seine Hofhaltung genehmigt, verschleudere ungeheure Summen für unangemessene Prachtbauten und Privatzwecke. Für dringende Reformen und die Ernährung der verarmenden Familien habe man kein Geld mehr, weil »Ballhäuser, Kursäle, Pinakotheken, Glyptotheken und Ehrentempel gebaut, Wände bemalt und Bilder gekauft werden mußten.«[18]

Doch nicht nur mit drückenden Steuern, Zöllen und Taxen ziehe »man« dem Bürger das Geld aus der Tasche, sondern sogar mit »unsittlichen« Glücks- und Lotteriespielen.

»Um von dem Kontraste des höchsten Glanzes und des tiefsten Elends ein Schauspiel zu geben, wurde sogar das Lotto fortgesetzt. Man wollte lieber die Nation demoralisiren als die Pracht des Hofes in dem Maße zu beschränken, um das Lotto aufheben zu können. Die Not trieb in der Verzweiflung sogar bessere Staatsbürger zum Lotto, in der Hoffnung, durch einen Zufall die Rettung zu finden, welche Fleiß und Entbehrung nicht mehr zu erringen vermochten.«[19]

Mit seinen Anklagen bringt Wirth nicht nur die Regierung in Bedrängnis. Er setzt ganz gezielt auch die Abgeordneten der versammelten Kammern unter Druck, denen verfassungsgemäß das Recht der Bewilligung oder Verweigerung aller Steuern und Ausgaben zusteht.

Die Auseinandersetzungen verschärfen sich. Nach dem Erfolg in der Zensurfrage erringen die »Freisinnigen« in der Kammer weitere »glänzende« Abstimmungssiege. »Nicht nur verschiedenen Ausgaben für Bauten und andere Luxus-Gegenstände im Betrag zu 1.500.000fl. wurde von der Deputierten-Kammer die Genehmigung versagt, ... sondern auch die Civil-Liste ... um eine halbe Million für das Jahr herabgesetzt. Während die Durchführung noch größerer Einsparungen ... beschlossen ward, kam auch die Vereidigung des stehenden Heeres auf die Verfassung in Antrag, so wie zugleich die Forderung unbedingter Preßfreiheit ... Sowohl innerhalb, als außerhalb der Kammer regte sich der Geist des Volkes mit mächtigen Schwingen, und alles schien eine große Zeit anzukündigen.«[20]

Die *Tribüne* unterstützt nicht allein die Politik der Opposition in Bayern. Sie macht zunehmend selbst Politik. Wirth steuert – quasi als außerparlamentarischer Motor – immer öfter auch eigene Vorschläge und Ideen bei, die von Abgeordneten übernommen und im Landtag diskutiert werden. Darüber hinaus nimmt er den grundsätzlichen Kampf gegen das gesamte Metternich'sche System auf. Wirth verlangt die gänzliche Aufhebung der Zensur in allen deutschen Staaten, die Öffentlichkeit von Gerichtsverhandlungen und die Einführung von Geschworenengerichten. Vor allem aber klagt er die »unveräußerlichen Rechte der deutschen Nation« ein und fordert (in Nr. 35) die Einführung einer »gemeinsamen Nationalrepräsentation mit konstitutionellem Prinzip«. So wächst die *Tribüne* allmählich zu einer politischen Gegenmacht, der Chefredakteur zum Volkstribun heran.

Andererseits werden die Leitartikel jetzt auch immer häufiger von der Zensur gestrichen. Tagelang erhalten die Abonnenten verstümmelte Seiten oder leere Blätter geliefert. Doch Wirth findet einen Ausweg. »Auf eigene Kosten« lässt er wichtige Artikel als Flugblätter drucken und legt sie zur Entschädigung der Abonnenten der Zeitung bei. Damit umgeht Wirth die Zensur, die bislang noch nicht auf nichtperiodisch erscheinende Flugblätter ausgedehnt ist. Nicht selten werden die gestrichenen Artikel aber auch von oppositionellen Abgeordneten im Landtag verlesen und müssen danach im Rahmen der Landtagsprotokolle offiziell publiziert werden. Und schließlich gründet Wirth ein zusätzliches »Oppositionsblatt für Bayern«, um sich mehr Freiraum für die grundsätzliche Diskussion zu schaffen.

Natürlich lässt sich die Regierung nicht gern auf der Nase herumtanzen und verschärft ihre Maßnahmen. Zunächst versuchen die Behörden, mit Drohungen und Versprechungen auf den Drucker einzuwirken. Er solle den Abdruck gestrichener Artikel verweigern oder seine Arbeit für die *Tribüne* ganz einstellen. Doch der »charakterfeste Mann« zeigt Rückgrat und lässt sich weder einschüchtern noch korrumpieren.

Nicht selten ist Wirth nun auch in Gesellschaft und auf der Straße persönlichen Beschimpfungen ausgesetzt. Während er aus allen Teilen Deutschlands »begeisterte Beweise der Sympathie und Zustimmung«[21] erhält, werden ihm von regierungstreuen Altbayern sogar Prügel angedroht. Die Familie lebt in ständiger Angst. Auf dem nächtlichen Heimweg von der Redaktion oder aus dem Landtagsklub muss sich Wirth auf Wunsch seiner besorgten Frau regelmäßig von kräftigen Freunden begleiten lassen, da man Überfälle befürchtet.

In einer Abendgesellschaft – so erzählt sein Sohn Max – habe ihn einmal ein vierschrötiger Bierbrauer beschimpft und öffentlich bedroht:

»Sind Sie der Wirth, welcher es wagt, unserer gnädi-
gen Obrigkeit den Gehorsam aufzukündigen?«

»Ich bin es, der die verfassungsmäßigen Rechte der
Bürger gegen willkürliche Verletzung verteidigt.«

»Sie werden das künftig bleiben lassen!«

»Ich werde tun, was mir Ehre und Gewissen gebieten.«

»Ich werde Sie niederschlagen!«

»Probieren Sie's!«

»Ich stech' Sie tot!«

»Nur zu!«

»Ich schieß' Sie tot!«

»Genieren Sie sich nicht!«[22]

Jetzt freilich ist der Bierbrauer mit seinem Latein
am Ende und der unerschrockene Wirth hat die
Lacher auf seiner Seite. Doch nicht immer geht es so
glimpflich ab.

Ein paar Tage später fordert ihn der bayerische
General von Heydegger zu einem Pistolenduell auf
»fünf Schritt Barriere«[23]. Eine todsichere Entfernung.
Wirth nimmt die Forderung an. Der General hatte
sich über die Vorschläge erregt, das Militärbudget zu
kürzen, das stehende Heer abzuschaffen und die Offiziere zu Lehrern zu machen. Durch einen heftigen, in
der *Tribüne* abgedruckten Briefwechsel fühlt sich der
General beleidigt.

Das Duell auf Leben und Tod wird ausdrücklich von
König Ludwig genehmigt. Im Morgengrauen stehen
sich die Duellanten mit geladenen Pistolen gegenüber:
der General und der Journalist. Wirth schießt zuerst,
trifft aber nicht und tritt vor die Barriere. Jetzt ist der
General an der Reihe. Heydegger geht betont langsam

zur Barriere, hebt die Pistole, zielt aus fünf Metern Entfernung sehr lange auf Wirth, der jedoch keine Regung zeigt. Nach einer kleinen Ewigkeit hebt er die Pistole und sagt: »Ihr Weib und Kind stehen zwischen Ihnen und meiner Kugel!« und feuert in die Luft.

Doch damit ist Wirth nicht einverstanden. Er erklärt, dass er auf jede Schonung verzichte, und fordert, dass ein weiterer Kugelwechsel stattfinde. Die Sekundanten lehnen das ab.

Wirth habe dabei allerdings insgeheim den Verdacht gehabt, so sein Sohn Max, »daß man seinen persönlichen Mut habe auf die Probe stellen wollen, um durch Einschüchterung das gewünschte Ziel zu erreichen«.[24]

»Andere Ereignisse vermehrten noch den geistigen Aufschwung des Volkes, welcher allmälig zu enthusiastischen Stimmungen emporstieg.«[25] Als im September die zaristischen Truppen in Warschau brutal gegen die aufständischen Polen vorgehen, zeigt die Bevölkerung in allen deutschen Ländern »begeisterte Teilnahme« für die Freiheitskämpfer. Und selbstverständlich steht auch die *Deutsche Tribüne* voll auf der Seite des unterdrückten Volkes. Doch »unerbittlich strich die Censur, welche für auswärtige Angelegenheiten fortbestand, alle Aufsätze«. Obgleich Wirth sich mittlerweile schon manche Verstümmelung gefallen lassen musste, diesmal will er die »Unterdrückung jeder Fürsprache für die leidenden Polen« nicht durchgehen lassen und greift den Zensor persönlich an:

»Denkt ein solcher Mann, ... nicht an das Richteramt der Geschichte, ist es ihm gleichgültig, seinen Namen deshalb der Nachwelt überliefert zu sehen, weil er der Unterdrückung der heiligen Sache der Polen seine Tätigkeit verlieh? ...

Deutschland wird und muß einsehen, daß die Censur ein Flecken seines Ruhmes sei: die kommenden Geschlechter werden ... mit Mitleiden betrachten und erstaunen, daß man einem Amte, welches den infamierenden Gewerben gleicht, nicht lieber entsagen, als es zur Unterdrückung der leidenden Menschheit in Polen anwenden wollte. Deutschland sollte tief erröten, daß es das Land sei, wo die Geister unter die Vormundschaft der Kinder gestellt sind.«[26]

Missmutig begibt sich Wirth am gleichen Abend in Gesellschaft, um sich ein wenig aufzuheitern.[27] Seine Freunde unter den Abgeordneten teilen natürlich seinen Groll, doch ein Ministerialrat will ihm die Zensurmaßnahme erklären. Da es sich beim polnischen Aufstand um eine außenpolitische Frage handle, meint er, sei die Zensur ja doch keineswegs widerrechtlich: »Unsere Regierung hat Rücksichten gegen die Großmächte zu beachten, welche mit dem deutschen Bund befreundet sind!«

Wirth erwidert schroff: »Die Rücksichten gegen die leidende Menschheit sind noch heiliger, und überdies kann der Wunsch zur Gefälligkeit gegen fremde Mächte keine Entschuldigung sein, die Censur mit widerrechtlicher Willkür auszuüben!«

Wirth begründet schließlich »mit dem Gesetz in der Hand« minutiös die Unrechtmäßigkeit der Zensurstriche und redet sich dabei so in Rage, dass der befreundete »Graf Ehrenberg« besorgt zur Mäßigung mahnt. Wirth, dem auch sein Sohn Max ein »feuriges« und bisweilen »aufbrausendes Temperament«[28] bescheinigt, ist jedoch kaum zu beruhigen:

»Verehrter Graf, ich huldige mit ganzer Seele jenem Grundsatz; allein ich trage zugleich die tiefste Überzeugung in mir, daß unter gewissen Umständen ... eine heftige Sprache ... geradezu Pflicht wird. Solche Verhältnisse treten dann ein, wenn das Wohl des Vaterlandes oder der Menschheit durch die Gewaltigen gefährdet wird ... dann muß eine Donnerstimme die Welt erschüttern, und das Wort wie in der Schlacht gleich einem Schwertschlag klingen.«[29]

Noch in derselben Nacht entschließt sich Wirth, keinen Zensurstrich mehr anzuerkennen, der nicht nachweisbar im Strafgesetz begründet ist. Darüber hinaus erklärt er in der *Tribüne,* dass er ab sofort in seiner Zeitung »auch von der Zensur gestrichene Aufsätze drucken lassen werde«. Die Auseinandersetzung eskaliert. Die Kreisregierung erteilt der Polizeidirektion München den Befehl, Wirth die Verwirklichung seiner Absicht zu verbieten und droht eine Geldstrafe von mehreren Reichsthalern an.

Doch der couragierte Journalist lässt sich nicht kleinkriegen. Und bald schon erscheint der erste vom Zensor gestrichene Artikel in der *Tribüne.* Damit ist die erste Geldstrafe fällig. Als wenige Tage später wieder ein verbotener Artikel vollständig abgedruckt wird, verdoppelt die Polizeidirektion die Strafe und droht für den Wiederholungsfall bereits das vierfache Bußgeld an.

»So wurde bei jedem neuen Abdrucken einer gestrichenen Stelle genau das Zweifache der letzten Strafe angedroht ..., und die Geldstrafen stiegen also ... nach der geometrischen Progression.«

Nach sieben Tagen – rechnet Wirth aus – betrüge seine Strafe 640 Taler und hätte nach weiteren 16 Tagen bereits die Höhe der bayerischen Staatsschuld von 116 Millionen erreicht.

Unbeirrt lässt er weitere verbotene Artikel erscheinen. Und tatsächlich erklimmen die Geldstrafen astronomische Höhen. Ganz München beobachtet mehr oder minder amüsiert das aberwitzige Spiel. Die stetig anwachsenden Geldstrafen werden regelmäßig in der *Tribüne* veröffentlicht und Wirth lässt es sich natürlich nicht nehmen, den Schildbürgerstreich der Polizeidirektion gehörig zu verspotten.

»Setzt die Regierung das Schulden-Tilgungswerk fort?«, lässt er in *Walderode* einen Abgeordneten fragen und erwidert: »Sehr emsig. Gestern wurde schon die Strafe v. 2560 Reichsthalern ... ausgesprochen. Für den nächsten Fall ist eine Strafe von 5120 Thalern angedroht. Das große Werk wird daher zum Heile der Nation und zum Ruhme jener genialen Regierung bald vollbracht sein. Die Summe der ... Strafen beträgt jetzt schon 5110 Reichsthaler.«[30]

Wirth zahlt nicht. Bei seinen knappen Einnahmen wäre er dazu auch gar nicht in der Lage. Bei einer gewaltsamen Auspfändung in seinem Hause kommen lediglich knapp 30 Reichsthaler zusammen. Im Innenministerium begreift man allmählich, dass sich die Polizei mit geometrisch wachsenden Geldstrafen nur zum Gespött macht, und überlegt andere Maßnahmen gegen den widerspenstigen Publizisten. Bei den nächsten Verstößen verhängt die Münchener Polizei Gefängnisstrafen von vierundzwanzig bis achtundvierzig Stunden. Doch Wirth bleibt hartnäckig und lässt weiterhin die verbotenen Artikel erscheinen. Die Strafen steigen und summieren sich. Er verlegt die Chefredaktion der *Tribüne* ins Gefängnis und schreibt dort seine Artikel weiter. Dem Arrestanten wird schließlich sogar erlaubt, das eigene Bett ins Gefängnis bringen zu lassen.

Über den Eindruck seiner Verhaftung schreibt Wirth wiederum in *Walderode:* »Als die Gefängnisthüre hinter ihm abgeschlossen, und er nun einsam war ... sprang er hastig vom Sitze auf und durchschritt heftig das Gefängniszimmer ... Über jede Ungerechtigkeit stets tief entrüstet, glühte er immer noch vor Unwillen, sein rollendes Auge schien im Ausdruck dem Sturme der Gefühle kaum folgen zu können, und mit flammenden, das staunende Volk durchzuckenden Worten erzählte er die Gewalttat ...«[31]

Wirths Artikel in der *Tribüne* beginnt mit den Worten:

»Der Verfasser ... schreibt gegenwärtigen Artikel im Arreste; jedoch nicht traurig, sondern freudig, nicht mit Leidenschaft, sondern mit kalter, ruhiger Besonnenheit.«[32]

Ein paar Zeilen später aber stellt sich die nur mühsam unterdrückte Empörung doch wieder ein. Leidenschaftlich ruft Wirth das Parlament zum Widerstand gegen seine gesetzwidrige Verhaftung auf: »Deputirte des Volkes! Wollt ihr dem rechtlosen Zustande eurer Mitbürger kein Ziel setzen? Wollt ihr die persönliche Freiheit gegen die rohe Gewalt der Zensur nicht in Schutz nehmen?«

Und geradezu siegesgewiss schließt der Appell: »Die Regierung möge übrigens fortfahren, der Nation ihren rechtlosen Zustand ... vor Augen zu stellen. Aus dieser Saat entspringt eine herrliche Aerndte, zwar nicht für den Thron, doch gewiß für das Volk. Der Einzelne wird leiden, allein das Ganze wird gewinnen. Das für die Freiheit kämpfende Individuum kann untergehen, aber das Volk wird im constitutionellen Geiste gebildet und groß gezogen. Nur noch kurze Zeit und ihr werdet das Wunder sehen, daß das Volk nicht mehr als kriechender Hund zu den Füßen seines Herrn liegt, sondern zum Bewusstsein der Menschenwürde erhoben, die Rechte freier Staatsbürger in ihrem ganzen Umfange zurückfordert.

Es lebe die Freiheit der Völker!«[33]

Mit seiner unbeugsamen Haltung habe Wirth – so sein Sohn Max über fünfzig Jahre später – im Jahre 1831 nicht nur die Unverletzlichkeit der Verfassung demonstriert und für die Gerechtigkeit seiner Sache Zeugnis abgelegt. Er habe darüber hinaus auch eine pädagogische Absicht gehabt: »Er wollte in dem allgemeinen Zustand der politischen Verzagtheit und Unterwürfigkeit des deutschen Volkes ein Beispiel des Mutes geben, um die Bevölkerung nach und nach dahin zu bringen, daß sie sich ermanne und zur Anwendung aller gesetzlichen Mittel für die Verteidigung ihrer verfassungsmäßigen Rechte sich aufraffe.«[34]

Zunächst allerdings ist er enttäuscht. Sein Appell an die Deputierten findet kein unmittelbares Echo. Trotz Sympathieerklärungen aus ganz Deutschland bleibt Wirth ein Einzelkämpfer. Im bayerischen Landtag treten nur wenige Abgeordnete, darunter Friedrich Schüler aus Zweibrücken, offen für ihn ein und protestieren gegen die willkürliche Verhaftung.

Der geschulte Jurist allerdings weiß sich auch selbst zu helfen. Aus der Gefängniszelle heraus entwirft Wirth eine Eingabe an das Innenministerium und begründet sie mit dem bayerischen Strafgesetzbuche: »nur dasjenige ist strafbar, was in einem Gesetze unter Strafe verboten worden«.

Auf dieser Grundlage erstattet er in der *Tribüne* vom 18. September öffentlich Anzeige gegen die königliche Polizeidirektion und erklärt den verantwortlichen Minister »ehrerbietigst« zum Mitschuldigen, wenn er die widerrechtliche Gefangenhaltung nicht augenblicklich beende.

Tatsächlich zeigt sich das Ministerium nicht unbeeindruckt und hebt postwendend die »widerrechtliche Gefangenschaft« auf. Einige Wochen lang genießt die *Tribüne* als einzige deutsche Zeitschrift so etwas wie »vollkommene Preßfreiheit«. Doch die Ruhe täuscht.

Die Staatsregierung wahrt lediglich den Schein der Legalität. Insgeheim plant sie bereits den nächsten Schlag gegen ihren »gefährlichsten Widersacher«: die Verfolgung auf dem »Kriminalwege«.

Wirth macht sich weiter unbeliebt. Sein großes Thema ist die Verminderung der öffentlichen Lasten. Neben der Kürzung der »Civilliste« des Königs propagiert er unablässig Einsparungen im Militärbereich. In mehreren Artikeln fordert er die »Umwandlung des stehenden Heeres in Lehrkörper« und eine allgemeine Wehrverfassung. Mit seinen Vorschlägen nimmt er nicht nur entscheidenden Einfluss auf die Beschlüsse der Abgeordnetenkammer, sondern trifft auch die Regierung in einem ihrer empfindlichsten Punkte.

Das Kreis- und Stadtgericht München erhebt in 15 Fällen, bald im Verbrechens-, bald im Vergehensgrade, Anklage und leitet Untersuchungen ein. In seinen Artikeln habe Wirth von der »beispiellosen Unfähigkeit der Minister«, von der »Vergeudung der Staatsgelder« und der »Nichtswürdigkeit der Regierung« geschrieben, und damit die »Amtsehre der bayerischen Regierung« verletzt. Als Angeschuldigter wird er zu jedem Artikel eingehend verhört und diktiert seine Antworten selbst ins Protokoll.

»Abgesehen von der Leidenschaftlichkeit der Sprache« habe er in den Angriffen gegen die Regierung kein
Gesetz verletzt, sondern im Gegenteil »die Pflichten
eines guten Bürgers erfüllt. Jedes Wort, das ich sprach,
ist wahr, die Gerechtigkeit auf meiner Seite: nicht eine
Silbe nehme ich darum zurück!«[35]

Der Angriff der Regierung auf die journalistische Freiheit endet mit einer Überraschung. Das Appellationsgericht Landshut beweist eine erstaunliche Unabhängigkeit und fällt ein für die Zeit bemerkenswertes Urteil.

Zunächst einmal unterscheidet es grundsätzlich
zwischen der Kritik an Handlungen und an Personen:
» ... man kann die Handlungen eines anderen noch so
beißend und scharf kritisieren, eine Ehrenbeleidigung
ist dadurch doch nicht gegeben, solange keine Schimpf-
worte und andere den Menschen herabwürdigende
Ausdrücke gebracht sind.«[36]

Darüber hinaus kann das Gericht ein »Vergehen der
beleidigten Amtsehre« nicht erkennen, da Wirth als
freier Journalist in keinem amtlichen Verhältnis zu den
lediglich in der Sache kritisierten Staatsbeamten stehe.

Wirth ist damit in allen wesentlichen Punkten freigesprochen und zeigt sich hochzufrieden: »Wer erstaunt
nicht über die Würde, den Freimut und die Gerechtigkeit eines solchen Gerichtshofes?«[37]

Dennoch wird er in einem Falle wegen vermeintli-
cher persönlicher Beleidigung zu sechswöchigem Fes-
tungsarrest verurteilt. In einem Artikel hatte er geäußert: »daß nur einfältigen Regierungs-Direktoren die
Preßfreiheit als ein Übel erscheinen könne!«

Ausgerechnet dieser eher allgemeine Satz wird ihm
zum Verhängnis. Im Verhör nämlich war Wirth die
Frage gestellt worden, welchen »Regierungs-Direktor«

er beim Schreiben denn wohl im Sinn gehabt habe und er hatte dem Untersuchungsrichter freiwillig den Namen genannt. Damit wäre der Tatbestand der öffentlichen und persönlichen Beleidigung erfüllt, entscheidet das Gericht und verhängt sechs Wochen Festungshaft. Trotz dieses klaren Fehlurteils verzichtet Wirth auf eine Berufung, da er den Freispruch in allen anderen 14 Punkten nicht aufs Spiel setzen will.

Allerdings wird ihm der Münchener Boden allmählich doch etwas zu heiß. Wirth weiß, dass die löbliche Landshuter Entscheidung eher die Ausnahme als die Regel war und dass er als Journalist in der Residenz nach wie vor vogelfrei ist.

Der hartnäckige »Kampf um Preßfreiheit« hat Wirth in wenigen Monaten in ganz Deutschland populär gemacht. Seine *Tribüne* bietet verbotenen Schriften und verfolgten Autoren Asyl. So druckt die *Tribüne* Auszüge aus Börnes Briefen, die in Preußen und anderen Staaten konfisziert sind. Und Ludwig Börne entpuppt sich selbst im 60. Brief als begeisterter Leser der *Tribüne*:

»Der Dr. Wirth, der sie schreibt, ist ein Mann, dem man Hochachtung, ja Bewunderung nicht versagen kann. Hochachtung – weil er für die Freiheit kämpft wie ein Held in der Schlacht, nicht bloß wie ein Maulritter mit Worten. Bewunderung – weil er mutig erträgt, was sonst den tapfersten Mann niederwirft: die kleinen Bosheiten, die kleinen Quälereien der kleinen Knechte, Gefängnis, Geldstrafe, die jämmerlichen Tücken der jämmerlichen Polizei, das Knurren und Bellen der Hofhunde, nichts schreckt ihn ab.«[38]

Andererseits macht sich in München zunehmend eine gedrückte Stimmung unter den Freisinnigen bemerkbar und auch der Reformwille der zweiten Kammer lässt spürbar nach. Wirth führt die allgemeine Depression vor allem auf die Niederschlagung des polnischen Aufstands durch Zar Nikolaus zurück. Die Niederlage des Volkes in Warschau lähmt den Widerstandsgeist in den 34 deutschen Residenzen, während die Fürstenherrschaft wieder Oberwasser gewinnt.

Gegen die trübe Herbststimmung meint Wirth ein gutes Rezept zu haben: patriotische Frühlingshoffnungen. In der *Tribüne* vom 25. Oktober schreibt er: »Wo der Sinn für Nationalität so sehr erstorben ist, wie in Deutschland, wo das Land in zerrissene Provinzen sich aufgelöst hat, ... muß vor allem die Idee der National-Einheit wieder geweckt werden. Auch dies ist nicht mit einem Schlage geschehen; es gehören tausend und abermal tausend Versuche dazu. Seid stark, seid einig, ihr Deutschen, und legt vor allem den Egoismus ab! So lange das persönliche Glück von Jedem höher geachtet wird als das Glück des gemeinsamen Vaterlandes, so lange gibt es kein freies deutsches Volk, kein großes, glückliches Vaterland.«[39]

Wirth spürt, dass auch ihn persönlich der Kleinkrieg mit den Münchener Behörden und der Willkür der Staatsregierung über kurz oder lang zermürben wird. Jederzeit kann er physisch angegriffen, unter Arrest gestellt oder finanziell ruiniert werden. Zunehmend wird ihm bewusst, dass es ein höheres Ziel als lediglich die Reform eines der »krüppelhaften und lächerlichen« Kleinstaaten anzustreben gilt: die Freiheit der ganzen Nation.

Vermutlich auf Anraten pfälzischer Oppositioneller um den Abgeordneten Schüler beschließt Wirth, den Verlag der *Tribüne* in den bayerischen Rheinkreis zu verlegen, wo die vom republikanischen Frankreich überlieferte Rechtspflege bessere Möglichkeiten politischen Wirkens verspricht. Dort sei zumindest noch die Trennung der Justiz von der Administration gegeben, gelte der Grundsatz: keine Strafe ohne Gesetz.

»Die französische Gesetzgebung, welche im Rheinkreise noch bestand, war aus den Ideen der Freiheit hervorgegangen, sie huldigte den Grundsätzen der öffentlichen Rechtspflege, des Geschworenengerichts ... es war sogar viel von Bestrafung der Beamten die Rede, welche die Freiheit der Bürger verletzen ...«[40]

Der Umzug soll allerdings kein Zurückweichen, sondern ein Schritt nach vorn werden. Wirth will seine Zeitung selbstständig und unabhängig machen. Da zunehmend die Druckereibesitzer von den reaktionären Regierungen mit Konzessionsentzug bedroht werden, plant er den Kauf einer eigenen Druckmaschine. So will er die Einheit von Druckerei, Verlag und Redaktion sichern.

»Da aber zu solchem Zwecke keine hinreichenden Geldmittel vorhanden waren«, entwickelt er eine geradezu geniale Idee. Am 15. Oktober erscheint in der *Tribüne* ein Aufruf zur Bildung eines Aktien-Vereines. Er schließt mit den Worten:

»Deutschland, das gedrückte, zerrissene Deutschland muß Organe haben, welche den offenen und redlichen Kampf wider die inneren Feinde seiner Nationalität mit Kraft, Feuer und Selbstverleugnung bestehen. Aber eben weil es Kampf ist, und noch dazu ein heißer, gefährlicher Kampf, fordert das Vaterland von seinen Söhnen Opfer. Der Journalist bringt sie willig durch Preisgebung seiner Ruhe, Freiheit und Gesundheit ... Er legt alle Opfer auf dem Altare des Vaterlandes mit

Freudigkeit nieder und verschmerzt sie leicht, wenn sie nur eine Saat werden für die Freiheit, die Wohlfahrt des Vaterlandes. Pflicht der Nation ist es hingegen, den freisinnigen Blättern ... Unterstützung zu gewähren.«[41]

Wirth fordert von seinen Lesern in ganz Deutschland den pekuniären Beweis, dass sie es ernst mit der Freiheit der Presse meinen. Er bietet insgesamt 200 Aktien zu je 50 Gulden zum Zeichnen an. Ansonsten müsse er das Erscheinen der *Deutschen Tribüne* einstellen.

»Sofern jedoch die Presse den heißen Kampf wider die Feinde der Volks-Interessen ohne Unterstützung des Publikums bestehen soll, ... ja wenn zur Stütze der Kämpfer für das Volk nicht einmal gefahrlose Aktien-Unternehmungen in dem geringen Betrage von 10.000fl. zu Stande zu bringen sind, dann liegt die Nation noch in einem Zustande moralischer Knechtschaft und politischer Unmündigkeit ...«[42]

Zu Wirths eigener Überraschung gelingt der Freiheitstest. In Franken und Schwaben werden die ersten Aktien gezeichnet. Baden und Württemberg folgen. Und aus Zweibrücken meldet sich ein Bündnispartner: Dr. Philipp Jakob Siebenpfeiffer, ehemals Landrat in Homburg und jetzt ebenfalls freier und freiheitlicher Publizist. In seiner Zeitschrift *Der Bote aus dem Westen* erklärt Siebenpfeiffer die Absicht seines Kollegen, sich unter den »Schutz der rheinbairischen Gerichte« zu stellen für eine Ehre der Landschaft und fordert die Bewohner auf, sämtliche Aktien allein zu zeichnen. In kürzester Frist ist das benötigte Geld beisammen – ein eindrucksvoller Solidaritätsbeweis der Pfälzer Freiheitsfreunde.

Bereits am 18. Oktober unternimmt Wirth eine sechstägige Reise an den Rhein, um für die Übersiedlung der *Tribüne* erste Erkundigungen einzuziehen und einen Druck- und Verlagsort zu suchen. Dabei sieht er erneut seine Ansicht von der Freiheit als Erzieherin der Menschen bestätigt. Er ist überrascht, »welche außerordentliche Macht selbst nur mittelmäßig freie Staatseinrichtungen auf den Geist des Volkes auszuüben vermögen. Er stieß überall auf ungleich größeres Selbstbewusstsein der Massen, auf erhöhte politische Aufklärung und unabhängigeres Benehmen der Bürger gegen die Beamten. Das Volk fühlte seine Rechte: es war mit den Gesetzen und öffentlichen Geschäften vertrauter, mit einem Wort mündiger.«[43]

In München ist derweil die Opposition immer uneiniger geworden und in Fraktionen zersplittert. Die Liberalen sind hinter viele der eigenen Vorschläge zurückgewichen. Sie nehmen ihren Beschluss zur Verminderung der Zivilliste wieder zurück und rücken sogar von der Forderung nach gänzlicher Streichung der Zensur ab. Wirth ist verzweifelt und versucht vergebens, mit der *Tribüne* dagegenzusteuern. Doch der Verfall lässt sich nicht aufhalten. Auch die Münchener Polizeidirektion meldet sich wieder und verhängt neue Arreststrafen. Wirths Bett steht nun »großenteils im Gefängnis«. In der *Tribüne* vom 19. November heißt es: »Wider den Verfasser ... ist wegen Abdruckens gestrichener Stellen abermals eine dreitägige Einsperrung brevi manu verhängt worden.«[44]

Um aus der Haft freizukommen und eine weitere Reise in den Rheinkreis zu unternehmen, stellt Wirth zunächst einmal die Produktion weiterer Leitartikel ein und lässt die *Tribüne* einige Tage lang als Notausgabe erscheinen.

In Pariser Emigrantenkreisen werden Wirths Pläne erstaunlich früh mit großem Interesse verfolgt. Ludwig Börne meldet am 30. November: »Jetzt aber, wo ihm in München ... die Frechheit der Gewalt jeden Widerstand unmöglich macht, ist er nach Rheinbaiern gezogen, wo noch die französischen Gesetze regieren, welchen die deutschen Minister nicht hohnzusprechen wagen. Dort will er sein Journal fortsetzen ... Ist es aber nicht sehr ehrenvoll für eine deutsche Regierung, daß sich ein deutscher Bürger unter französische Gesetze flüchten muß, um Schutz gegen deutsche Tyrannei zu finden?«[45]

Gedruckt auf der Presse des Volkes

Der »Preß- und Vaterlandsverein«

Man sah also, wie die Staatsgewalt eines Landes von vier Millionen Einwohnern mit einem einzelnen Mann im Kampfe lag, wider die Angriffe desselben auf dem Boden des Rechts niemals sich mit gleichen Waffen verteidigen konnte, stets vielmehr zur Gewalt greifen mußte, und selbst hierin wenig glücklich war.

In der Pfalz ist Wirth kein Unbekannter. Sein Kampf um Pressefreiheit, sein unbeugsamer Rechtssinn und sein Eintreten gegen die Willkür der Regierenden haben ihn populär gemacht. An seinem Vorbild richten sich liberale Journalisten in ganz Deutschland auf. In vielen Zeitschriften werden seine Artikel nachgedruckt, seine Argumente zitiert.

In Rheinbayern hat Philipp Jakob Siebenpfeiffer mit seiner Zeitung *Der Bote aus dem Westen* den Boden für Wirths Umzug bestens vorbereitet. Ihre Karrieren haben auffallende Ähnlichkeiten. Beide haben als Juristen begonnen, beide haben die Nachteile der bayerischen »Kolonisierung« in Regionen erlebt, die zuvor moderner und freiheitlicher verwaltet waren. Beide sind über die Erfahrung sozialer und rechtlicher Missstände politisiert worden, beide haben die Not des Volkes zu ihrem Thema gemacht. Beide haben zu gleicher Zeit die Presse als eine Macht gegen die Fürstenwillkür erkannt. Beide nutzten das Tauwetter nach der französischen Julirevolution zur Gründung liberaler

Zeitungen, beide wurden gewissermaßen als Quereinsteiger zu Journalisten und Volkstribunen. Beide pochen zunächst auf die Einhaltung der bayerischen Verfassung und haben zugleich eine Vision, die in die Zukunft weist: Freiheit und Gerechtigkeit für die ganze Nation.

Eigentlich müssten sie Konkurrenten sein. Doch das Gegenteil ist der Fall. Trotz gelegentlicher Meinungsverschiedenheiten unterstützen und beflügeln sie sich gegenseitig. Wie weiland das Dichterpaar Goethe und Schiller werden Wirth und Siebenpfeiffer bald schon als Dioskuren gefeiert und bis heute in einem Atemzug genannt: als Vorkämpfer für ein freies und einiges Vaterland.

Schon Wirths zweite Erkundungsfahrt durch Rheinbayern gleicht einem Triumphzug. Er wird von Siebenpfeiffer wie ein Staatsbesuch angekündigt und grüßt seinerseits die Pfälzer Unterstützer mit einem Grußwort:

»Bürger! Um der großen Sache unseres gemeinsamen deutschen Vaterlandes mutiger zu dienen, habe ich in den Regionen der Zivilisation Schutz und Unterstützung gegen die Willkür und plumpe Gewalt gesucht ... Nicht genug, daß die Liberalität freier Bürger ... eine unabhängige Presse gründete, wurde ich auch von den aufgeklärten Bewohnern Rheinbaierns und namentlich den edlen Bürgern Zweibrückens mit einer Liebe empfangen, die mich mit den Gefühlen tiefster Rührung erfüllt. Dank, ewigen Dank den Stützen der Freiheit und der deutschen Nationalität ...«[46]

Mit einem »Gruß an Wirth« antwortet fünf Tage später cand. phil. Christian Scharpff aus Homburg:

»Zum Rheine kamst Du, ein erprobter Streiter
Für's Vaterland, das seine Dränger mahnt;
Hier sprachst Du, wird die Stirne wieder heiter,
Der Freiheit stolzer Pfad ist hier gebahnt!
Sei uns willkommen, Edler! Es erhebe
Dein Genius hier unverzagt den Flug!

...

Drum fasse Mut zum rühmlichen Beginnen!
Es treffe Schmach den, der es frech verkennt!
Die Herzen alle wird es Dir gewinnen,
Darin der Freiheit heil'ge Flamme brennt.«[47]

Auf allen Stationen seiner Reise wird Wirth mit »ungemeiner Herzlichkeit« aufgenommen. In Homburg rechnen es sich die Bürger sogar zur Ehre an, dass in ihrer Mitte die *Deutsche Tribüne* erscheinen soll.[48] Noch ahnen sie nicht, dass Homburg bald schon, ebenso wie die Nachbarstadt Zweibrücken, zu einem Zentrum der Freiheitsbewegung, zu einer »Hochburg des deutschen Radikalismus« heranwachsen wird.

Mitte Dezember findet Wirth für sich und seine Familie eine Unterkunft in der kleinen Stadt.[49] Während er mit Freunden die Einrichtung der Druckerei vorbereitet, veranstaltet der Gastwirt Cappel ein großes Festmahl zu Ehren des Neubürgers. Hierzu wird er von seiner Wohnung »durch eine Deputation, bestehend aus den ältesten und angesehensten Bürgern, feierlich abgeholt«[50]. Später wird dieses Fest, wie viele andere, zum Gegenstand gerichtlicher Untersuchungen.

Festmähler, gesellige Einladungen, Wohltätigkeitsbasare, Lotterien und Bankette gehören in der Ära Metternich ebenso wie Gesangs- und Turnübungen zum festen Bestandteil des politischen Lebens. Es ist die Zeit der Volksfeste, der Freiheitsbäume, Toaste und silbernen Ehrenbecher.[51] Da Versammlungen von mehr als zwanzig Personen verboten sind, lassen die Freiheitsfreunde – nicht nur in der Pfalz – keine Gelegenheit zum Feiern aus. Nur so können sie sich unverdächtig treffen und aussprechen.

Am 18. Dezember beendet die *Deutsche Tribüne* ihren ersten Jahrgang und verabschiedet sich aus der bayerischen Hauptstadt. Die Staatsregierung allerdings gibt ihrem »heftigsten Widersacher« noch ein Abschiedsgeschenk mit auf den Weg, das verhindern soll, dass Wirth sich ihrem Zugriff entziehen kann. Kurz vor seiner Abreise ergeht die Verordnung, dass künftig jeder beanstandete Artikel dem Zensor stets noch einmal in geänderter Form zur Freigabe vorgelegt werden müsse: »Wenn die Redaktion das korrigierte Blatt nicht wieder vorlegt, oder es unternehmen sollte, gestrichene Stellen dennoch abdrucken zu lassen, oder sie in Flugblättern beizulegen, so ist sogleich und rechtzeitig vor Ablauf der Post die Post-Expedition zu requirieren, die Blätter nicht zu versenden.«

Mit dieser neuen Variante, der Korrekturvorlage und dem Verbot des Versands durch die königliche Post, meint die Regierung für die erwartete Auseinandersetzung mit dem widerspenstigen Redakteur gerüstet zu sein.

Der aber erwidert: »Wenn die Postbehörden es wagen sollten, der verfassungswidrigen Verordnung Folge zu geben, so werden wir solche vor Gericht laden ..., inzwischen aber unsere Blätter durch Estafetten versenden. Deshalb bitten wir das Publikum sich nicht irre führen und sich nicht einschüchtern zu lassen ...

Philipp Jakob Siebenpfeiffer (1789-1845). Lithografie von J. Weiss-becker. Das Blatt entstand 1833 in Neustadt an der Haardt.

Die Regierung besitzt die Macht nicht mehr, die Presse zu unterdrücken: alle indirekten Mittel scheitern an der Standhaftigkeit der Journalisten.«[52]

Am 1. Januar 1832 ist es soweit. In eigener Druckerei erscheint die erste Homburger Ausgabe der *Deutschen Tribüne*, gedruckt auf einer der modernsten Maschinen der Zeit, der Schnellpresse von König und Bauer.[53] Bereits mit dem Leitartikel setzt Wirth den ungleichen Kampf gegen die bayerische Staatsregierung fort: »Die Presse, die das Volk sich baut, werdet ihr nie zum Schweigen bringen«, donnert er der Obrigkeit entgegen und begeistert mit seiner ungeschminkten Sprache das Publikum. »Schon die Wirkung dieses ersten Blattes war ungemein groß, und nach der Eigentümlichkeit der Zeit ... mußte der angefachte Principien-Kampf heftiger als jemals werden.«

Ursprünglich wollte Wirth nach Speyer. Doch auf Zuraten Siebenpfeiffers hat er sich für das heute saarländische Homburg entschieden, weil es – günstig für den Postversand – »an der alten, direkt von Paris nach Mainz führenden Kaiserstraße liegt«.[54] Von hier aus hat er sowohl rasche Verbindungen nach Paris und Brüssel wie auch nach Karlsruhe und Frankfurt. »Die *Tribüne* kann Nachrichten aus Frankreich, Spanien, Portugal, England früher nach Deutschland bringen, als alle übrigen deutschen Blätter und in der Regel 24 Stunden früher als die Pariser Journale«.

Auch Siebenpfeiffer hat inzwischen seine eigene Druckerei. Er ist von Zweibrücken nach Oggersheim umgezogen und lässt dort ab Januar 1832 den *Westboten* erscheinen. Seine Zeitschrift *Rheinbaiern* hat er programmatisch in *Deutschland* umbenannt.

Nur drei Tage dauert die Homburger Pressefreiheit. Dann holt die Regierung zu ihrem ersten Schlag aus. Sie hält sich gar nicht erst mit Postversandsverboten auf, sondern will umgehend die »stärkste Waffe ihres

Widersachers«[55], den Selbstverlag und die eigene Druckerei, vernichten. Dazu glaubt sie mittlerweile den richtigen Dreh gefunden zu haben. Während Wirth auf die in Rheinbayern verbriefte Gewerbe-Freiheit vertraut, nach der jeder Schriftsteller – auch ohne Konzession als Buchdrucker – seine eigenen Arbeiten drucken darf, haben spitzfindige Münchener Staatsbeamte alte drucker- und pressefeindliche Dekrete Napoleons aus dem Jahre 1810 wieder ausgegraben und eigens gegen Wirth und Siebenpfeiffer zurechtgebogen. Damit wollen sie zugleich den franzosen- und napoleonfreundlichen Pfälzern eins auswischen.

Obwohl Napoleons Verordnungen bereits 1814 von der Französischen Nationalversammlung sowie durch die Bayerische Verfassung von 1818 aufgehoben wurden, berufen sich die Minister im Jahre 1832 »zur Unterdrückung der freien Erörterung auf jene Dekrete und erteilten ... den Befehl, die Pressen der *Deutschen Tribüne* zu versiegeln«.[56]

Am 4. Januar erscheint der Homburger Bürgermeister im Arbeitssaal der *Tribüne*. Er ist von Sträflingen begleitet, da sich kein Homburger Handwerker zu dem »schändlichen Geschäft« hergeben wollte. Gegen alle Proteste vollzieht er die Anordnung der Regierung, schließt den Arbeitsraum und versiegelt die Druckmaschine. Allerdings findet er nur eine gewöhnliche eiserne Buchdruckerpresse vor. Wirth war gewarnt und hatte die neue Schnellpresse vorsorglich über die Grenze des Landkommissariats hinweg in die Nachbarstadt Zweibrücken gerettet.

Der Schuss der Regierung geht somit zunächst einmal nach hinten los. Wegen »gewalttätigen Eingriffes in sein Eigentum«[57] erhebt Wirth Klage beim

Bezirksgericht und lässt die *Tribüne* nichtsdestotrotz beim Buchdrucker Georg Ritter in Zweibrücken weiterdrucken. Die offensichtliche Rechtsverdrehung der Regierung empört die Bürger und erweist sich als eine »unübertreffliche Werbung« für die *Tribüne:* »Während man in München die Abonnentenzahl nicht über 600 gebracht hatte, stieg sie in Rheinbaiern schon in der ersten Hälfte des Januars auf das Doppelte, und die Bestellungen vermehrten sich täglich so anhaltend, daß die Auflage des Blattes fürsorglich auf 2000 erhöht werden mußte. Der Absatz ... verbreitete sich über die meisten Gegenden und Landschaften Deutschlands.«

Die Sprache der *Tribüne* wird »immer entschiedener und ihre Wirkung großartig«. Im Vordergrund der Berichterstattung steht in diesen Wochen der Durchzug der polnischen Flüchtlinge ins französische Exil. Dem Leser wird – auch heute noch – deutlich, wie eng die Entwicklung der deutschen Demokratiebewegung mit dem polnischen Freiheitskampf verknüpft ist.

Im November 1830 hatte der polnische Reichstag den russischen Zaren Nikolaus I. als König von Polen abgesetzt. Der polnische Aufstand löst in ganz Europa eine Welle der Begeisterung aus. Er zeigt, dass nach der französischen Julirevolution nun auch andere Herrscher um ihre absolute Macht bangen müssen, dass endlich die Zeit gekommen ist, in der die Rechnung der Regierenden nicht mehr gegen das Volk gemacht werden kann. Bereits im Sommer 1831 entsteht in der Pfalz ein dichtes Netz von Polenhilfsvereinen. Zunächst geht es um Arzneimittel-, Leinwand- und Geldspenden. Doch die Hilfsvereine sind naturgemäß auch Treffpunkte der Opposition und entwickeln sich nach und nach zu einem Netzwerk der demokratischen Bewegung.

Das »Krähen des gallischen Hahns« – wie Börne es nannte – hatte 1830 nicht nur Frankreich, sondern ganz Europa aus dem Schlaf gerissen. Nach der Unabhängigkeitserklärung Belgiens, den Unruhen in Italien und verschiedenen deutschen Kleinstaaten hält vor allem die polnische Erhebung die Angst der Regierenden vor einem Umsturz wach. In konstitutionellen Staaten wie Bayern, Hessen und Baden machen liberale Ministerien zeitweilig erste Zugeständnisse. Als der Zar allerdings, mit Unterstützung Preußens und Österreichs, im September 1831 die polnischen Truppen zurückdrängt und die Aufständischen entwaffnet, endet auch in deutschen Landen die liberale Tauwetterperiode. Zeitungsmacher wie Wirth und Siebenpfeiffer bekommen das als Erste deutlich zu spüren und teilen es ihren Lesern mit.

Nach dem Fall Warschaus strömen Tausende polnischer Patrioten ins Exil nach Frankreich. Zu Fuß, in Kutschen und auf Leiterwagen erreichen sie im Januar 1832 die südwestdeutschen Staaten. Dadurch erhält die demokratische Bewegung einen erneuten Auftrieb. Die Begegnung mit den Flüchtlingen, die wie siegreiche Helden gefeiert, verpflegt und beherbergt werden, verdrängt die Resignation der Herbst- und Wintermonate. Polen-Hilfsvereine organisieren Kleider- und Geldsammlungen, Frauen- und Mädchenvereine veranstalten Lotterien, glanzvolle Bälle und Wohltätigkeitsfeste.

Wirths damals zehnjähriger Sohn Max, hat die Polenbegeisterung in Homburg miterlebt: »Um die flüchtigen Patrioten, welche über Nacht in Bürgerhäusern einquartirt wurden, sammelten sich jeden Abend Alt und Jung, um mit andächtiger Sympathie ihren Erzählungen von den Freiheitsschlachten, von der

Wiederherstellung Polens und von ihren verblutenden Heldenbrüdern zu lauschen. Manches Mädchenauge wurde feucht vor Mitleid, Rührung und sanftern Empfindungen beim Anblick der jungen Helden.«[58]

Dass Polenfreundschaft und Solidarität dabei häufig zu einer überschwänglichen Polenschwärmerei und Heldenverehrung ausufern, hat seine Gründe. Die Bevölkerung nutzt die Gelegenheit, um deutlich zu zeigen, auf welcher Seite sie steht. Mit der Sammlung von Arzneimitteln und Verbandsmaterial wenden sich die Menschen nicht nur gegen den russischen Zaren, sondern gegen jeden Unterdrücker, also auch gegen die eigenen, die deutschen Monarchen, gegen die Heilige Allianz, den Deutschen Bund, das Unterdrückungssystem des Staatskanzlers Metternich.

Wirth selbst macht es deutlich: »Denn ferne sei es zu denken, daß diese Teilnahme aus Mitleid nur entspringe ... Sprecht frei aus, was die Triebfeder eures Handelns ist, rufet in die Gemächer der Paläste, rufet hinauf zu den umlagerten Thronen, weil sie für das gefochten, was auch ihr erringen wollt.«[59]

Der Durchzug der Polen begeistert ebenso wie der Kampf Siebenpfeiffers und Wirths um die »Preßfreiheit« breite Schichten der Bevölkerung und macht den Aufschwung der demokratischen Bewegung, der schließlich im Hambacher Fest gipfelt, erst erklärlich. Diese Entwicklung, das »Mündigwerden des deutschen Volkes«[60], kann auch der heutige Leser noch anhand der Homburger »Tribüne« Tag für Tag nachvollziehen.

Am 18. Januar 1832 beispielsweise schickt die Kasinogesellschaft von Kusel 46 Gulden an die Redaktion mit der Bitte, sie an polnische Flüchtlinge zu verteilen: »Wir bedauern alle, durch die Lage unseres Städtchens Kusel gehindert zu sein, diese Helden zu sehen und ihnen unsere persönliche Bewunderung und den Anteil zu ihrer auf einige Zeit unterdrückten heiligen Sache bezeugen zu können, hoffen aber beim baldigen großen Kreuzzuge, in welchem die Völker Europas ihre Freiheit und der Pole sein Vaterland wiedererkämpft, nähere Bekanntschaft mit ihnen zu machen.«

Empfang der »ersten Abteilung polnischer Helden« am Gemeindehaus in Neustadt an der Haardt, abends am 19. Januar 1832. Lithographie von C. M. Thum, 1832.

Auch durch Homburg zieht ein Kontingent und wird herzlich empfangen. Am 20. Januar meldet die Redaktion, dass mehrere Kolonnen polnischer Krieger auf dem Marsch nach Homburg sind. Die Bürgerschaft wird aufgerufen, die Polen zu unterstützen. Die Kolonnen haben vorgeschriebene Marschrouten, die sie nicht verlassen dürfen. Eine Kolonne erreicht am 21. Januar 1832 Landstuhl und wird mit Böllerschüssen von der Burg begrüßt:

»Ein jedes Haus beeilte sich, Vorräte von Lebensmitteln dahin zu bringen, und des Abends wurde in einer halben Stunde eine Rechnung von 67 Gulden für Getränke durch freiwillige Beiträge bezahlt. Die heute hier eingetroffene Abteilung von 102 Mann war in die besten Häuser zur Verpflegung verteilt.«[61]

Einige Tage später meldet die *Tribüne:*

»Auch in hiesiger Stadt wurden die Märtyrer der europäischen Freiheit, die ritterlichen Polen, mit Enthusiasmus aufgenommen. Die Tage ihrer Anwesenheit waren die schönsten und reinsten Volksfeste. Mit Betrübnis vernahm man daher die Abänderung der Marschroute, infolge derer die Kolonnen ferner über Straßburg nach Speyer gingen. Als die letzte Abteilung in Homburg eingetroffen war, wurde den scheidenden Lieblingen auf dem Rathause noch ein Fest gegeben, welchem viele hundert Personen beiwohnten.«[62]

Wirth veröffentlicht einen Kommentar zum Polenbesuch: »Wären die Minister der heiligen Allianz gegenwärtig gewesen, hätten sie die Erbitterung gegen die treulose und hinterlistige Politik des Berliner Kabinetts wahrgenommen, und wären sie dann in dem konstitutionellen, oder was dasselbe, in dem civilisierten Deutschland von Ort zu Ort gegangen, um sich zu überzeugen, wie nun ein Gefühl alle Gemüter durchdringt – Sympathie für Polen und Verachtung sowie glühender Hass gegen Russland und Preußen – wie nur ein Schrei dem beklommenen Busen entschlüpfte, der

Schrei des Unwillens über die grausamen Unterdrücker des edelsten aller Völker – hätten sie davon sich überzeugt, so würden sie erschrocken sein über die Saat, die sie ausgestreut haben. O, sie geht gewiß auf, diese Saat! Die Macht, welche die Gewalt über die Herren besitzt, hat die konstitutionellen Deutschen unauflöslich an die edlen Polen geknüpft. Wir haben hinfort einerlei Interessen, einerlei Sympathie, einerlei Zwecke. Wir werden uns wiedersehen, den Brüdern die Hand zur Tatkraft reichen und der Ehre eines Bündnisses mit den Söhnen des Ruhmes uns würdig zu machen suchen.«[63]

Auch für seinen Sohn Max ist die Begegnung mit den Freiheitskämpfern unvergesslich. »Wir Kinder machten ihnen besonders zu schaffen, weil wir uns an ihre Hände und Rockschöße hängten und nicht eher uns zur Ruhe begaben, als bis wir von irgendeiner Kriegsthat gehört hatten.«[64]

Der Kampf um nationale Freiheit gewinnt durch die Begegnung mit den Polen eine neue, und zwar europäische Qualität. Die finsteren Auswüchse aus der Zeit des Wartburgfestes, der christgermanisch-antisemitische Nationalismus des Turnvaters Jahn und die franzosenfressende Deutschtümelei eines Ernst Moritz Arndt gehören offensichtlich der Vergangenheit an. Der Patriotismus der *Tribüne* und der meisten Hambacher verbindet sich durchweg mit der Achtung anderer Nationen, der Völkerfreundschaft und der Solidarität mit allen nach Freiheit und Selbstständigkeit strebenden Menschen. Auch die polnischen Flüchtlinge versprechen ihrerseits ihren Freunden Unterstützung in einem künftigen deutschen Freiheitskampf. »Ich schwöre Euch, daß wir Polen bereit sind, für die deutsche Fahne unser Blut zu vergießen.«[65]

In jenen Tagen entwickelt Wirth einen Plan zum Schutz nicht nur der *Tribüne,* sondern der gesamten freien Presse, der Geschichte machen sollte. »Als die bedeutende Wirksamkeit des Blattes keinem Zweifel mehr unterlag, beschloss der Verfasser zum Schutze der errungenen Preßfreiheit eine letzte entscheidende Maßregel vorzunehmen. Obgleich die Staatsregierung jetzt noch nicht wagte, das angedrohte Verbot der Versendung durch die Post wirklich durchzuführen, so konnte solches doch später geschehen und hierdurch einer täglich erscheinenden Zeitschrift nicht bloß empfindlicher Schaden, sondern sogar der Untergang zugezogen werden.«[66]

Obwohl sich die *Tribüne* rasend schnell zu einer überregionalen Zeitung entwickelt hat, könnten die Regierenden sie tatsächlich von einem auf den anderen Tag wie einen Luftballon platzen und zu einem Homburger Lokalblättchen schrumpfen lassen. Dagegen gibt es nur ein Mittel. Seine Idee trägt Wirth zum ersten Mal am 29. Januar auf einem Festbankett in Zweibrücken vor. Dieses auch heute noch von südwestdeutschen Journalisten gefeierte Datum wird ein für die freie Presse und die demokratische Bewegung besonderer Tag.

Eine Woche zuvor hatten in der *Tribüne* achtundzwanzig namhafte Bürger Zweibrückens öffentlich alle Bewohner Rheinbayerns zu einem Festmahl zu Ehren des Abgeordneten Friedrich Schüler eingeladen. Als Deputierter des Volkes habe er in der Ständeversammlung »die große Sache mit fleckenloser Treue, tiefer Einsicht und unbeugsamer Charakterstärke verteidigt ..., jede Nachgiebigkeit gegen Anmaßungen der Krone und jede Verletzung der Volks-Interessen ... mit entschiedener Kraft zurückgewiesen.«

Das Bankett gestaltet sich zu einem wahrhaften Nationalfest. Über den genauen Ablauf berichtet die *Tribüne* ausführlich über drei Ausgaben hinweg.[67] Mehr als 350 Gedecke wurden allein im großen Saal der Wirtschaft Ladenberger in Zweibrücken-Bubenhausen gezählt. Man musste weitere, anschließende Räume zu Hilfe nehmen. Friedrich Schüler wurde von einer Deputation der Bürger an den Festort geleitet. Ihm wurde mit 102 Schüssen aus Mörsern salutiert – einem Schuss mehr als beim Besuch eines Königs.

In einer Rede erstattet Schüler Rechenschaft über sein Wirken in der bayerischen Kammer. Er erklärt, weshalb die letzte Sitzungsperiode keine Fortschritte brachte und zeigt, dass angesichts der Verfassung, der Zusammensetzung und Kompetenz der Deputiertenkammer und vor allem der reaktionären Tendenz der bayerischen Regierung auf parlamentarischem Wege kaum etwas zu verändern war. Alle Gäste wissen, dass dies eine historische Stunde ist: der Abschied des Volksvertreters von den letzten Hoffnungen auf eine konstitutionelle bayerische Freiheit. Damit wird eine neue Phase im Kampf für die Interessen des Volkes eingeleitet. Und hier weist Schüler der freien Presse eine entscheidende Rolle zu:

»Nein, bei dieser Ohnmacht der Volksabgeordneten, muß die Abhilfe von den Bürgern selbst ausgehen: Licht muß unter Ihnen verbreitet, helle Einsicht in Ihre Staatsinteressen allgemeiner werden. Wie Ihre eigenen Pflichten, so müssen auch diejenigen der Staatsregierung und der Volksvertreter immer mehr zu Ihrer Kenntnis gelangen, damit die alles verbessernde Macht der *öffentlichen Meinung* sich bilde, deren Stimme auf die Dauer kein Gebrechen, kein Missbrauch, keine

Willkür zu widerstehen vermag!

Wer aber verbreitet dieses Licht, erzeugt diese Erkenntnis und fördert den Bürger zur einsichtsvolleren Teilnahme an den wichtigsten Angelegenheiten unseres Staatslebens?

Wer anders als: *die freie Presse!*

Ihr ist das Erwachen zu freisinniger Begeisterung zu verdanken, welche hinaus in das öffentliche Leben, an die Stelle der engherzigen Selbstsucht, getreten ist, *ihr* zu verdanken, daß jetzt kein Gutgesinnter dem Anderen mehr fremd ist, daß jeder fortan nur im Wohlsein *Aller* auch das Seinige sucht!

Ehre daher den hochverdienten Männern der freien Presse! Wir haben das Glück, die würdigsten Zwei heute in unserer Mitte zu sehen: Hohe Ehre, dankbare und kräftige Unterstützung den erprobten Freunden des Volkes, seinen mutvollen Stimmführern:

Der erleuchteten *Tribüne*

Dem patriotischen *Westboten,*

ein feierliches *Lebehoch!*«

Im Anschluss überreicht ein Mädchen ... unter brausendem Beifall dem Redner die *Bürgerkrone.* Nach einigen Toasten zu Ehren Schülers statten die Deputierten der Kantone Neustadt, Landau, Kaiserslautern und Homburg ihrem Abgeordneten den Dank ab. Es folgen »im freudigen Enthusiasmus Toaste auf Toaste«, »Lebehochs« erschallen, ein von Christian Scharpff gedichtetes Lied wird abgesungen und Wirth trägt seinen noch druckfrischen Leitartikel »Deutschlands Demüthigung« vor. Das Fest endet mit einem Fackelzug.

Wirths Bericht schließt mit den Worten: »Doch genug der Beschreibung des Festes. Wir sehen dasselbe für etwas mehr an, als eine bloße Dankbezeigung gegen einen würdigen Volks-Repräsentanten. Wir erblicken vielmehr darin den Grundstein der politischen Reform unseres Vaterlandes. Die erste Frucht des Festes war die Bildung eines deutschen Vaterland-Vereins zur Unterstützung der freien Presse. Möge Jeder der herrlichen Männer, die dem Feste beiwohnten, und Jeder der erleuchteten Deutschen, die im Geiste bei dem Feste anwesend waren, die Beförderung jenes Vereines zu einer Aufgabe seines Lebens machen.«[68]

Mit dem Aufruf »Deutschlands Pflichten«, der zuerst in der *Tribüne* erscheint und später in einer Auflage von 50.000 Exemplaren nachgedruckt wird, fordert Wirth bereits am 3. Februar zum Beitritt zu einem »Vaterlandsverein zur Unterstützung der freien Presse« auf. In der Aufklärung durch die »freie Presse« sieht er wie Schüler das einzige Mittel zur Veränderung der politischen Verhältnisse.

»Auch der größte Despot hat nur Gewalt über den Körper: über den Geist gebietet keine andere Macht, als die moralische. Wenn nun auch unsere Körper der Gewalt der Tyrannen unterworfen sind, so bleibt doch der Geist frei; und dadurch ist uns die Macht gegeben, die Wiedervereinigung Deutschlands im Geiste herzustellen ...

Aus dem geistigen Bündnisse entspringt aber die Macht der öffentlichen Meinung und da diese schwerer in die Waagschale der Gewalten fällt, als alle Macht der Fürsten, so führt die Wiedergeburt Deutschlands, im Geiste, von selbst auch auf die materielle Vereinigung ...«

Deutsche Tribüne.

Zur Wiedergeburt des Vaterlandes.

Freitag. Nro. 29. Homburg, den 3. Februar 1832.

Deutschlands Pflichten.

Die Könige haben unter sich einen Bund geschlossen. — Der Bund gilt der Unterdrückung der Völker. Die Mittel sind, daß der Wille des Königs mit Hülfe der Gewalt als oberstes Gesetz geltend gemacht, alle Wünsche und Anträge des Volkes zur Beförderung der gesellschaftlichen Zwecke schnöde zurückgewiesen und die Vertheidigung der Volksrechte durch Vernichtung der freien Presse und durch Terrorismus gegen deren unabhängige Organe unmöglich gemacht werde. Die Früchte des Bundes sind: Verarmung der Völker und Entwöhnung der menschlichen Würde durch Kriecherei und Sclavensinn. Dieser Bund, welcher wie eine drückende eherne Kette ganz Europa umschlingt und den Segen der Natur in Calamität verwandelt, hat seine Hauptstütze in Deutschland. Die zwei mächtigsten deutschen Könige beobachten sorgfältig die Stimmung der Völker. Sobald sie eine Regung der bessern Natur bemerken und das geringste Streben nach Freiheit wahrnehmen, verbünden sie sich mit dem Stebitherrscher aller Reußen, d. h. aller Barbaren, um dem Geiste der Civilisation entgegen zu wirken. Ihre Politik besteht dabei darin, die Kraft des deutschen Volkes durch Auseinanderreißen des Landes, Zerstörung des deutschen Nationalcharacters, Unterdrückung des Triebes nach Wiedervereinigung und endlich durch die grausamste Beschränkung der Gedanken-Mittheilung auf immer zu brechen, hiernächst aber die Freiheit des französischen Volkes zu untergraben, indem man die Umtriebe dessen Könige unterstützt und zugleich die deutsche Nation gegen Frankreich aufzuhetzen sucht. In der Erkenntniß der Politik des Bundes liegen zugleich die Mittel zur Vernichtung desselben. Sollen die Völker endlich die Freiheit erlangen, soll der Verarmung und dem Elende Europa's ein Ziel gesetzt werden, so muß Rußland von Preußen und Oesterreich durch ein democratisch organisirtes Polen getrennt, das Uebergewicht des preußischen und österreichischen Königs durch die Organisation eines deutschen Reiches, mit democratischer Verfassung, aufgehoben, und eine europäische Staatengesellschaft durch ein treues Bündniß des französischen, deutschen und polnischen Volkes vorbereitet werden. Die Wiederherstellung Polens kann nur durch Deutschland geschehen. Unsere Nation ist hiezu moralisch und rechtlich verbunden, um die schwere Sünde der Vernichtung Polens zu sühnen: unser Volk muß die Wiederherstellung Polens aber auch wegen der eigenen Interessen zu seiner wichtigsten und dringendsten Aufgabe machen. Da es aber zur Zeit noch keine deutsche

Nation giebt, so würde vor allem ihre Wiedererweckung nothwendig sein. Wie aber dies möglich wäre, wird Niemand einsehen wollen: denn man weiß ja, daß die deutschen Könige ihre Interessen von jenen des gemeinsamen Vaterlandes geschieden haben, man weiß, daß sie mit Hülfe der nämlichen Gewalt, worauf das Vaterland ihnen giebt, also mit unserem Gelde und unsern Kindern der Wiedergeburt einer deutschen Nation aus allen Kräften sich widersetzen und überhaupt alles zerstören, was zum Heile des Gesammtvolkes dienen kann. Dessungeachtet giebt es gleichwohl ein völlig erlaubtes und völlig gesetzmäßiges Mittel, um den feindseligen und hartnäckigen Widerstand der Könige gegen die Interessen des Vaterlandes zu überwinden. Auch der größte Despot hat nur Gewalt über den Körper: über den Geist gebietet keine andere Macht, als die moralische. Wenn nun auch unsere Körper der Gewalt der Tyrannen unterworfen sind, so bleibt doch der Geist frei; und dadurch ist uns die Macht gegeben, die Wiedervereinigung Deutschlands im Geiste herzustellen. Die vereinigte Gewalt aller Könige ist nicht hinreichend, um das Bündniß der Geister zu verhindern. Aus dem geistigen Bündnisse entspringt aber die Macht der öffentlichen Meinung und da diese schwerer in die Wagschale der Gewalten fällt, als die Macht der Fürsten, so führt die Wiedergeburt Deutschlands, im Geiste, von selbst auch auf die materielle Vereinigung. Die Aufgabe unseres Volkes besteht daher darin, die Nothwendigkeit der Organisation eines deutschen Reiches, im democratischen Sinne, zur lebendigen Ueberzeugung aller deutschen Bürger zu erheben und Alle dahin zu bringen, daß sie die Herbeiführung einer solchen politischen Reform unseres Vaterlandes als den Lebenszweck der gegenwärtigen Generation anerkennen. Gebt der großen Mehrheit des Volkes diese Ueberzeugung in lebendiger und glühender Weise, und ihr seid nicht mehr weit vom Ziele entfernt. Ihr erreicht den großen Zweck sogar auf dem Wege friedlicher Reform: denn es ist ein Gesetz der Natur, daß keine materielle Macht der übereinstimmenden und mit Feuer erfaßten Meinung eines Volkes zu widerstehen vermag. — Das Mittel zur Wiedervereinigung Deutschlands im Geiste ist aber einzig und allein die freie Presse. Dieß wissen auch die Fürsten, und darum bieten sie alle Kräfte auf, um dieser allmächtigen Waffe der Völker in Deutschland den Eingang zu verwehren. Die Seelenangst, mit der die deutschen Könige bei dem Gedanken an Freiheit der Presse ergriffen werden, ist die namenlose Furcht, die sie vor dem natürlichen Rechte des Menschen, der Gedanken-

»Deutschlands Pflichten«
Wirths Aufruf zur Gründung des Preßvereins,
Homburg den 3. Februar 1832.

Wirth ist überzeugt, dass die Organisation eines deutschen demokratischen Reichs keiner revolutionären Gewalt bedürfe. Sobald das ganze Volk überzeugt sei, werde das Ziel auf friedlichem Weg erreicht:

»... denn es ist ein Gesetz der Natur, daß keine materielle Macht der übereinstimmenden und mit Feuer erfaßten Meinung eines Volkes zu widerstehen vermag.

Das Mittel zur Wiedervereinigung Deutschlands im Geiste ist aber einzig und allein die freie Presse. Dies wissen auch die Fürsten, und darum bieten sie alle Kräfte auf, um dieser allmächtigen Waffe der Völker in Deutschland den Eingang zu verwehren.

Die Seelenangst, mit der die deutschen Könige bei dem Gedanken an Freiheit der Presse ergriffen werden, die namenlose Furcht, die sie vor dem natürlichen Rechte des Menschen, der Gedanken-Mittheilung haben, muß die Völker auf den Wert und die Macht der Presse aufmerksam machen.«

Auch der organisatorische Erfindungsreichtum ist beeindruckend. Wirth setzt Meilensteine der demokratischen Notwehr und des Widerstands, die bis in unsere Zeit wirken. Und die Zeitungen und Flugblätter von damals entwickeln eine gewaltige Wirksamkeit, vergleichbar den heutigen Internet-Gegeninformationen etwa durch *twitter, facebook, youtube* u.a. in demokratiefernen Ländern wie Iran, China etc.

Damit die Zeitungen, als Organe der öffentlichen Meinung, trotz Zensur und Beschlagnahmung, ihre Aufgabe erfüllen können, werden die Leser aufgefordert, aktiv als Autoren und Korrespondenten mitzuwirken. Gutwillige Privatunternehmer und Behörden sollen durch Anzeigenaufträge die Journale des Volkes stützen oder durch Spenden mitfinanzieren.

Zunächst soll der Verein den Vertrieb der Oppositionsschriften über ein breites Botennetz unabhängig von den königlichen Postunternehmen machen. Im

Idealfalle wären alle Leser zugleich auch die Verteiler der verbotenen Bücher, Journale und Flugblätter.

Wirth rechnet dabei fest mit der Verhaftung der Journalisten und schlägt die Errichtung einer Gefangenenhilfe vor. Er zählt es zu den Pflichten des deutschen Volkes für den Lebensunterhalt der Familien zu sorgen, wenn die Verteidiger der Volksfreiheit im Gefängnis sitzen oder sonst arbeits- oder dienstunfähig sind.

Der Preßverein erhält ein provisorisches Zentralkomitee, das zunächst aus den Advokaten Schüler, Ferdinand Geib und Joseph Savoye (»der bekannte feurige Vertheidiger der Freiheit«[69]) besteht.

Interessant ist auch, dass Wirth der freien Presse einen so hohen Rang einräumt, dass die »besten Söhne des Vaterlandes« geradezu die Pflicht haben, »ihre geistige Kraft den Journalen des Volkes zu widmen«. Auf der anderen Seite will er keine beamteten Berufsjournalisten.

Als sähe er das Dilemma heutiger Kommerz-Medien und Meinungsmonopole voraus, fordert Wirth: die Presse dürfe sich niemals in den Händen Einzelner befinden. Da werde sie zum Mittel persönlicher Tendenzen und die Gewinn- und Selbstsucht werde über das allgemeine Interesse gestellt. Den Missbrauch wirtschaftlicher Macht will Wirth von vornherein verhindern. Die Journale *»müssen deshalb in das Eigenthum des Volkes übergehen und ihre Redaktoren absetzbare Diener des Volkes werden.«* Er selbst geht mit gutem Beispiel voran und enteignet sich selbst. »Die Unternehmer der *Deutschen Tribüne* treten das Eigentum dieses Blattes dem Vereine zur Unterstützung der freien Presse ab ...«[70]

Wirths Aufruf verfehlt seine Wirkung nicht. Zumal er seine Werbung um ein paar Gulden oder Kreuzer geschickt mit moralischen Appellen verknüpft und auf das Vorbild der Polen verweist, die für ihr Vaterland weitaus mehr, nämlich Blut und Leben geopfert haben.

Der Preß- und Vaterlandsverein wächst mit unglaublicher Geschwindigkeit. Es ist der beispiellose Siegeszug einer Idee.

»Wackerer Patriot! Kämpfen Sie mutig fort den schweren, aber edlen und belohnenden Kampf für Wahrheit, Recht und Menschenwohl. Von Tausenden werden Sie gesegnet, wird für Ihr Wohlsein zum Allvater gebetet. Dies ist gewiß ein schöner Lohn! Was Ihnen zu Leide geschieht, das geschieht mir, das geschieht meinem Volke. Getrost, getrost, Sie werden gerächt.«[71]

Bald liegen die Subskriptionslisten in ganz Deutschland aus. Doch die meisten Preßvereinsmitglieder kommen aus Rheinbayern und den angrenzenden Staaten. Hier empfinden die Menschen die Beschneidung alter Vor- und Freiheitsrechte besonders schmerzhaft. Auch die wachsende Verarmung und die wirtschaftlichen Missstände im Gefolge der bayerischen Kolonialisierungs- und Zollpolitik sind ein Motiv für den Beitritt. Die Neuzugänge werden regelmäßig in der *Tribüne* abgedruckt. Jeder Tag ein Sieg. Das Bildungsbürgertum ist keineswegs in der Überzahl, etwa die Hälfte sind Handwerker. Aber auch Taglöhner, Knechte, Kutscher, Dienstmägde, Nachtwächter schreiben sich ein, ebenso wie Prediger, Schüler und Studenten. Die notleidenden Weber im Lambrechter Tal sehen ebenso wie die durch hohe Zölle geplagten Winzer und Bauern in der freien Presse ihre einzige Hoffnung. Wirth kommentiert: »Es greift in der Tat an das Herz, wie das gute Volk mit freudiger Aufopferung seinen Vaterlandsverein unterstützt. Nachstehende Subskriptionsliste, auf welcher Witwen, Dienstknechte und Jünglinge sich finden, gibt davon einen merkwürdigen Beweis. Gewiß, die Geschichte wird diese patriotischen Handlungen der Armen aufzeichnen und dem Benehmen der Reichen gegenüberstellen. Unter den Subscribenten befindet sich auch ein israelitischer Jüngling, der seinen letzten Groschen freudig beisteuerte. Heil dem deutschen Volke!«[72]

Homburg, Zweibrücken, Neustadt, St. Wendel, Kirchheimbolanden, Heidelberg, Frankfurt, Mainz und Paris sind die ersten Hauptstützpunkte. Am Ende zählt der Preßverein im gesamten Deutschen Bund über 5.000 Mitglieder. Die Zweibrücker Zentrale regt die Gründung von Filialkomitees an, sodass schließlich eine Art basisdemokratisches Netzwerk geknüpft ist.

Viele Mitglieder verbinden ihre Spende oder Beitragszahlung mit einem Motto: »Den Russen und Konsorten die Knute«, heißt es, oder »Noch ist Polen nicht verloren«, »Einigkeit und Freiheit«, »Tod dem Herrn und dem Knechte«, »Deutsche Republik!«, »Untergang dem Absolutismus«, »Für das demokratische Princip«.[73]

Die Bewegung ergreift auch die deutschen Juden. Die *Tribüne* tritt schließlich für Glaubensfreiheit, Gleichberechtigung und »Emancipation« ein. Jüdische Gemeinden in der Pfalz, im Saarkreis, in Mainz und in Frankfurt sammeln ebenso wie die Studenten in Heidelberg und treten in geschlossenen Gruppen dem Preß- und Vaterlandsverein bei. Die Subskriptionslisten werden zu Ehrenlisten der Vaterlandsfreunde – viele bitten ausdrücklich darum, mit vollem Namen genannt zu sein.

Sogar von den Kanzeln herunter wird für die Preßfreiheit geworben. Viele protestantische Prediger
sehen Wirth und Siebenpfeiffer in der Tradition von
Luther, Müntzer und dem Bauernkrieg – und teilen
nebenbei auch gern ein paar Seitenhiebe gegen katho-
lische Kollegen und das klerikale Bayern aus. Wie zum
Beispiel der Pfarrer Heinrich Karl Ludwig Klöckner in
Luthersbrunn. Am 13. März 1832 donnert er auf seine
Gemeinde herunter:

»Wer von der freien Presse schon gehört hat und
dennoch fortfährt, sich zu weigern, dieselbe mit einem
kleinen Beitrag zu unterstützen, sei es nun aus stin-
kendem Geize oder aus feiger Bedenklichkeit ..., der
bezeigt sich dann nicht als echten Anhänger Jesu Chri-
sti. Denn dieser sagte ja: So ihr an meiner Rede bleibet,
seid ihr meine rechten Jünger und werdet zur Wahrheit euch halten, und die Wahrheit wird euch dann frei
und glücklich machen! Und das sollt ihr auch durch die
Presse und werdet es durch dieselbe werden, wenn ihr
sie kräftig unterstützet ... Wer aber gegen dieses herrliche Unternehmen spricht oder handelt ... bezeigt sich
als ein Diener des Satans. Nicht Gott, den Vater der
Wahrheit betet ein solcher an, sondern den Teufel ...,
dem eben auch Licht und Wahrheit ein Gräuel ist.

O, darum bitte und beschwöre ich Euch um Eurer
zeitlichen und ewigen Wohlfahrt willen! Eilet und
unterschreibet zur Unterstützung der freien Presse. Es
ist diese bei Gott im Himmel, bei meiner Seele Selig-
keit ein Wort und Werk Gottes – zur Erleuchtung und
Beglückung der Menschen.«

Während Spötter anfangs noch meinen, »die liberalen Ideen Deutschlands reichten lediglich von Homburg bis Zweibrücken«, sind sie schnell eines Besseren

belehrt. »Sowie sich die regelmäßigen Beiträge in der Pfalz täglich mehrten, so geschah dies auch in anderen Gegenden Deutschlands, und es kamen sogar schon beträchtliche Kapital-Schenkungen hinzu. Zugleich bildete sich in Paris ein Ausschuß von Deutschen, um den Verein zu befördern: die patriotischen Journale Frankreichs wirkten in demselben Sinn ... Nunmehr steigerten aber auch die deutschen Regierungen ihren Eifer, dem reissenden Fortschritte des Preßvereins entgegen zu steuern ...«[74]

Deutsche »Gastarbeiter«, Armutsflüchtlinge und Emigranten in Lyon, Straßburg und Paris spenden ihre letzten Pfennige. Polnische Flüchtlinge, Schweizer Patrioten und italienische Freiheitsfreunde leisten internationale Unterstützung. Und die stetig wachsende Pariser Zweigstelle des Preßvereins meldet, dass sich die Schriftsteller Heinrich Heine und Ludwig Börne bereit erklärt haben, für die *Tribüne* zu schreiben. Beide sind mit einem monatlichen Beitrag von fünf Francs Mitglieder des Preßvereins.

Vor allem Börne begeistert sich für Wirths Unternehmung – als wär's ein Stück von ihm: »Die große Idee einer deutschen National-Assoziation zur Verteidigung der Presse hat Wirth zugleich ausgeführt und besprochen ... Diese Idee, die öffentliche Meinung förmlich zu organisieren, um sie – der Standesmeinung der Regierung entgegen zu setzen, und die Organe derselben, die Journalisten, als die Beamten des Volks zu betrachten, schwebte mir schon längst vor. Wenn dieser Plan, dessen Ausführung in Rheinbayern schon begonnen, sich über ganz Deutschland verbreitet und Wurzel fasst, kann noch alles gerettet werden, sogar auf friedlichem Wege.«[75]

Für Börne ist der Preß- und Vaterlandsverein zugleich auch ein wichtiger Ansatz zu einer revolutionären Umgestaltung in Deutschland. Er wirbt nicht nur in Frankreich neue Mitglieder. In leidenschaftlichen Briefen fordert er die Frankfurter Judenschaft zur Unterstützung der »allgemeinen Sache des Vaterlandes« auf. Dies wäre ein wichtiger Beitrag zu ihrer bürgerlichen Emanzipation. »Vorwärts Israel! Die Mauern Jerichos sind von Trompeten eingefallen – aber es ist kein wahres Wort daran. Unter Trompete verstand die Heilige Schrift die *Preßfreiheit*. Vor ihr werden auch die Mauern der Tyrannei fallen ...

Als Gott die Welt erschuf, da erschuf er den Mann und das Weib, nicht Juden und Christen, nicht Reiche und Arme. Darum lieben wir *den Menschen,* er sei Herr oder Knecht, arm oder reich, Jude oder Christ.

Tretet dem Bunde bei. Die Freiheit der Presse gründet die Herrschaft der Vernunft, und unter dieser Herrschaft sind alle gleich, gibt es keine Knechte.«[76]

Heine dagegen wahrt wie meistens ironische Distanz. Er fürchte sich vor dem »fatalen« Republikanismus der Tribünenleute, schreibt er an Cotta, und bange um die Zukunft der Könige. Doch das ist natürlich nur halbernst gemeint. Für Wirth äußert auch er deutliche Sympathie. Wirth ist für ihn der Inbegriff des wahren Republikaners und die *Tribüne* erscheint ihm als ein kaum glaublicher Traum:

»Noch immer, wenn ich meine deutschen Republikaner betrachte, reibe ich mir die Augen und sage zu mir selber: Träumst du etwa? Lese ich gar die *Deutsche Tribüne* und ähnliche Blätter, so frage ich mich: Wer ist denn der große Dichter, der dies alles erfindet? Existiert der Doktor Wirth mit seinem blanken Ehrenschwert?

Oder ist er nur ein Phantasiegebilde ...? Dann aber fühle ich wohl, ... daß unsere großen Poeten keine so bedeutende Charaktere darstellen können und daß der Doktor Wirth wirklich leibt und lebt, ein zwar irrender, aber tapferer Ritter der Freiheit, wie Deutschland deren wenige gesehen, seit den Tagen Ulrichs von Hutten.«[77]

In der Tat wachsen Siebenpfeiffer und Wirth in den hektischen Monaten vor Hambach über sich selbst hinaus und erlangen eine weit über ihre Zeit hinausragende politische Bedeutung. Ihr Denken ist radikal und prinzipiell geworden. Und damit utopisch. Und beide bereiten im Grunde nichts anderes als eine umfassende Anklage gegen die vierunddreißig Monarchen und ihren Fürstenbund vor.

»Die Könige sind von einem anderen Stoffe als die Menschen, sie fürchten, wo wir hoffen, sie hassen, wo wir lieben, sie verfolgen, wo wir unterstützen. Polen, unglückliches Polen, du zeigtest, daß die Wege der deutschen Völker und der deutschen Könige auseinander gehen: deine Leiden, unglückliches Land, werden es aber auch dahin bringen, daß jene Wege für immer geschieden bleiben.«[78]

Auch wenn Wirth dabei stets den friedlichen Weg der Reform und der publizistischen Überzeugungsarbeit betont – in den Augen derer, die friedlich keinen Millimeter weichen, die sich weder überzeugen noch reformieren lassen wollen, in den Augen der Herrscher »von Gottes Gnaden« ist er ein Staatsfeind, plant Hochverrat und verfolgt ein revolutionäres Ziel.

Die Bayerische Regierung holt bereits zu ihrem nächsten Schlag gegen die »Tribünenleute« aus.

Beschuldigt des Hochverraths

Der Volkstribun

Die freie Presse ist die Schutzwehr der Völker gegen die Tyrannei der Machthaber; sie ist der Zauberstab, welcher die Menschenbrust mit heiligem Feuer erfüllt, für alles Edle, Große und Schöne Begeisterung erweckt und für die erhabensten Zwecke der Menschen, Bürger und Völker Thatkraft entzündet.
Sobald ein Volk zur Mündigkeit emporgewachsen ist, ist ihm die freie Presse Bedürfnis, nicht minder dringend als das Brod.

Am 13. Februar kommt die Klage Wirths gegen die Versiegelung seiner Druckpresse zur Verhandlung. Sie beginnt und endet mit einer Überraschung: Das Bezirksgericht erklärt, dass es nicht zuständig sei. Der Staatsprokurator Ruppenthal begründet dies mit einem Beispiel: »Daß der Bäcker das Recht habe, seinen Backofen zu gebrauchen, müsse doch weniger zweifelhaft sein als ... das Recht zur Errichtung einer Druckerei. Aber angenommen, die Regierung nähme sich tatsächlich heraus, die Backöfen zu versiegeln, so dürften die Gerichte hierüber gleichwohl keine Klage annehmen!«[79]

Mit der Ablehnung der Klage hat der Staatsprokurator freilich nur Öl ins Feuer gegossen. Bald fühlt sich nahezu jeder Bürger von staatlicher Willkür betroffen und bedroht. »Also sogar die Backöfen kann man uns versiegeln, ohne daß uns die Gesetze eine Klage oder sonst einen Rechtsschutz gewähren! Wird die Gewalt nicht so weit gehen? Wenn sie aber Pressen mit dem offensten Unrecht, mit Missachtung klarer Gesetze und Verfassungsvorschriften versiegelt, warum soll sie nicht auch Backöfen, Hobel- und Drehbänke, Strumpf-wirkerstühle, Spinnmaschinen und Dreschflegel versie-geln?«[80]

Vor allem aber sehen die Menschen ihre Freiheits-rechte aus der Franzosenzeit bedroht. »Die nächste Wirkung bestand nun darin, daß sich das Volk mit wirklicher Hast zum Preßverein herbeidrängte.«[81]

Auch der Gutsbesitzer J. Villeroi, ansonsten keines-wegs der demokratischen Bewegung zugetan, erklärt seinen Beitritt und schreibt an Wirth: »Wenn die Regie-rung behauptet, das Recht zu haben, Ihre Presse zu ver-siegeln, den Backofen des Bäckers zuzumachen, was wird sie abhalten, auch meinen Pflug zu versiegeln und das Joch meiner Ochsen?

Und wenn die Presse mit Beschlag belegt oder gar von Amtswegen zerschlagen ist, an wen wird alsdann der Unterdrückte seine Klagen richten? Ihm bleibt nichts übrig, als die empörende Rechtsverletzung im Stillen hinunter zu würgen, und den milden Herrschern zu danken, wenn sie in Gnaden der Knute ihn würdi-gen.

Belieben Sie mich auf die Subscriptionsliste der freien Presse mit 4 fl. 40 kr. einzuschreiben.«[82]

Wirth hat seine kostbare Schnellpresse natürlich nur vorübergehend stillgelegt. Einen Monat lang lässt er bei Georg Ritter in Zweibrücken drucken. Der Drucke-reibesitzer, ein unbeugsamer Unterstützer »der heiligen Sache«[83], hatte zuvor bereits Siebenpfeiffers Zeitungen gedruckt. Sobald jedoch der Preßverein gegründet und in stetem Wachstum ist, wagt Wirth am 9. Februar 1832 die Wiedereröffnung.

»Entschlossen, die Hauptschläge jetzt zu führen, ward auch die große Schnellpresse, welche stündlich 1.000 Abdrucke lieferte, nach Homburg geschafft und täglich über 16 Stunden in Bewegung gesetzt. Sichtbar näherte sich die Aufregung nun ihrem Gipfel.«[84]

Wirth hat sich wie Siebenpfeiffer längst von allen kleinstaatlichen konstitutionellen Hoffnungen verabschiedet. Von einer württembergischen, hessischen, sächsischen oder auch bayerischen Freiheit will er nichts wissen. Sein Ziel ist die ganze Nation. Damit steht er im Gegensatz zu den badischen Liberalen um Rotteck und Welcker, die auf den Reformwillen ihrer Regierung setzen, wie auch zu jenen Pfälzern, die mit einer linksrheinischen »Franzosenfreiheit« zufrieden wären.

Wirth dagegen will keine partiellen Zugeständnisse von großherzoglichen oder französischen Gnaden, sondern die Souveränität des ganzen Volkes. »Deutschlands Wiedergeburt« lautet seit dem 21. Januar der Untertitel der *Tribüne*. Und das Impressum verkündet stolz: »Gedruckt auf der Presse des Volkes.«[85]

Als Verwalter und Organisator der *Tribüne* wirkt nach wie vor Friedrich Sonntag. Christian Scharpff[86] ist regelmäßiger Autor und Dr. Georg Fein[87] aus Braunschweig der zweite Redakteur. Mit Sonntag, Scharpff und Fein stehen Wirth drei hervorragende Mitarbeiter zur Seite. Polemisch – bisweilen auch satirisch ironisierend – nehmen sie die aktuellen Missstände aufs Korn, ausführlich analysieren sie die Unterdrückungspolitik der Großmächte Russland, Österreich und Preußen. Regelmäßig wird über Reformbemühungen in den deutschen Staaten und über die Lage in Ungarn, Spanien, Portugal, Italien, England und Nordamerika berichtet. Und auch die Opposition im Ausland kommt zu Wort: wie Edgar Quinet, die *amis de peuple* und polnische Freiheitskämpfer.

Tonangebend bleibt jedoch Wirth. Er leistet ein kaum vorstellbares Pensum an Schreibarbeit. Die meisten Leitartikel stammen aus seiner Feder. Er wettert gegen die finstere Pfaffenherrschaft, gegen die Geburtsaristokratie des Adels und die Geldaristokratie der Bankiers. Besonders heftig wendet er sich – was später von der Geschichtsschreibung gern übersehen wird – gegen die preußische und österreichische Macht- und Eroberungspolitik. Nicht nur die Regierung, auch der preußische Untertanengeist ist ihm verhasst. Preußen wird immer wieder als Garant der Tyrannei, als Verderber Deutschlands, als Unterstützer der Barbarei und der blutigen Unterdrückung der Polen gegeißelt.

In seinem Aufsatz »Deutschlands Pflichten«, mit dem Wirth für den Beitritt zum Preßverein wirbt, bündelt er seine Ansichten und Ideen:

»Die Könige haben unter sich einen Bund geschlossen – der Bund gilt der Unterdrückung der Völker ... Die Früchte des Bundes sind: Verarmung der Völker und Entweihung der menschlichen Würde durch Kriecherei und Sclavensinn ...«

Wirth beschuldigt die Aristokraten, dass ihre Politik darauf ziele, »die Kraft des deutschen Volkes durch Auseinanderreißen des Landes, Zerstörung des deutschen Nationalcharakters, Unterdrückung des Triebs nach Wiedervereinigung und endlich durch grausamste Beschränkung der Gedanken-Mitteilung auf immer zu brechen«.

»Sollen die Völker endlich die Freiheit erlangen, soll der Verarmung und dem Elende Europas ein Ziel gesetzt werden, so muß Russland von Preußen und Österreich durch ein democratisch organisirtes Polen getrennt, das Übergewicht des preußischen und osterreichischen Königs durch die Organisation eines deutschen Reiches, mit democratischer Verfassung, aufgehoben und eine europäische Staatengesellschaft durch ein treues Bündnis des französischen, deutschen und polnischen Volkes vorbereitet werden. Die Wiederherstellung Polens kann nur durch Deutschland geschehen.«

Wirth sieht allerdings auch im Westen keinen Lichtblick mehr. Er kritisiert das *juste milieu*, die neue Macht des Geldes und die volksfeindliche Politik des Königs Louis Philippe. Zugleich warnt er vor Chauvinismus und allen Kräften, die den Rhein als Grenze fordern. Französische Gebietsansprüche weist er entschieden zurück und fordert die Integrität eines künftigen deutschen Nationalstaats.[88]

Eine Zeitung entwickelt sich, wie es sie in Deutschland noch nie gegeben hat: demokratisch, kritisch, polemisch. Und selbstverständlich parteilich.

Allein schon die Überschriften sprechen eine deutliche Sprache: »Demüthigung Deutschlands«, »Preußens Schuld und Verderben«, »Ein König hat kein Vaterland, ein König hält die Treue nicht; ein König ist kein Menschenfreund«, »Warum sucht der Bund der Fürsten das Volk in Dummheit zu erhalten?«, »Der undeutsche Bund« oder »Chikanen der bairischen Regierung«.

Wirth erweist sich als brillanter Zeitungsmacher. Die Auflage steigt täglich. Die *Tribüne* könnte ein

111

lukratives Unternehmen werden. Er ist jetzt Journalist, Redakteur, Verleger und Drucker in einer Person. Aber das ist ihm längst nicht genug. Seine politisch-reformatorischen Vorschläge werden mit jeder Ausgabe konkreter, seine Sprache entschiedener. Die Schlagzeilen der *Tribüne* kündigen Reformvorschläge an: »Die Presse des Volkes«, »Die geistige Emancipation der Israeliten«, »Deutschland und die Revolution« und »Soll es Parteien geben oder nicht?«. Wirth will nicht nur eine publizistische Gegenmacht gegen die Regierungen etablieren, er will auch selbst positiv verändern, glaubt an die politisch bildende Macht des freien Wortes.

»Und was ist politische Bildung? Das Erkennen der Rechte und der Würde des Bürgers, die Achtung vor sich selbst, der Abscheu gegen Sklavensinn und Kriecherei, die Hingebung für die Interessen der Gesellschaft und die Sache des Vaterlandes, die Wachsamkeit über die Ehre der Nation, endlich entschlossenes Auftreten gegen Anmaßungen der Fürsten, Aristokraten und Priester, entschiedenes Auftreten gegen jeden Eingriff der Machthaber in die Gesetze des Landes.«

Wirth liegt es daran, »große Ideen auszustreuen, und unter den Bessern des Volkes eine Erschütterung hervorzubringen«[89]. Sein Optimismus und Vertrauen in die »Presse des Volkes« waren wohl zu keiner Zeit so berechtigt wie um 1832.

So wird die *Tribüne* immer mehr ein Leitfaden der Bürgerrechte, eine Schule der Demokratie. Es ist heute noch spannend zu lesen, wie sich das oppositionelle Programm von Tag zu Tag weiterentwickelt und in den Menschen Wurzeln fasst.

»Allerdurchlauchtigster, Großmächtigster König und Herr; ich bitte Ew. göttliche Majestät um einen allergnädigsten Fußtritt, damit mein schlechter Leib mit dem Körper Eurer geheiligten Majestät in Berührung komme!«[90]

Kein Wunder, dass Ludwig Börne sich auch weiterhin für Wirth begeistert: »Lesen Sie denn die *Deutsche Tribüne* nicht? Sind Sie nicht erstaunt, was der kleine Herkules für ein prächtiger Mann geworden? Ich war der kleine Herkules in der Wiege, der einige Schlangen zerdrückt, aber der Wirth, der schwingt die eiserne Keule und schlägt Ochsen und Löwen tot ... Endlich, endlich findet sich doch mal einer, der einen deutschen Mann steckt in das hohle deutsche Wort, und jetzt hat es eine Art ...«[91]

Börne fühlt sich vom unverhohlenen Radikalismus und den republikanischen »Frechheiten« der *Tribüne* wie magisch angezogen. Das wäre eigentlich seine Zeitung, »ein Schlachtfeld, auf dem kein Mann, der sein Vaterland liebt, fehlen soll.«[92] Für die *Tribüne* müsse er unbedingt, auch ohne Honorar, schreiben, ermuntert ihn auch seine Frankfurter Freundin Jeanette Wohl. Börne plant bereits die Abreise nach Zweibrücken, als ihm Josef Savoye, der gerade in Paris für den Preßverein wirbt, einen an ihn und Heine gerichteten Brief überbringt. Wirth, der nichts von dem Zerwürfnis zwischen den Schriftstellern weiß, lädt beide gemeinsam zur Mitarbeit ein:

»Verehrte Herren! Durch die Bekanntmachung in franz. Journalen, daß Sie den deutschen Vaterlandsverein unterstützen würden, haben Sie uns aufs Erfreulichste überrascht und der guten Sache einen außerordentlichen Vorschub geleistet. Wenn hier in der Tribüne oder sonst einem liberalen deutschen Blatte Artikel von Ihnen erscheinen, welche mit Ihren Namen unterzeichnet sind, so wird der Eindruck und die Wirkung eine ganz ungewöhnliche sein. Noch mehr aber könnte geleistet werden, wenn Ihre Verhältnisse Ihnen erlaubten, zur tätigen Mitwirkung der Befreiung des Vaterlandes Ihren Wohnsitz irgendwo im Rheinkreise zu nehmen. Sie stehen hier unter denselben Gesetzen wie in Frankreich und genießen denselben Schutz, und im äußersten Notfalle sind Sie der französischen Grenze so nahe, daß Sie jeden Augenblick sich wieder nach Frankreich begeben können. Der Augenblick aber ist so entscheidend, daß Deutschland aller seiner Kräfte bedarf, besonders aber so ausgezeichneter Talente, auf welche die Augen so vieler Tausende gerichtet sind und deren Beispiel unsere Kraft verdoppeln könnte ...

Zweibrücken 28. Febr. Wirth.«[93]

Börne, ohnehin schon zur Reise entschlossen, kann der feierlichen Beschwörung nicht widerstehen. Zusammen mit Savoye bereitet er seine Übersiedlung nach Zweibrücken vor. Dazu hat er auch sehr private Gründe: »Kommen Sie doch auch mit nach Rheinbaiern«, schreibt er an Jeanette. »Es ist das schönste Land der Welt und ein herrlicher Frühlingsaufenthalt ... In Homburg erwarte ich Sie ... Wenn die *Tribüne* wüsste, wie ich so ganz von Ihnen abhänge, sie forderte Sie gewiß öffentlich auf, für Deutschlands Wohl tätig zu sein. Kommen Sie, bedenken Sie nichts und antworten Sie gleich.«[94] Die hochfliegenden Pläne scheitern jedoch. Börnes private und politische Euphorie wird durch eine dramatische Entwicklung in der Beziehung zu Jeanette Wohl abrupt beendet. Die in Hunderten von Briefen umworbene Geliebte beschließt in diesen Tagen, den um Jahre jüngeren Bankier Salomon Strauss zu heiraten. Ihr besonderes Verhältnis zu Börne will sie unbeschadet aufrechterhalten. Dennoch ist ihre Entscheidung ein schwerer Schlag. Strauss ist gerade in Paris eingetroffen, um sich Börne vorzustellen und gewissermaßen bei ihm um die Hand seiner Freundin anzuhalten. In dieser ebenso problematischen wie delikaten Situation storniert Börne seine Umzugspläne. Zumal ihn hinsichtlich der *Tribüne* inzwischen die ersten Hiobsnachrichten erreichen.

»Aber wir werden keine drei Monate Zeit haben! Das Gewitter in Frankfurt steigt schwarz empor und wird die Frucht auf dem Halme zerschlagen.«[95]

Auch in Homburg weiß man, dass die Tage der Freiheit gezählt sind. Neben Erfolgsmeldungen, wie den täglichen Subscriptionen für den Preß- und Vaterlandsverein, mehren sich die Verbotsmeldungen. »Der *Westbote* ist jetzt in Preußen, Oestreich und Nassau verboten«, heißt es am 3. März und am nächsten Tag: »Die *Deutsche Tribüne* ist nun auch im Königreiche Sachsen, in Sachsen-Gotha und in Nassau verboten.« In München werden beide Zeitungen »täglich confiscirt«.[96]

Solche Reaktionen bestätigen allerdings ex negativo zugleich auch die außerordentliche Wirkung, welche die Regierenden der freien Presse zuschreiben. Und Wirth kann es sich nicht verkneifen, Metternich persönlich als den eigentlichen Versiegler der Druckpressen anzusprechen:

»Der österreichische Beobachter ist vor Freude außer sich, daß der Münchner Hof die Befehle seines Herrn so pünktlich vollstreckt und die Pressen des *Westboten* sowie der deutschen *Tribüne* versiegelt habe. Wir müssen bedauern, daß die Freude des Beobachters nicht von Dauer sein wird, denn die *Tribüne* wird schon in der nächsten Woche wieder auf der Presse des Volkes gedruckt werden. Herr von Metternich muß sich wohl an die fatale Erscheinung gewöhnen, daß seine Macht, die hinreicht, den Münchner Hof zum Kriechen zu bestimmen, nicht im Stande ist, ein paar armselige Journalisten zum Schweigen zu bringen.«[97]

In einer Satire »Der Kampf des Deutschen Bundes mit der *Tribüne*«[98] rechnet die Redaktion die Verbotsmaßnahmen zu einem bewaffneten Feldzug der Könige hoch, der in einen regelrechten Bürgerkrieg, eine Schlacht um die *Tribüne* und schließlich sogar in einen europäischen Krieg ausartet. Die ironische Prophetie ist von der Realität, wie sich zeigen wird, gar nicht so weit entfernt. Die Mobilmachung läuft.

Am 22. Februar erfährt Wirth aus dem *Nürnberger Korrespondent,* dass bayerisches Militär in die Pfalz verlegt werden soll, um die »beiden Schreier in Rheinbaiern, den *Westboten* und die *Tribüne,* zum Schweigen zu bringen«[99]. Die im fränkischen Neustadt an der Aich stationierte 3. Division des 6. Chevauleger-Regiments sei bereits nach Zweibrücken unterwegs.

Wirth weiß, was ihm droht: die Versiegelung der Druckpressen durch Militärgewalt. Das Ende der rheinbayerischen Pressefreiheit ist absehbar. Daher nutzt er die verbleibende Zeit zu verstärkten Aufklärungskampagnen und »verdruckt« ganz gezielt die Reste des Aktienkapitals und der Mittel des Preßvereins. »Von den wichtigeren Aufsätzen ... wurden besondere Auflagen von 6.000 bis 10.000, ja von einzelnen selbst bis zu 50.000 Expl. auf der Schnellpresse veranstaltet und um geringe Beträge oder unentgeltlich verteilt.«[100] Während die Druckerei zu Homburg in ungeheurer

116

Tätigkeit ist, sorgen Reisende und arme Leute für den Vertrieb.

Wirth hat ein neues System des Absatzes entwickelt. Jeder, der Schriften in entferntere Gegenden tragen will, erhält unentgeltlich eine beliebige Anzahl von Flugschriften. »Dadurch entstand ... ein eigenes Gewerbe: denn ärmere Leute verkauften sie in der Ferne um eine Kleinigkeit, und gewannen durch die Menge doch einen guten Botenlohn«[101]. Ein Tüncher aus Zweibrücken beispielsweise bringt die *Tribüne* und Flugblätter nach Neunkirchen. Von dort aus werden sie in die preußischen Rheinlande geschmuggelt. Die Druckerzeugnisse, aus der »Presse des Volkes« sind in jenen Tagen so begehrt wie bares Geld. Statt um ein Almosen – berichtet Wirth – hätten ihn arme Leute damals lieber um ein Exemplar der *Tribüne* gebeten.

Sein Gegenspieler freilich, der Staatskanzler und Fürst Metternich, sitzt letztlich am längeren Hebel. Wirth schreibt:

»Die finstere Versammlung zu Frankfurt am Main, welche unter der Firma »Bundestag« bekannt ist, hat in der Sitzung vom 7. März die *Deutsche Tribüne, den Westboten, die Hanauer Zeitschwingen* und den *Eulenspiegel* auf 6 Jahre lang verboten.«

Und doch: Wirth ist felsenfest davon überzeugt, dass er langfristig der historische Sieger sein wird. Als eine Investition in die Demokratie rechtfertigt er nach dem Hambacher Fest seinen »kolossalen« Kapital- und »Schriften-Verschleiss«: »Die Opfer waren groß: zunächst schienen sie bei dem gänzlichen Fehlschlagen des Erfolgs in der Gegenwart nutzlos gewesen zu sein, gleichwohl sind sie gut angelegt: jene bewegte Zeit hat verborgen, tief im Innersten des deutschen Volkslebens, gewirkt ... Nie wird diese Wirkung mehr zu vernichten sein, in späterer Zukunft vielmehr auch nach Außen sichtbar werden.«[102]

In Homburg dramatisieren sich die Ereignisse, als am 7. März das endgültige Verbot der *Tribüne* bekannt gegeben wird. Die Wut und Erregung in der Bevölkerung ist enorm. Vor allem junge Menschen sind bereit, die »Presse des Volkes« gegen das Militär zu verteidigen. Wirth druckt am gleichen Tag ein Flugblatt, mahnt zur Besonnenheit und kündigt passiven Widerstand an:

»An die Bewohner Homburgs.

Die Regierung hat beschlossen, wider unsere Pressen Gewalt zu brauchen. Man wird also die Türen unserer Wohnung erbrechen, um die Pressen zu versiegeln. Diese Handlung wird mit Hilfe des Militärs morgen vor sich gehen. Wir haben zur Zeit nicht die Absicht, die widerrechtliche Gewalt mit Gewalt zu vertreiben, sondern wir wollen die Türen erbrechen lassen, um zu beweisen, daß es auch in Rheinbaiern keinen Rechtszustand gebe. Dann werden wir die Staatsbehörde auffordern, ihre Pflicht zu erfüllen, und den Beamten, welcher zur Erbrechung der Wohnung den Befehl erteilt hat, in den Anklagezustand setzen lassen ...

Damit aber durch voreilige Handlungen nicht der Zweck gestört werde, bitten wir alle Bürger Homburgs, und vorzugsweise die Jugend, morgen bei der gewalttätigen Einbrechung der Türen unserer Wohnung sich ganz ruhig zu verhalten und jede Gewalttätigkeit zu vermeiden.

Homburg, 7. März 1832

Die Redaktion der deutschen Tribüne.

Wirth.«

In der folgenden Nacht wird er um 1 Uhr plötzlich aus dem Schlaf geweckt. Drei Männer wünschen ihn dringend zu sprechen. Es handelt sich um gute Bekannte, »Männer der entschiedenen Opposition«. Sie haben erfahren, dass gegen Wirth ein Haftbefehl vorliegt. »Die Bürger von Zweibrücken haben uns abgesendet, um Sie an einem sicheren Ort zu verbergen. Die Kutsche wartet unten vor Ihrem Hause!«, erklärt der Wortführer.

Doch Wirth zeigt sich verwundert: »Ich soll entfliehen? Entweichen von dem Kampfplatz im entscheidenden Augenblick?«

»Die Anklage betrifft aber hauptsächlich Ihre Aufforderung zur Bildung des Preßvereins und kann gefährlich werden!«

»Deshalb soll ich feig davon gehen, und so indirekt das Geständnis ablegen, daß der Verein verbrecherisch sei? Wie können Männer mir so etwas zumuten?«

Wirth lehnt alle Flucht-Angebote entschieden ab. Selbst der Brief »eines der angesehensten Oppositions-Mitglieder« kann ihn nicht umstimmen. Mit dem Code Napoleon in der Hand fühlt er sich sicher.

»Bei Anbruch des Tages zeigte sich auf den Straßen der Stadt bald eine gewisse Unruhe, bis es hieß: ›sie kommen, sie kommen!‹ In der Tat ritten um neun Uhr Eskadronen Cheveaux-legers in Homburg ein, und stellten sich vor der Druckerei auf. Unmittelbar nachher erschien der Landkommissär, umgeben von zwölf Gendarmen, und forderte sehr höflich die Öffnung der verschlossenen Wohnung zum Zwecke der Versiegelung der Pressen ... [Wirth] stand im Erdgeschoß am geöffneten Fenster ... Mit Ruhe erklärte er, daß die Versiegelung seiner Pressen eine widerrechtliche, und selbst strafbare Gewalttat sei, daß er sohin die Türen nicht öffnen lassen werde. Während der Landkommissär den Befehl zur Erbrechung der Türen erteilte und vollziehen ließ, las [Wirth] mit erhobener, starker Stimme die Stellen des französischen Gesetzbuches ab, welche solche Handlungen unter strenger Strafe verbieten.«[103]

Zöller'sches Haus in Homburg (Saar), früherer Zustand. In diesem Haus befanden sich Wirths Wohnung und Druckerei.

Dies ist das Ende der »Presse des Volkes«. Wirths Verhaftung allerdings findet erst zehn Tage später statt. In der *Tribüne* vom 18. März meldet Georg Fein, der stellvertretende Chefredakteur, unter der Schlagzeile »Fortschritte der Reaction in Baiern« das Folgende:

»Das Langerwartete ist geschehen; der verantwortliche Haupt-Verfasser unserer Blätter J. G. A. Wirth
sitzt in peinlicher Haft. Freitags den 16. März durch
einen Gendarmen vom Mittagessen weg vor den Untersuchungsrichter gebracht, wurde er unmittelbar von
dort ins Gefängnis geführt. Die Regierung beschuldigt ihn, durch den Artikel ›Deutschlands Pflichten‹ in
Nr. 29 der *Tribüne,* und durch alle nachfolgenden Artikel, welche von der Unterstützung des deutschen Vater-
landsvereines handeln, zum gewaltsamen Umsturz der
bairischen Staatsverfassung aufgefordert zu haben. Mit
einem Worte: die Regierung beschuldigt ihn des *Hoch-
verraths!*«[104]

In der Anklageschrift heißt es, Wirth habe die Bevölkerung aufgereizt und ein Geheimkomplott zur Verwirklichung seiner Absichten geschmiedet. Die Behörden lassen Gerüchte ausstreuen, dass die Unruhen von
Frankreich angestiftet und Wirth und seine Freunde
daher Landesverräter seien. Damit will man zugleich
auch das Zentralkomitee des Preßvereins treffen, den
Rechtsanwalt Savoye, der als Delegierter in der Pariser Zweigstelle mit Jubel empfangen wurde, und den
Abgeordneten Schüler, der mit einer Verwandten des
berühmten französischen Politikers Lafayette verheira-
tet ist.

Wirths zehnjähriger Sohn Max befindet sich am Tag
der Verhaftung ebenfalls in Zweibrücken. Er besucht
das dortige Gymnasium und wohnt bei einer befreundete Familie. Als Max am Abend hört, dass sein Vater
verhaftet ist, eilt er mit einem Kameraden zum Gefängnis. Vor dem Gefängnistor hat sich eine große Volksmenge versammelt. Leidenschaftlich erregte Arbeiter,

unter ihnen »der stärkste Mann der Stadt namens Hoock« haben sich »mit Hämmern, Äxten, Brecheisen, Stangen und Balken« bewaffnet, schlagen und stoßen gegen das Tor und verlangen die Herausgabe des Gefangenen.[105] Endlich öffnet sich ein Guckfenster im Tor und der Gefängnisdirektor erklärt, dass er nur seine Pflicht tue. Außerdem habe ihm der Gefangene erklärt, dass er überhaupt nicht befreit werden wolle.

»›Das glauben wir nicht, das ist eine Lüge!‹, schrien die Erbitterten, und ein neuer Stoß mit dem Balken folgte darauf, daß das Thor in seinen Fugen krachte.

›Um Gotteswillen! Nehmen Sie doch Vernunft an!‹, rief der Gefängnisdirektor in höchster Bestürzung.

Ein abermaliger Stoß mit dem Sturmbock.

›Sie stürzen sich und mich ins Unglück!‹

Wieder erkrachte das Thor unter dem Balken.

Da hatte mich einer der Umstehenden erkannt und rief: ›Wenn er die Wahrheit spricht, so kann man's ja erproben. Hier ist Doktor Wirths Sohn. Durch seinen Mund können wir Bescheid erfahren ...‹«[106]

Nach langem Hin und Her lässt der Gefängnisdirektor das Tor doch noch öffnen und erlaubt dem Zehnjährigen, seinen Vater in der Zelle aufzusuchen. Der hat sich bereits auf seiner Pritsche zur Ruhe gelegt. »Mit kurzen, klaren Worten« beauftragt Wirth seinen Sohn, die Menschenmenge zu beruhigen. »Ich sollte den Leuten sagen, daß sie durch ihr Auftreten nur ihm und der Sache schaden, daß die Anklage keinen stichhaltigen Grund habe, daß er vom Gerichte wieder freigegeben werden müsse und daß sie daher ruhig nach Hause gehen sollten. Als ich wieder aus dem Gefängnis herausgelassen war, hob mich der starke Hoock auf die Schultern, und ich mußte der aufgeregten Menge in der dunklen Nacht mit meiner dünnen Knabenstimme den erhaltenen Bescheid mitteilen. Die Leute fügten sich ... und zogen mit einem donnernden Hoch auf den Gefangenen ab. Zu meinem nicht geringen Stolze setzte mich der starke Hoock nicht gleich wieder ab, sondern trug mich nun eine halbe Stunde lang auf den Schultern dem dichten Haufen voran ... Dabei löste ein Freiheitslied das andere ab: *Hinaus in die Ferne, Noch ist Polen nicht verloren* wechselten mit der *Marseillaise* und der *Parisienne* ab ...«[107]

Die Zeitung ist nicht mehr zu retten. Die Redakteure der *Tribüne,* Friedrich Sonntag aus Pforzheim und Georg Fein aus Braunschweig, werden als nichtbayerische Staatsangehörige des Landes verwiesen. Nach 71 Ausgaben muss die *Deutsche Tribüne* am 21. März ihr Erscheinen endgültig einstellen.

Das Zweibrücker Appellationsgericht spricht Wirth, wie vorausgesehen, nach vierwöchiger Haft frei. Das Urteil, das zugleich auch das Verbot des Preßvereins aufhebt, wird als »Sieg der Gesetze über die Willkür« gefeiert und der Text in 60.000 Exemplaren verbreitet. Als Wirth am 15. April aus dem Gefängnis entlassen wird, bereitet ihm die Bevölkerung einen triumphalen Empfang. Noch im Gefängnis wird er von einer Abordnung der Bürger feierlich begrüßt. Sie bitten ... »den Freigesprochenen um fortgesetzte Verteidigung der Volksrechte«. Sodann begleiten sie ihn »achtungsvoll in das Haus, wo zu seinem Empfang der oberste Ausschuß des Preßvereins sich versammelt hatte.« Nach einem Bankett zur Feier seiner Befreiung, reitet Wirth nach Homburg heim. Dort erwarten ihn weitere Ovationen.

»Als er vor der Stadt anlangte, sah er die Bevölkerung ... schon herbeiströmen. Trunken vor Freude umgaben die Bürger ihren Freund, und begleiteten ihn unter unbeschreiblichem Jubel bis an seine Wohnung.«[108] Junge Mädchen streuten, »vor ihm hergehend, Blumen auf seinen Pfad«, erinnert sich sein Sohn. »Des Tücherschwenkens und Jubels war kein Ende. Noch mehrere Wochen konnte der Gefeierte nicht über die Straße gehen, ohne von einer Schar junger Leute und Knaben gefolgt zu sein, welche ihm Lebehoch riefen ...«[109]

Nach dem Berufsverbot verlegen Siebenpfeiffer und Wirth den Kampf auf eine neue Ebene. Am 20. April 1832 erscheint Siebenpfeiffers Einladung zum Hambacher Fest, einen Tag später veröffentlicht Wirth als Flugschrift einen »Aufruf an die Volksfreunde in Deutschland«.

Darin schlägt er vor, den Preßverein in einen Vaterlandsverein umzuwandeln, in eine politische Organisation, eine Partei im breitesten Sinne, zur Einführung der Volksherrschaft. Alle gleichgesinnten Patrioten sollen sich über ein bestimmtes politisches Glaubensbekenntnis vereinigen. Wirth erklärt, dieses sei ohnehin seine ursprüngliche Absicht bei der Gründung gewesen. Die freie Presse sei das Mittel, der Hauptzweck und das Ziel aber die politische Einheit Deutschlands und die Einführung der Volkssouveränität.

Wirth stellt ein detailliertes 21-Punkte-Programm für eine »durchgreifende politische Reform« Deutschlands vor. Orientiert am Vorbild der Vereinigten Staaten von Amerika schlägt er eine Konföderation der einzelnen Bundesstaaten unter einer gemeinsamen

Regierung vor. Die wichtigsten Artikel seines Grund-
gesetzvorschlags sind:

- Aufhebung aller Geburtsprivilegien, des Adels und
  des Lehnswesens
- Gleichberechtigung aller Religionen
- Freiheit der Rede, des Gewissens und der Meinun-
  gen
- Freiheit des Handels und Gewerbes
- Sicherheit der Person und des Eigentums
- Gemeinsame Gesetzgebung, Öffentlichkeit des
  Gerichtsverfahrens mit Geschworenengerichten
- Abschaffung aller stehenden Fürsten-Heere, allge-
  meine Volksbewaffnung, Errichtung von Bürger-
  garden und eines Bundesheeres
- Die Volkssouveränität wird durch eine gewählte
  nationale Vertretung verkörpert, allgemeines
  Stimmrecht, 10.000 Familien wählen einen Abgeordneten,
- Jede Provinz kann sich für einen selbstständigen
  Bundesstaat erklären mit konstitutioneller oder
  republikanischer Verfassung; Urversammlungen
  der Bürger stimmen darüber ab
- Die deutsche Reichsregierung besteht aus einem
  auf zwei Jahre von den Parlamenten der Bundesstaaten gewählten Präsidenten sowie einem Minis-
  terrat
- Der Präsident ist der Nationalvertretung verantwortlich und ihren Beschlüssen unterworfen

Nur am Rande enthalten Wirths Vorschläge auch
eine soziale Komponente. Die Ursache von Not, Elend
und vom »verzweiflungsvollen Druck des Volkes« sieht

er im Königtum mit seinen »prunkenden Höfen, stehenden Heeren und heißhungrigen Schwärmen aristokratischer Müßiggänger. Einem Lande von 36 Millionen Einwohner macht schon e i n König viel zu schaffen, wenn aber ein solches Land vollends von 34 Königen und 34 Aristokraten-Schwärmen geplündert wird, so liegt es klar am Tage, daß nur Elend und Not das Los der Bürger sein kann.«

Wirth meint, dass durch Streichung der Ausgaben für Hofhaltung und stehende Heere, sowie durch Freiheit des Handels die Wohlfahrt des Volkes zu erreichen sei. Es dürfe keine Besteuerung der Armen mehr geben, allen Bedürftigen könne und müsse Bildung und Beschäftigung verschafft werden. Dass Wirth damit den künftigen Problemen des Industriekapitalismus noch nicht gerecht wird, kann man ihm zu diesem Zeitpunkt kaum vorhalten.

»Aufgabe unseres Jahrhunderts ist es, dem Jammer Deutschlands und dem als Quelle dieses Jammers gezeigten Königtum ein Ende zu setzen und zwar ohne Verzug, zuerst mittels des Pressvereines, behufs der Notwendigkeit einer durchgreifenden Reform.«

Wirth legt sein Programm – auf die wesentlichen zehn Punkte verknappt – Ende April nochmals dem Komitee des Preßvereins vor. Doch Schüler, Savoye und Geib gehen die Vorschläge zu weit. So konkret – und vor allem so gesamtdeutsch – wollen sie sich nicht festlegen.

»Der Hauptzweck der Reform ist die politische Einheit Deutschlands, die Einführung der Volkssouveränität mittels einer gemeinschaftlichen Reichsregierung und Nationalkammer mit rein demokratischer, also republikanischer Verfassung.«

Wirths »Aufruf an die Volksfreunde« erscheint in einer Auflage von 50.000 Exemplaren und wird, zum Beispiel von Leipziger Buchhändlern, vielfach nachgedruckt und auch im Norden und Osten Deutschlands verbreitet. Damit erreicht die Hambacher Bewegung einen neuen Höhepunkt. Selbst Friedrich Engels konnte sich der Faszination der revolutionären Forderungen nicht entziehen und meinte später, dass Wirths Aufruf der Erde schon bedeutend nähergekommen sei. In der Tat: In nur wenigen Monaten ist aus dem Publizisten ein radikaldemokratischer Volkstribun geworden. Und zugleich ein Politiker mit bahnbrechenden organisatorischen Ideen.

Der »Aufruf an die Volksfreunde« ist das erste offene Manifest einer freiheitlichen Partei und zugleich das Urbild einer demokratischen deutschen Verfassung.

Wirths Programm geht weit über alles hinaus, was jemals von der liberalen Opposition verlangt wurde. Historisch bedeutsam ist vor allem die eindeutige Forderung nach politischer Einheit Deutschlands und »Einführung der Volkssouveränität«. Alle wesentlichen Punkte seines Aufrufs finden sich in den Grundrechten des deutschen Volkes wieder, die am 20. Dezember 1848 von der Nationalversammlung beschlossen werden. Dieses Fundament für die Zukunft ist Wirths eigentliche historische Leistung. Hinzu kommt, dass er der Erste ist, der – über die feurigen Hambacher Reden hinweg – beharrlich den Blick auf das noch zu Leistende, die Organisations- und Parteifrage, lenkt. In dem Artikel »Soll es Parteien geben oder nicht?« heißt es:

»Gegen die Partei des göttlichen Rechts die Partei der Volkssouveränität; gegen die Partei des Adels die

Partei des Volkes! ... Und auch die Wörter beibehalten! Sie sind eine Macht; an ihnen erkennen sich die Gleichgesinnten.«[110]

Aus den geheimen Nachfolgeorganisationen des nach 1832 zerschlagenen Preß- und Vaterlandsvereins entwickeln sich Vereinigungen, Bünde und Verbände, die im Geheimen überwintern, 1848 erneut eine Rolle spielen und später wie Lassalles *Allgemeiner Deutscher Arbeiterverein* zur modernen Parteiorganisation mit verbindlicher Programmatik werden.

Der »Aufruf an die Volksfreunde« spricht eine deutliche Sprache. Zur sofortigen Durchsetzung dieses revolutionären Programms bräuchte es eigentlich revolutionäre Mittel. Doch Geheimbünde, Attentate, gewaltsamen Umsturz oder Individualterror lehnt Wirth ausdrücklich ab. Er glaubt, die Umwandlung Deutschlands in ein bürgerlich-parlamentarisches Staatswesen allein mit gesetzlichen, friedlichen Mitteln, in erster Linie durch eine aufklärende Publizistik erreichen zu können.

So bleibt die Frage, in welcher zeitlichen Dimension Wirths Ziele vorgestellt sind. Während Karl Marx später auf wachsende Klassenwidersprüche setzen wird, glaubt Wirth noch an die wachsende Vernunft. Er meint, daß seine Aufklärungsarbeit zwar »zunächst noch ohne Folgen, gleichwohl bleibend sei, und in der Zukunft ihre Wirkung äußern werde«.[111]

Und davon ist schließlich selbst der große Spötter Heinrich Heine überzeugt: »Es ist leicht vorauszusehen, daß die Idee einer Republik, wie sie jetzt viele deutsche Geister erfasst, keineswegs eine vorübergehende Grille ist. Den Doktor Wirth und den Siebenpfeiffer und Herrn Scharpff und Georg Fein aus Braunschweig

und Große und Schüler und Savoye, man kann sie festsetzen, und man wird sie festsetzen; aber ihre Gedan-
ken bleiben frei und schweben frei, wie Vögel, in den
Lüften. Wie Vögel nisten sie in den Wipfeln deutscher
Eichen, und vielleicht ein halb Jahrhundert lang sieht
man und hört man nichts von ihnen, bis sie eines schö-
nen Sommermorgens auf dem öffentlichen Markte zum
Vorschein kommen, großgewachsen, gleich dem Adler
des obersten Gottes, und mit Blitzen in den Krallen.
Was ist denn ein halb oder gar ein ganzes Jahrhundert?
Die Völker haben Zeit genug, sie sind ewig; nur die
Könige sind sterblich.«[112]

Die Sehnsucht nach einem besseren politischen Zustande

1832 – Hambacher Fest

Deutschland wird die Freiheit und den Frieden sehen, es wird zur herrlichsten Macht und Größe empor-blühen.
Niemand kann hieran zweifeln, der die Macht der Presse kennt, und der erwägt, welche ungeheure Wir-kung dieselbe schon binnen weniger Monate hervor-zubringen im Stande war.

Wie jedes Jahr im Mai beabsichtigen Neustadter Bürger ein Verfassungsfest zu veranstalten. Sieben-pfeiffer, Wirth und ihre Freunde sehen allerdings wenig Anlass, die permanent gebrochene bayerische Verfas-sung zu feiern. Sie setzen dagegen:
»Neustadt an der Haardt im bairischen Rheinkreis, 20. April 1832.
In öffentlichen Blättern, namentlich der *Speyerer Zeitung,* ist eine Einladung zu einem ›Constitutions-feste‹ auf dem Hambacher Schlosse erschienen. Solche ist ohne Auftrag ergangen: mit Beziehung auf nach-stehenden Aufruf, bitten wir, jene Einladung als nicht geschehen zu betrachten.«
Der neue Aufruf, verfasst von Philipp Jakob Sie-benpfeiffer, lädt nicht nur zu einem Pfälzer Anti-Ver-fassungs-Fest gegen die bayerische Fremdherrschaft ein, sondern geht einen entscheidenden Schritt weiter. Unter dem Titel »Der Deutschen Mai« richtet er sich an alle »deutschen Stämme«:

Der Deutsche Mai
Zug auf das Schloss Hambach am 27. Mai 1932.

Programm für das Maifest,

welches

den 27. Mai d. J.

auf

dem Hambacher Schloss bei Neustadt an der Haardt

gefeiert wird.

Nachdem das Fest, das die Unterzeichneten öffentlich angekündigt haben, nicht blos in dem Rheinkreise, sondern auch in den angrenzenden Ländern Anklang und Beifall gefunden hat, so daß schon nach den bis heute eingelaufenen Berichten auf die Anwesenheit einer großen Zahl ächt deutscher Männer gerechnet werden kann, hält man es für angemessen, über die Art und Weise, wie das Fest seinem Zwecke gemäß begangen werden soll, folgendes fest zu setzen:

An dem zum Feste bestimmten Tage (Sonntag den 27. Mai), des Morgens um 9 Uhr, versammeln sich die, welche an dem Feste Theil nehmen wollen, auf dem Schießhause zu Neustadt, um sich von da gemeinschaftlich in einem Zuge auf das Hambacher Schloß zu begeben. Sowohl der Zeitpunkt, wann sich der Zug in Bewegung setzt, als auch, wann er an dem Orte des Festes ankommt, wird durch das Geschütz verkündet.

Das Schloß und seine Umgebungen sind dem Geiste des Festes entsprechend ausgeschmückt. Die Bürgergarde von Neustadt und die der umliegenden Orte wird für Abhaltung aller Störung Sorge tragen.

Bei der Ankunft des Zuges an dem Orte des Festes hofft man, daß von einem oder dem andern der Anwesenden das Fest mit einer passenden Rede eröffnet werde.

Um 12 Uhr beginnt ein Mittagsmahl, das in einer ganz nahe bei der Schloßruine errichteten, nach allen Seiten offenen, oben jedoch bedeckten Laube gehalten wird. Es ist dabei die Anordnung getroffen, daß sämmtliche Gäste, und sollten deren auch bis 1000 kommen, an zwei halbzirkelförmigen Tafeln Platz finden, in deren Mitte sich etwas erhöht Ehrenplätze für die Volksvertreter aus den verschiedenen Ländern finden, die dem Feste beiwohnen werden.

Sämmtliche Plätze sind numerirt, und werden für Jeden der Anwesenden durch das Loos bestimmt.

Auch ist Sorge getragen, daß die, welche an dem Mittagsmahle keinen Theil nehmen wollen, oder erst nach demselben dem Feste beiwohnen können, Plätze und Erfrischungen finden.

Den Ehrenplätzen der Volksvertreter gegenüber, auf der Vorderseite der Tafeln, ist eine Rednerbühne errichtet, auf der jeder Anwesende sprechen oder Trinksprüche ausbringen kann; nur ist dieses dem Anführer der Bürgergarde von Neustadt anzuzeigen, damit durch einen Trompetenstoß das Zeichen der Stille gegeben werde.

Karten für das Mittagsmahl sind in   bei

zu haben.

Neustadt, den 29. April 1832.

Der mit der Anordnung des Festes beauftragte Ausschuß.

Ph. Abresch, Oekonom.
G. Bader, Oekonom.
E. Bader, Weinhändler.
Blaufus, Geschäftsmann.
Ph. Gloßmann, Buchhändler.
J. Dehodencourt, Kaufmann.
P. Denk, Müller.
Fitz, Kaufmann.
H. Fitzweiler, Kaufmann.
G. Frey, Oekonom.
J. Gies, Oekonom.

Gützkow, Kaufmann.
Ch. Heckel, Oekonom.
Dr. Hepp, Arzt.
G. Hofferich, Kaufmann.
G. Hoenig, Weinhändler.
J. Hoenig, Oekonom.
Käßler, Geschäftsmann.
F. Klein, Gerber.
G. Klein, Gutbesitzer.
A. Klein, Oekonom.
K. Klein, Oekonom.

J. J. Lebert, Kaufmann.
Lembert, Notär.
Ch. Mayul, Oekonom.
M. Michel, Oekonom.
Müller, Vaidic.
J. Rulfus, Kaufmann.
Ries, Schneider.
Schimpf, Bürgermeister.
J. Schopman, Lohhandl.
J. Nußstätter, Oekonom.

Programm für das Maifest

133

»Auf, ihr deutschen Männer und Jünglinge jedes Standes, welchen der heilige Funke des Vaterlandes und der Freiheit die Brust durchglüht, strömet herbei! Deutsche Frauen und Jungfrauen, deren politische Missachtung in der europäischen Ordnung ein Fehler und ein Flecken ist, schmücket und belebet die Versammlung durch eure Gegenwart! Kommet Alle herbei zu friedlicher Besprechung, inniger Erkennung, entschlossener Verbrüderung für die großen Interessen, denen ihr eure Liebe, denen ihr eure Kraft geweiht.«

Mit seiner Einladung hat Siebenpfeiffer den Nerv der Zeit getroffen. Das Echo ist enorm und für die Initiatoren überraschend.

In allen deutschen Staaten, aber auch international wird mehr als nur ein Frühlingsfest erwartet. Dafür stehen vor allem die Namen Wirth und Siebenpfeiffer. Ihre zunehmend radikaler gewordenen Forderungen wecken nicht nur in der Pfalz revolutionäre Hoffnungen.

Während die Bevölkerung dem Fest entgegenfiebert, fürchtet die Regierung des Rheinkreises Umsturz und Hochverrat. Am 6. Mai wird das Fest, ebenso wie die Einreise und der Aufenthalt von Fremden verboten. Dies führt zu weiterer Eskalation.

Die allgemeine Empörung, die Proteste liberaler Zeitungen und die Beschwerden angesehener Bürger bringen die Regierung in Speyer in immer größere Bedrängnis. Sie macht einen Rückzieher und genehmigt – allerdings nur für bayerische Staatsangehörige – am 17. Mai schließlich doch, was sie ohnehin nicht verhindern kann.

Die Besucher bereiten ihre »Wallfahrt« gründlich vor. In den Heimatorten werden Freiheitsbäume gesetzt, Lieder einstudiert, Fahnen genäht, Kutschen und Leiterwagen geschmückt. In Wirths Wohnort herrscht bereits zehn Tage zuvor emsiges Reisefieber.

Davon macht am 16. Mai Landkommissär Dilg der Regierung in Speyer »gehorsamst« Meldung: »In Homburg hatte sich eine Gesellschaft von etwa 80 Personen gebildet, um an dem Hambacher Fest teilzunehmen. Dieselben rüsteten vier Leiterwagen aus und ließen dieselben gestern Abend auf den Marktplatz bringen ... Da zu erwarten stand, daß in der Nacht mehrere Fuhren von Zweibrücken hierdurch passieren würden, so ließ die Reisegesellschaft an die Eigentümer der auf den Marktplatz stoßenden Häuser eine Anzahl Lichter mit der Bitte verteilen, solche vor die Fenster zu stellen, damit während der Nacht kein Unglück durch Zusammentreffen der Wagen entstehen möge ... So entstand in kurzer Zeit eine Illumination, welche nicht verfehlte, die ganze Bevölkerung herbeizuladen ...

Gegen Mitternacht zog ein Haufen Burschen und Dirnen auf den Markt und richtete unter Jubelgeschrei einen Fichtenbaum auf, gleich darauf war jedoch alles wieder ruhig und der Baum verlassen ... Hätte der gehorsamst unterzeichnete Amtsverweser vorher Kunde von dem Vorhaben gehabt, so würde es ihm ohne Zweifel gelungen sein, die Errichtung des Baumes zu verhindern.

Nach Mitternacht reiste die hiesige Gesellschaft ab. Eine Viertelstunde darauf fuhr auf drei Wagen die zu dem Fest sich begebende Gesellschaft von Zweibrücken durch die Stadt.«

Die Daheimgebliebenen aber feiern ihr eigenes Freiheitsfest. Dabei muss die Obrigkeit konstatieren, dass – im Vergleich zu Altbayern – links des Rheins der

Untertanengeist erschreckend unterentwickelt ist. Am 28. Mai 1832 muss sich Landkommissär Dilg erneut »gehorsamst« an den Regierungspräsidenten wenden:

»An die Stelle des ersten Baumes, welcher mit keinem Emblem versehen war, wurde am 26. abends bei einbrechender Dämmerung von einer Rotte junger Leute ein etwa 90 Fuß hoher Fichtenbaum auf den Marktplatz gerade vor das Gemeindehaus gesetzt.

An seiner Krone trägt dieser Baum eine schwarz und rote Fahne mit vergoldetem Knopf und an dem Stamm auf einer blechernen Tafel eine Inschrift, welche jeden mit dem Tode bedroht, welcher sich an dem Baume vergreifen würde.

Das Bürgermeisteramt, aufgefordert, diesen Baum wegnehmen zu lassen, erklärte, daß dadurch für die Nacht eine schreckliche Aufregung hervorgerufen würde, welche zu beschwichtigen seine Kräfte unzulänglich seien ...

Nun beauftragte dasselbe für den nächsten Morgen, den Stadtrat und die angesehensten Bürger zu versammeln ... Kaum waren einige Bürger versammelt, so erschien ein junger Bursche und erklärte, daß er gehört habe, man wolle den Baum wegnehmen. Wer sich aber unterstehe, dabei mitzuwirken, möge zusehen, wie es ihm ergehen werde. Hierdurch eingeschüchtert, gingen die Bürger auseinander ...

Es war deutlich zu bemerken, daß manche nichts Verfängliches darin sahen. Andere, welche das Vorgefallene mißbilligten, wagten es nicht, die Wegnahme des Baumes durchzusetzen ...

Während des Tages blieb hierauf alles ruhig. Bei eintretender Dämmerung sammelten sich zuerst Kinder und zogen singend durch die Straßen. Bald gesellten sich Erwachsene zu ihnen, und nun bildete sich eine Masse von 200 bis 300 Köpfen, welche vor die Häuser derjenigen Bürger zogen, welche früher ihre Missbilligung über das Treiben der ultraliberalen Partei geäußert hatten. Vor den Häusern angekommen, erhoben sie ein Katzengeschrei und machten überhaupt einen abscheulichen Lärm. Einige Bürger wurden mit ähnlichem Geschrei verfolgt, eine tätliche Misshandlung jedoch nirgends verübt.«[113]

Das Setzen der Freiheitsbäume vor und nach dem Hambacher Fest ist eine deutliche Demonstration der Bevölkerung für ihre Freiheitsrechte aus der Franzosenzeit.[114] Sie knüpft an jakobinische Traditionen und zeigt, dass man sich noch sehr gut daran erinnert, 1792 vom Joch der Fürstenherrschaft befreit worden zu sein. Man kann also durchaus im Wortsinne von einem »Aufbäumen« gegen die Bajuwarisierung der Pfalz sprechen, von einer Drohung und Warnung, von einem relativ breiten Volksprotest. Allein im Landkommissariat Pirmasens werden in diesen Tagen 26 Freiheitsbäume angezeigt. Das Hambacher Fest findet somit keineswegs nur auf der Schlossruine bei Neustadt statt, sondern hat Ableger überall im Land.

Bereits am Vorabend treffen Tausende von Gästen in Neustadt ein und fiebern dem Ereignis entgegen. Viele süddeutsche Nachbarn, vor allem aus Baden und Hessen, aber auch Franzosen und Polen bevölkern die Straßen.

»Von Mittags bis Abends bot diese Stadt an jenem Tage das erhebendste Schauspiel dar. Von Viertelstunde zu Viertelstunde langten neue Züge von Patrioten an, die meisten auf offenen mit Eichenlaub bekränzten Wagen, auf denen die deutsche Fahne wehte.«

»Schwarz-rot-gold« – in Hambach setzen sich diese drei Farben als deutsche Trikolore, als Standarte der Freiheitskämpfer ein für allemal durch. Auf Kokarden, Schärpen, Fahnen und Bändern sind sie fortan für ganz Deutschland das Emblem des souveränen Volkes – und eine Kriegserklärung an die Fürsten: »Schwarz-rot-gold«.

Den 6.000 Einwohnern Neustadts bereitet der Besucheransturm gewaltige Probleme. Es kommen dreimal so viele Gäste wie erwartet, geschätzt werden am Ende bis zu 30.000 Teilnehmer. Das hat nicht nur Neustadt, das hat ganz Deutschland noch nicht gesehen. Besucher, die nicht privat oder in Gasthäusern untergebracht werden können, übernachten in großen Sälen oder auf Strohlagern in den Schulen. Der Zustrom demonstriert zum ersten Mal vor aller Augen die nach 1830 mächtig gewachsene Freiheitsbewegung, ebenso wie die zunehmende Vernetzung der Polenhilfs-, Preß- und Vaterlandsvereine. Kein Wunder, dass an den Fürstenhöfen höchste Alarmbereitschaft herrscht. Hambach wird somit auch zu einem Tummelplatz von Agenten, Informanten und Konfidenten aller deutscher Staaten. In Neustadt wird ein Mainzer Spitzel enttarnt und für einige Stunden im Rathaus eingesperrt. Allein Metternich erhält ein halbes Dutzend Berichte.

»Von den jungen Leuten wurde ein Gesang angestimmt ..., der zum Refrain hatte: *Nun kommt der Völker Schmaus, Fürsten zum Land hinaus ...* Man bemerkte unter den Anwesenden einen französischen Hauptmann in Uniform, einen franz. Lieutenant von Lauterburg mit der Juli-Decoration und Abgeordnete der Societé des Amis du Peuple von Straßburg ... Aus allen Cantonen Rheinbaierns waren besonders die

Advokaten und Prediger die eifrigsten Teilnehmer. Von einigen derselben erfuhr ich, daß man Alles daransetzen würde, die Freiheit der Presse durchzusetzen ..., daß wenn die Regierung die Versammlung verboten hätte, man jedenfalls und gewaffnet erschienen wäre. Es bedürfe nur eines Winks der Anführer und Alles sei zum gewaffneten Widerstande bereit, man sei völlig gefasst darauf ... Der berüchtigte Börne und Harro Harring waren auch anwesend.«[115]

Die Gastwirte machen ein gutes Geschäft. Sie veranstalten Bälle in den Tanzsälen und bieten »gute Erfrischungen, zu billigen Preisen« an. Flugschriften und Programmzettel werden gedruckt und verteilt, Siebenpfeiffers Rede, politische Lieder und Noten von eigens komponierten Hambacher Musikstücken werden zum Kauf angeboten, ebenso wie Fahnen, Bänder, Schärpen und Kokarden in den deutschen Farben. Auch Lithographien von Wirth und Siebenpfeiffer, Hambacher Pfeifen, Tücher und Schürzen, auf denen die Hauptakteure abgebildet sind, finden reißenden Absatz. Am politischen Großereignis profitiert der politische Souvenir- und Devotionalienhandel – bis hin zum schwarz-rot-goldenen Bonbonpapier.

Die liberale Mannheimer Zeitung *Der Wächter am Rhein* teilt ihren Lesern mit, dass am Festtag um 12 Uhr in einer überdachten Laube ganz nahe bei der Schlossruine ein Mittagsmahl für einen Gulden und 45 Kreuzer angeboten wird. Auf einer »Rednerbühne«, heißt es weiter, könne jeder Anwesende »sprechen oder Trinksprüche ausbringen«. Nur sei dies dem Anführer der Bürgergarde anzuzeigen, »damit durch einen Trompetenstoß das Zeichen der Stille gegeben werde«.

Westliche Ansicht des Schießhauses bei Neustadt a.d. Haardt

In dem nahegelegenen *Schießhaus*, einem Gasthaus vor der Stadt, versammelt sich am Abend ein großer Teil der »aus allen deutschen Gauen« angereisten Gäste. Das erste Ziel der Initiatoren scheint damit erreicht. Mit Genugtuung vermerkt Wirth in der von ihm herausgegebenen offiziellen Festbeschreibung:

»Man bemerkte hier die Repräsentanten fast aller deutschen Stämme, und unter ihnen die in Deutschland am höchsten stehenden Namen. Es war ein großer, schöner Moment, wo alte Freunde einander wiedersahen, wo neue Freundschaften geschlossen wurden, und wo vor allem die Brüderstämme der Deutschen ... mit Begeisterung sich umschlangen und die großen Interessen des gemeinsamen Vaterlandes (...) lebhaft verhandelten.«

Redner auf dem Hambacher Fest

Zu den Prominenten gehören u.a.

– der Schriftsteller Ludwig Börne aus der Pariser Emigration. Er wird wie ein Star gefeiert und mit einem Fackelzug geehrt. Er genießt die Hambacher Tage, vermisst hinterher seine goldene Taschenuhr und ist am Ende enttäuscht, dass die Revolution ausbleibt.

Hambacher Taschentuch, hergestellt von Heim & Sohn, St. Gallen 1832. Im weiteren Kreis sind um das Zentralmotiv, dem bekannten Zug zum Hambacher Schloss, 16 Porträts führender Liberaler des Vormärz angeordnet.

– der nordfriesische Revolutionsdichter Harro Harring. Der militante Schwarmgeist erscheint mit zwei Pistolen und zwei Dolchen im Gürtel, um für den Freiheitskampf gerüstet zu sein. Er rezitiert ein eigens für Hambach gedichtetes »Deutsches Mailied«.

– der Göttinger Dozent Hermann von Rauschenplatt, der zum direkten Volksaufstand auffordert. Radikale Studenten und Burschenschafter (»Freiheit, Nationalität – oder Tod«, Brief Adolph Boeheman an François Wille, 15.5.1832) haben schon seit

Wochen im Geheimen die Einladung verbreitet und sind kampfbereit (»mit allen Freunden der Freiheit ... und alle Waffen, die Du auftreiben kannst, mitzubringen«).

– der Bürstenmacher Johann Philipp Becker, der spätere Freund und Kampfgefährte von Karl Marx, Revolutionsgeneral von 1849 und Mitbegründer der Ersten Internationale. Er fordert die Volksbewaffnung.

– Karl-Heinrich Brüggemann, der Sprecher von über 300 Studenten aus Heidelberg, ein Vertreter der Burschenschafter.

Genannt werden neben den Veranstaltern und den prominenten Teilnehmern aus Rheinbayern: Bürgermeister Hütlin aus Konstanz, Journalist Strohmeyer aus Mannheim, Friedrich Funk aus Frankfurt, Rittmeister Benjamin Ferdinand von Schachtmeier aus Königsberg, der rheinische Liberale Jacob Venedey, sowie viele andere, die sich erst später einen Namen gemacht haben.

Das Hambacher Fest hat zu Recht als größte und erste bedeutende demokratische Volksversammlung in Deutschland Geschichte gemacht. Es ist der Höhepunkt einer breiten Bewegung in allen deutschen Staaten, die nicht auf das äußere Ereignis und eine Handvoll mehr oder minder radikaler Reden verkürzt werden darf.[116] Die Vorbereitung gehört dazu: Siebenpfeiffers und Wirths Kampf um Preßfreiheit, die Gründung des Preß- und Vaterlandsvereins, die Entwicklung radikal republikanischer Forderungen in der *Tribüne* und im *Westboten,* und vor allem – dank Wirth – der erste Versuch einer Parteiorganisation sowie die Formulierung und Proklamation der Grundrechte des deutschen Volkes vor dem Geschworenengericht in Landau. Das Einzigartige und bis dahin noch nie Dagewesene hat Wirkung und Sprengkraft über das Jahrhundert hinaus.

Das Hambacher Fest ist natürlich auch kein *Vorläufer,* wie es später die nationale und nationalistische Geschichtsschreibung sehen wollte, sondern das freiheitliche und demokratische Gegenbild zur Kaiserproklamation im Spiegelsaal von Versailles, der zwanghaften Einigung von Oben. Es war eben kein nationalistisches, sondern ein patriotisches Fest der deutschen Einheit. Ob Harring, Börne, Rauschenplatt, Brüggemann, Becker, Fein, Scharpff, Savoye, Schüler, Venedey, Siebenpfeiffer oder Wirth – ihre Namen stehen bei allen Gegensätzen für Bürgerrechte, Freiheit und die Souveränität des Volkes.

Aus der Festbeschreibung:

»1.) Am 26. Mai Abends wurde die Eröffnung des Festes durch das Geläute aller Glocken und durch mehrstündiges Abfeuern von Geschütz angekündigt; auch waren auf den höchsten Punkten des Haardtgebirges Freudenfeuer angezündet.

2.) Dieselbe Feierlichkeit ging am 27. Mai, als dem eigentlichen Festtage, früh nach Tagesanbruch vor sich.

3.) Um 8 Uhr Morgens versammelten sich die Teilnehmer an dem Feste auf dem Marktplatze zu Neustadt. Der Zug wurde geordnet und begab sich in folgender Weise auf die Schloßruine Hambach:

a) Eine Abteilung Bürgergarde mit Musik;

b) Frauen und Jungfrauen mit der poln. Fahne, letztere getragen von einem Fähnrich, der mit einer weißrothen Schärpe geschmückt war;

c) eine zweite Abteilung Bürgergarde;

d) eine Abteilung der Festordner, von welchen jeder eine Schärpe aus schwarz, rot und gold trug, in der

Mitte die deutsche Fahne, mit der Inschrift *Deutschlands Wiedergeburt ...*«

Nachdem sich der Zug in Bewegung gesetzt hat, wird Ernst Moritz Arndts *Was ist des Deutschen Vaterland?* angestimmt, die patriotische Hymne, die an die Freiheitskämpfer von 1813 und die nicht eingehaltenen Versprechen der Fürsten erinnert.

»Die Deutschen waren zum ersten Male wieder brüderlich vereiniget und zogen unter der Fahne ihres Vaterlandes ernst und feierlich dahin. Da war kein Auge thränenleer; da hob sich der Busen, voll von seliger Wollust, und von Mund zu Mund tönte der Ausruf: »Heil, Heil dem Tage, wo Deutschlands Fahne Männer aus allen Gauen des Landes zur brüderlichen Eintracht vereinigte!«

Zur eigentlichen Hymne des Hambacher Feste aber wird das von Siebenpfeiffer geschriebene »Hinauf, Patrioten zum Schloß«. Nach der Melodie von Schillers Reiterlied wird es von 300 Handwerksburschen gesungen. Das Lied bringt die Hoffnungen der Mehrzahl der Festteilnehmer auf einen gemeinsamen Nenner:

»Hinauf, Patrioten! zum Schloß, zum Schloß!
Hoch flattern die deutschen Farben:
Es keimet die Saat und die Hoffnung ist groß,
Schon binden im Geiste wir Garben:
Es reifet die Ähre mit goldnem Rand,
Und die goldne Ernt' ist das – Vaterland.

Wir sahen die Polen, sie zogen aus,
Als des Schicksals Würfel gefallen;
Sie ließen die Heimat, das Vaterhaus,
In der Barbaren Räuberkrallen:

Vor des Tzaren finsterem Angesicht
Beugt der Freiheit liebende Pole sich nicht.

Auch wir, Patrioten, wir ziehen aus
In festgeschlossenen Reihen;
Wir wollen uns gründen ein Vaterhaus,
Und wollen der Freiheit es weihen:
Denn vor der Tyrannen Angesicht
Beugt länger der freie Deutsche sich nicht.

Was tändelt der Badner mit Gelb und Rot,
Mit Weiß, Blau, Rot Baier und Hesse?
Die vielen Farben sind Deutschlands Not,
Vereinigte Kraft nur zeugt Größe:
Drum weg mit der Farben buntem Tand!
Nur *eine* Farb' und *ein* Vaterland!

Drum auf, Patrioten! der Welt sei kund,
Daß eng, wie wir stehen gegliedert,
Und dauernd wie Fels der ewige Bund,
Wozu wir uns heute verbrüdert.
Frisch auf, Patrioten, den Berg hinauf!
Wir pflanzen die Freiheit, das Vaterland auf!«

»Als der Anfang des Zuges angekommen war,
wurde auf einem erhöhten Punkte die polnische, und
oben auf den höchsten Zinnen der Ruine die deutsche Fahne aufgepflanzt. Weithin über die gesegneten
Auen wehte nun das stolze Banner unseres Vaterlandes. Nach der Ankunft auf dem Berge gewahrte man
erst, wie groß die Menge der angekommenen Gäste
sei. Es waren mindestens Dreißigtausend Personen
versammelt. Man bemerkte insbesondere Bürger aus

Straßburg, Colmar, Paris, Metz, Weisenburg, Man-
chester, Constanz, Heidelberg, Carlsruhe, Freiburg,
Mannheim, Marburg, Tübingen, Würzburg, Jena,
Göttingen, Stralsund, Coburg, München, Frankfurt,
Nürnberg ...«[117]

Während Wirth die Repräsentanten der deutschen
Länder und die Gäste aus dem Ausland hervorhebt,
betont ein Teilnehmer aus der Pfalz mehr die regionale
Komponente:

»Am Kopf des Zuges ging die Musik, dann die
Neustadter Frauen und Jungfrauen, alle weiß nach
altdeutscher Art gekleidet, mit Fahnen von Farbe hell-
blau, weiß und blaßgelb. Dann kamen die Städter,
die alle Anteil an diesem Feste nahmen; aus Landau,
Worms, Speyer, Zweibrücken, Homburg, Kaiserslautern, Frankfurt, Kirchheimbolanden, Winnweiler,
Dürkheim und alle Städte hatten ihre dreifarbigen
Fahnen als Zeichen der Freundschaft und neuen Verbrüderung. Die Dürkheimer zeichneten sich besonders
aus durch ihre türkische Musik und ... ganz grünen
Fahnen und einem schwarzen [Tuch]; auf letzterem
war mit weißen Buchstaben gezeichnet: ›Die Weinbau-
ern müssen trauern‹.«

Die schwarze Winzerfahne bringt den Protest gegen
die wirtschaftliche Bedrückung und Ausbeutung zum
Ausdruck. Die relativ kleine Pfalz hat ein Heer von
bayerischen Zollbeamten zu ernähren.

»Die Winzer ziehn mit schwarzer Trauerfahne
Zum deutschen Feste heut,

Zu reißen die Regierung aus dem Wahne
Wir seien reiche Leut!

Wir wohnen in dem schönsten Land auf Erden,
Von Gottes Segen voll;

Doch müssen wir noch all zu Bettlern werden
Durch den verdammten Zoll.

Der Zoll- und Maut-Ertrag ist Höllenbeute,
Ihr Fürsten hört es all!

Sie machen Arme nur und schlechte Leute;
Wo ist dies nicht der Fall?«

Zur Winzernot kommt die Holznot. Viele arme
Leute werden wegen Holz-, Wild- und Fischfrevel –
seit jeher ein Zeichen sozialer Missstände – verfolgt
und bestraft. Das Hungerjahr 1817 und die Massen-
auswanderungen nach Amerika sind nicht vergessen.
Doch Missernten, Teuerungen, Zwangsversteigerun-
gen berühren die Regierenden im fernen München nur
wenig. Hier jedoch, auf dem Hambacher Fest, findet
der soziale Protest Gehör und Beachtung.

»Gegen 11 Uhr kam der Zug ... auf dem Schloßberg
an, und der ganze Berg war nun von unten bis oben
auf die alten Burgmauern und rundum mit Menschen
angefüllt.

Außer den vielen Kaffee-, Tee- und aller Art Viktua-
lienläden, Kaufleute mit Galanteriewaren und Hockers-
leute, fanden sich auch noch Backarten von allen Sor-
ten.

Oben ganz nahe an den Burgmauern war ein schöner ebener Platz mit Verzierungen von grünem eiche-
nen Laub und einer Ehrenpforte, dann eine Tribüne,
wo die Volksredner Reden gehalten haben.«

Auf eine begeistert aufgenommene Rede Philipp Jakob Siebenpfeiffers folgt Wirths Rede. Jakob Venedey schreibt darüber: »Nach Siebenpfeiffer trat ein Mann auf die Rednerbühne, eine kräftige, untersetzte Gestalt mit einem großen Gesicht, mit Löwenzügen, die an den Jupiterkopf erinnern. Es war der Wirth. Ich verstand damals manches an seiner Rede nicht, und es mag vielen so gegangen sein; aber was die Menge verstand, das war das Feuer und die Kraft seiner Worte, die Begeisterung seiner Vaterlandsliebe ...«[118]

Wirths Rede gliedert sich in drei Teile. Im ersten analysiert er die deutsche Misere, kritisiert die volksfeindliche Politik der Fürsten und vor allem die Großmachtpolitik Preußens und Österreichs.

»Die Ursache der namenlosen Leiden der europäischen Völker liegt einzig und allein darin, daß ... der Kaiser von Österreich und der König von Preußen ... nicht nur ihre durch methodische Plünderung Deutschlands erworbenen Länder nach orientalischen Formen beherrschen ..., sondern auch ihr Übergewicht über die kleineren Länder Deutschlands benützen, um auch die Kräfte dieser dem Systeme fürstlicher Alleinherrschaft und despotischer Gewalt dienstbar zu machen ...

So riesenhaft die Macht des absoluten Bundes auch seyn mag, so ist ihr Ende doch in dem Augenblick gekommen, wo in Deutschland die Vernunft ... den Sieg erlangt, wo die öffentlichen Angelegenheiten ... nach dem Willen der Gesellschaft und nach den Bedürfnissen des Volkes geleitet werden. In dem Augenblick, wo die deutsche Volkshoheit in ihr gutes Recht eingesetzt seyn wird, in dem Augenblick ist der innigste Völkerbund geschlossen, denn das Volk liebt, wo die Könige hassen, das Volk verteidigt, wo die Könige verfolgen, das Volk gönnt das, was es selbst mit seinem Herzblut zu erringen trachtet, und, was ihm das Teuerste ist, die Freiheit, Aufklärung, Nationalität und Volkshoheit, auch dem Brudervolke ...«

Wirth entwickelt seine Vision von einem Europa der Nationen, vom freien Welthandel und einer Gesellschaft, die Wohlstand und Bildung für alle garantiert. Dieser Glücksverheißung folgt als rhetorischer Höhepunkt ein – laut Spitzelbericht: dreifacher – Fluch auf die Könige als Verräter des Volkes:

»Und alle diese unermeßlichen Segnungen sollten den Völkern Europas bloß darum vorenthalten werden, damit ein paar unverständige Knaben fortwährend die Königsrolle erben können? Wahrlich, ich sage euch, gibt es irgend Verräter an den Völkern und dem gesamten Menschengeschlechte, gibt es irgend Hochverräter, so wären es die Könige, welche der Eitelkeit, der Herrschsucht und der Wollust willen die Bevölkerung eines ganzen Weltteils elend machen und dieselbe durch empörende Unterdrückung Jahrhunderte hindurch hindern, zu dem ihr von Natur bestimmten Zustande von materieller Wohlfahrt und geistiger Vollendung sich aufzuschwingen. Fluch, ewigen Fluch darum allen solchen Verrätern!«[119]

An dieser Stelle habe Wirths Wut, so ein Burschenschafter, ihren Gipfel erreicht. »Der Schweiß rann ihm von dem Gesicht, sein Mund schäumte ...«

Am Ende, im abschließenden Teil seiner Rede jedoch, lässt Wirth seiner Verdammung durchaus auch Vorschläge zur Veränderung folgen: »Die Sehnsucht nach einem besseren politischen Zustande ist bei uns fast überall laut geworden. Allein gerade über die

Hauptsache, das heißt, worin das Bessere bestehe, darüber ist noch niemand einig ...«

Zielbewusst lenkt Wirth das Augenmerk seiner
Zuhörer auf das, was noch geleistet werden muss: die
politische Organisation der Freiheitsbewegung. Als
ersten konkreten Schritt schlägt er daher die Wahl von
20 Patrioten vor, welche die Reform in und für ganz
Deutschland publizistisch und organisatorisch vorbereiten sollen. Sein Vorschlag gipfelt in einem gewaltigen, schier endlosen Satz:

»Wenn ... die reinsten, fähigsten und mutigsten
Patrioten über die zweckmäßigste Reform unseres
Landes sich verständiget ... haben, um durch eigene
Journale die öffentliche Meinung ... für diese Reform
zu gewinnen, wenn auch nur 20 an Geist, Feuereifer
und Charakter ausgezeichnete Männer einen solchen
Bund geschlossen und nun dem guten Volke die unab-
weisliche Notwendigkeit seiner politischen Veredlung,
sowie das dringende Bedürfnis der durchgreifenden
Reform des Vaterlandes täglich mit Flammenzügen in
das Herz schreiben, wenn solche Männer den Natio-
nalstolz, das Gefühl der Bürgerwürde und die Flamme
der Freiheitsliebe ... in allen deutschen Gauen erwecken, wenn nur 20 solcher Männer ... der Nation das
schöne Schauspiel eines gottbegeisterten Kampfes für
das Vaterland ... täglich vor Augen stellen, wenn sie
in ihrer Sendung nie müde werden, nie erzittern, nie
erbleichen ..., wenn sie der Gewalt kein haarbreit weichen und lieber 1.000 mal sich zermalmen lassen, als
von ihrem heiligen Kampfe abzustehen ..., ja fürwahr,
dann wird, dann muß das große Werk gelingen, die
verräterische Gewalt wird vor der Weihe der Vaterlandsliebe und der Allmacht der öffentlichen Meinung

in den Staub sinken, Deutschland wird die Freiheit und den Frieden sehen, es wird zur herrlichsten Macht und Größe emporblühen.«

Wirths Rede zeigt als einzige eine praktikable Perspektive und muss natürlich im Zusammenhang mit seinem »Aufruf an die Volksfreunde« verstanden werden. Er schließt mit den Worten: »Darum, deutsche Patrioten, wollen wir die Männer wählen, die durch Geist, Feuereifer und Charakter berufen sind, das große Werk zu beginnen und zu leiten, wir werden sie leicht finden und durch unsere Bitten bewegen, den heiligen Bund sofort zu schließen. Dieser Bund ... möge unser Volk erwecken, um von innen heraus, ohne äußere Einmischung, die Kraft zu Deutschlands Wiedergeburt zu erzeugen; er möge ... die brüderliche Vereinigung suchen, mit den Patrioten aller Nationen, die für Freiheit, Volkshoheit und Völkerglück das Leben einzusetzen entschlossen sind. Hoch! dreimal hoch leben die vereinigten Freistaaten Deutschlands! Hoch! dreimal hoch das conföderirte republikanische Europa!«[120]

Jakob Venedey hat in einem unveröffentlichten Manuskript 1832 den Eindruck dieser Worte festgehalten:

»Das Volk stand einen Augenblick mit Staunen da. Erstmals war hier klar und frei der Name *Republik* in Deutschland vor Tausenden ausgesprochen worden. Ein Wort, das bis jetzt nur gute Freunde, wenn sie zu zweien oder dreien waren, zu nennen gewagt. Zum ersten Male schallte in Deutschlands Gauen das Hoch der Republik aus dem Munde von Tausenden wider und hallte durch Europa ... Nur Republiken können Europa retten.«[121]

Soweit die eigentliche Rede. Gut ein Drittel, der aus aktuellem Anlass eingeschobene Mittelteil, jedoch stößt bei vielen Zuhörern auf Unverständnis und sorgt für einigen Unmut: die Warnung vor einer »Mithilfe Frankreichs«.

Zunächst einmal attackiert Wirth die Regierung des zumeist als Birne karikierten Königs Louis Philippe: »Die gegenwärtig in Frankreich herrschende Partei, gestützt auf die ganze Waffe der Reichen und Wohlhabenden, ... begreift das wahre Bedürfnis Europas so wenig, als die Aufgabe des Jahrhunderts ... Könnte daher diese Partei zu einer Unterstützung der Bewegung in Deutschland sich entschließen, so würde sie das linke Rheinufer als den Preis ihrer Hülfe fordern ...

Nur die Republikaner ... haben reinere patriotische Grundsätze ... Allein ohne eine Staatsumwälzung ... kann diese Partei nicht zur Herrschaft gelangen und wenn dies der Fall wäre, so ist die Begierde nach dem linken Rheinufer der großen Mehrheit des französischen Volkes doch so sehr zur andern Natur geworden, daß das kleine Häuflein hellsehender Kosmopoliten dem allgemeinen Nationalwunsche nicht widerstehen könnte ...

Aus allen diesen Gründen dürfen die deutschen Patrioten auf die Hülfe Frankreichs nicht allein keine Hoffnung setzen, sondern sie müssen ... in ihr politisches Glaubensbekenntnis den Satz aufnehmen:

›Selbst die Freiheit darf auf Kosten der Integrität unseres Gebietes nicht erkauft werden; der Kampf um unser Vaterland und unsere Freiheit muß ohne fremde Einmischung durch unsere eigene Kraft von innen heraus geführt werden, und die Patrioten müssen in dem Augenblicke, wo fremde Einmischung statt findet, die

Opposition gegen die inneren Verräter suspendiren und das Gesamtvolk gegen den äußern Feind zu den Waffen rufen.‹«[122]

Obgleich Wirth ausdrücklich betont, dass er keineswegs die Republikaner, sondern vor allem die Regierung meint, fühlen sich die französischen Gäste tief verletzt. Lucien Rey, der Vertreter der Volksfreunde, weist in seiner Rede die Angriffe entschieden zurück.

Wirths Verdächtigungen sind zweifellos ein Misston in dem durchweg auf Völkerverständigung und gemeinsamen Freiheitskampf abgestimmten Chor der Redner. Dass er sich so stark auf diesen Punkt kapriziert, hat jedoch einen aktuellen Anlass und Hintergrund.[123]

In der Festbeschreibung findet sich eine sehr aufschlussreiche Anmerkung, die den Konflikt gewissermaßen als ein bedauerliches Missverständnis hinstellt. Der Redaktions-Ausschuss bedauert Wirths »vermeintlichen« Angriff: »die begeisterte Vaterlandsliebe unsers feurigen Wirth« habe nicht nur »unsere Nachbarn, die Franzosen« verletzt, sondern auch das »Centralcomite« des Preßvereins.

Dies offenbart den eigentlichen, allerdings unausgesprochenen Konflikt.

Wirths Angriff meint Schüler und Savoye, die – so vermutet er – in jenen Tagen auf eine ganz andere Entwicklung setzen.

Nach Berichten aus Paris zeichne sich ein Aufstand gegen das Regime des Louis Philippe ab. Wirth befürchtet, dass die Zweibrücker Kampfgefährten mit ihren hervorragenden Kontakten zum General Lafayette in Paris nur noch auf »das Krähen des gallischen Hahns« hoffen, einen erneuten Pariser Barrikadenkampf, um dann in der Pfalz gesondert loszuschlagen. Die vielen französischen Kokarden, die Verbrüderung mit den französischen Gästen, die aufrührerischen Reden mancher Pfälzer haben Wirth misstrauisch gemacht, lassen ihn befürchten, dass vielen die Freiheit oder gar eine Loslösung der Pfalz von Bayern, wichtiger sein könne als das gemeinsame Vaterland. Statt allzulange auf »Deutschlands Wiedergeburt« zu warten, würde sich in der Tat manch einer lieber mit dem Spatz in der Hand begnügen, einer linksrheinischen Republik etwa mit französischer Unterstützung.

Wirths Einwurf richtet sich also, wie er Jahre später selbst einräumt, in erster Linie gegen die »französische Partei« im eigenen Lande, allein gegen einen »Pfälzer Separatismus«.[124] Dagegen kann er sich bei einer gesamtdeutschen Erhebung sehr wohl eine französische Unterstützung oder Protektion vorstellen – sofern dort die radikale Partei an die Macht gelangt und keine Gebietsansprüche gestellt werden.

Die deutschnationale Auslegung der Hambacher Rede durch die Kaiserreich-Historiker ist zwar als eine anachronistische, nicht zuletzt durch Wirths »Politische Reform Deutschlands« widerlegt, geistert aber nach wie vor durch die Literatur.

Die tatsächlichen Hintergründe sind natürlich nicht für die Öffentlichkeit bestimmt und werden von beiden Seiten weitgehend geheim gehalten, um die Einheit der Bewegung zu wahren. Hinter den Kulissen jedoch wird erbittert um die richtige Linie gerungen. Dies betrifft vor allem den Preß- und Vaterlandsverein, der durch das Fest einen erneuten ungeheuren Mitgliederzuwachs erfährt. Wirths Auseinandersetzung mit dem Zentralkomitee ist längst kein Geheimnis mehr. Schüler, Geib und Savoye sperren sich schon seit Wochen gegen die von ihm vorgeschlagene politische Festlegung. Denn Wirths – und auch Siebenpfeiffers – Ziel ist eben nicht die politische Veränderung in einem, sondern in *allen* deutschen Staaten.

Abgesehen von der umstrittenen Passage findet Wirths Rede jedoch einhelligen Beifall. Die Metternich-Konfidenten und die königl. bayerischen Spitzel werten sie als direkte Aufforderung zu Aufruhr und Umsturz.[125] Von einem Agenten des preußischen Bundestagsgesandten in Frankfurt stammt der folgende Bericht:

»Nun betrat Dr. Wirth die Rednerbühne. Mit der sichtbarsten Begeisterung begann er seine freie Rede. Er lenkte darin auf die schönen Umgebungen hin, die reichen Fluren und Rebenpflanzungen ..., die aber unter der schlechten Beschaffenheit der Regierungen stets zunichte würden, durch die Willkür einiger Dutzend unwissender Regenten und meineidiger Fürstenbuben ... Er verbreitete sich über die Getrenntheit der deutschen Staaten, über das hieraus entspringende Elend der Einwohner ... Die Raubsucht der Oestreichischen Erzherzöge und der Kurfürsten von Brandenburg sei aber von jeher Schuld daran gewesen, daß nie eine Vereinigung Deutschlands sich hätte bilden können. Er erörterte, wie es immer die Absicht der Regenten sei, Haß und Zwist unter den Völkern zu erhalten, um die einzelnen Staaten unter ihrer Zwangsherrschaft zu konservieren und daß nicht eher Glück und Eintracht stattfinden würde, bis die Könige und Regenten alle weggejagt worden wären. So schmachte Ungarn, Polen, Italien unter der Knechtschaft ... Er schmähte aufs Heftigste über die bestehenden Regierungen, nannte die Regenten Hochverräter an ihren Völkern und rief vom Himmel Fluch und dreimaligen Fluch auf sie herab. Er ... schloß dann, nachdem er den Kaiser von Russland als den größten Bluttyrannen bezeichnet, auf den Bundestag die größten Schmähungen ausgestoßen hatte, mit dem dreimaligen Lebehoch eines vereinten, freien, republikanischen Europas.«[126]

Als Wirth unter donnerndem Applaus die Bühne verlassen will, tritt der Kandidat Friedrich Funck auf ihn zu und überreicht ihm im Namen der Frankfurter Bürger feierlich ein Ehrengeschenk: ein silbernes Schwert in einer Scheide aus amarantrotem Samt. Es sei ein Beweis ihres Beifalls für das, was er für die Preßfreiheit getan habe. Das Schwert wurde eigens für diesen Anlass gefertigt. Auf dem Griff sind die Worte »Vaterland, Ehre, Freiheit« eingraviert, auf der Klinge stehen die Worte »Dem Wirth / Deutsche in Frankfurt«. Wirth habe – so der preußische Agent – das Schwert unter Dank angenommen, sich damit umgürtet und gesagt: er betrachtete es als »Symbol dessen, was geschehen müsse«.

Die Schwertübergabe spielt im Landauer Prozess – als vermeintlich direkte Aufforderung zur Gewalt – noch eine bedeutende Rolle. Doch die Aussagen widersprechen sich. Mal heißt es, Wirth habe ausgerufen »warum wollen wir mit dem Schwerte unser Recht suchen?«, ein andermal er habe es begeistert gehoben und »als ein gutes Zeichen des heutigen Tages« gepriesen. Der fürstenhörige Berichterstatter der Stuttgarter *Officiellen Zeitung* dagegen weiß zu berichten:

»Vor sämtlichen aber zeichnete sich Dr. Wirth aus, welcher Marat an schamloser Frechheit, in Gesinnung, Deklamation und Tendenz nicht nur erreicht, sondern

157

übertroffen zu haben scheint ... Dr. Wirth schwang mehrmals seinen erhaltenen Ehrensäbel in der Luft und rief ›Freiheit und Gleichheit‹ aus. Er nannte sämtliche deutsche Fürsten Hochverräter an ihren Völkern ... Berauschte Rotten schrien ihm wilden Beifall zu, alle Rechtlichgesinnten entfärbten sich ob dieser Szene.«

Nach Wirths Rede tritt eine Pause ein und es wird zu Mittag gegessen. Wer einen Essensgutschein erworben hat, kann an der Tafel Platz nehmen. Ein Beobachter zählt 700 Gedecke und ebensoviele Flaschen Wein.

Danach folgen weitere Reden und Grußadressen.

»Die ganze Luft war mit dem Donnern der kleinen Kanonen, Musik und Jubel ›Es lebe die Freiheit hoch‹ voll, so daß man beinahe sein eigen Wort nicht hörte ... Alles war froh und sah einer zukünftigen Besserung entgegen, indem man hofft daß die Fürsten, die dem armen Landmann sein Schweiß und Blut aussaugen, sich beugen werden, wenn sie nicht vom Thron gestürzt werden wollen.«[127]

Soweit ein Teilnehmer aus der Pfalz. Doch auch Heinrich Heine im fernen Paris, der sich so gern über Börnes Zweibrücker Freiheitsfreunde lustig machte, weist am Ende dem Hambacher Fest eine fortschrittliche Bedeutung zu.

«Das Hambacher Fest beurkundet einen großen Fortschritt, zumal wenn man es mit jenem anderen Feste vergleicht, das einst ebenfalls zur Verherrlichung gemeinsamer Volksinteressen auf der Wartburg statt fand. Nur in Außendingen, in Zufälligkeiten, sind sich beide Bergfeiern sehr ähnlich; keineswegs ihrem tieferen Wesen nach. Der Geist, der sich auf Hambach aussprach, ist grundverschieden von dem Geiste oder vielmehr von dem Gespenste, das auf der Wartburg seinen Spuk trieb. Dort auf Hambach jubelte die moderne Zeit ihre Sonnenaufgangslieder und mit der ganzen Menschheit ward Brüderschaft getrunken; hier aber, auf der Wartburg, krächzte die Vergangenheit ihren obskuren Rabengesang, und bei Fackellicht wurden Dummheiten gesagt und getan, die des blödsinnigsten Mittelalters würdig waren! Auf Hambach hielt der französische Liberalismus seine trunkensten Bergpredigten, und sprach man auch viel Unvernünftiges, so ward doch die Vernunft selber anerkannt als jene höchste Autorität. Auf der Wartburg hingegen herrschte jener beschränkte Teutomanismus, der viel von Liebe und Glaube greinte, dessen Liebe aber nichts anderes war als Hass des Fremden und dessen Glaube nur in der Unvernunft bestand, und der in seiner Unwissenheit nichts Besseres zu erfinden wusste, als Bücher zu verbrennen.«

Mit den Reden vom Sonntag findet das Hambacher Fest keineswegs sein Ende. An den nächsten Tagen halten sich noch Tausende in und um Neustadt auf. Am Montagvormittag treffen sich rund 500 führende Demokraten im Schießhaus. Dies bleibt in der Festbeschreibung ausgespart. Was dort tatsächlich vorgegangen ist, liegt auch heute noch im Nebel widersprüchlicher Ansichten und Schutzbehauptungen. Ein Teilnehmer erklärt später vor dem Untersuchungsrichter:

«Unter den Anwesenden erinnere ich mich vorzüglich folgende bemerkt zu haben: Siebenpfeiffer, Wirth, Große, Pistor, Strohmaier, Harro Harring, Börne ... Anfangs wurde durcheinander debattiert. Dann stiegen mehrere nacheinander auf das Orchester im Saale und hielten Reden. Ich erinnere mich, daß ich Strohmaier,

Pistor und Siebenpfeiffer solche Reden halten hörte. Ob auch Wirth im Schießhaus eine Rede hielt, ist mir jetzt nicht mehr erinnerlich ... Der spezielle Gegenstand, welcher hier im Schießhause verhandelt wurde, bestand aber darin, daß die Redner darauf drangen, es sollten die einzelnen deutschen Stämme jeder einen Mann aus seiner Mitte erwählen, welcher das Vertrauen seiner Mitbürger genieße. Diese Erwählten sollten sich sodann miteinander in Verbindung setzen und darüber beraten, durch welche Mittel und auf welchem Wege dem allgemeinen Druck abzuhelfen wäre.«[128]

Der Göttinger Privatdozent Rauschenplatt fordert, einen »Nationalkonvent« einzuberufen und einen Tag zu bestimmen, an dem »losgeschlagen« werden solle. Die Mehrheit missbilligt jedoch solche Absichten.

Siebenpfeiffer dagegen schlägt vor, sich nach deutschen Gauen zu gruppieren und Männer zu wählen, die »als eine National-Repräsentation« des Volkes dem Frankfurter Bundestag gegenüberstehen sollen. Damit greift er die Idee Wirths auf, den Preßverein neu zu organisieren und in ein deutsches Nationalkomitee umzuwandeln.

Pfälzer, Hessen, Badener, Schwaben, Bayern und Norddeutsche wählen daraufhin ihre Vertrauensmänner, darunter auch Abwesende wie Karl Rotteck, den Führer der Opposition in der zweiten Kammer des badischen Landtages. Die Norddeutschen, vor allem der Burschenschafter Brüggemann, äußern Bedenken. Sie wollen erfahren, was die Wahl genau bezwecken solle. Anderen, wie Jakob Venedey, erscheint die Debatte über einen gesetzlichen Weg ohnehin als absurd. Siebenpfeiffer und Wirth müssten doch am besten wissen, dass alle ihre Ziele ungesetzlich sind. Es wäre daher besser, klar und deutlich, »auch dem Bauern verständlich«, zu sagen, dass man das Gesetz der Fürsten brechen und sich das Recht zum gewaltsamen Umsturz auf ungesetzlichem Wege nehmen werde.[129]

Ohne anerkannte Leitung nimmt die Versammlung im Schießhaus einen zunehmend chaotischen Verlauf. Man kommt zu keiner Einigung. Die gewählten Vertrauensmänner werden nicht akzeptiert. Mancher verlässt enttäuscht, verwirrt oder verärgert vorzeitig den Saal.

Heute wird mit einigem Recht vermutet, dass die Konstituierung eines beschlussfähigen Gremiums letztlich von der Zweibrücker »Partei« um Schüler und Savoye bewusst torpediert wurde. Zu diesem Zeitpunkt hätten beide noch auf eine republikanische Erhebung in Paris gehofft und daher einen verfrühten und sicher aussichtslosen Revolutionsversuch gefürchtet.[130]

Wie dem auch sei – eine direkte Aktion lag gewiss auch nicht in der Absicht der Initiatoren Wirth und Siebenpfeiffer. Sie wussten, dass vielleicht die Pfalz, aber auf keinen Fall das übrige Deutschland zur Revolution reif war, und vertraten somit eine realistische Linie, wie auch Johann Philipp Becker fünfzig Jahre später anerkennt.

Enttäuscht wurden vor allem unrealistische und putschistische Erwartungen, die zweifellos zahlreiche Gäste mitgebracht hatten.

Und doch: Noch immer ist auf dem Schloss eine Menschenmenge versammelt, die auf ein Ergebnis wartet.

Nach der gescheiterten Versammlung nehmen rund zwanzig Männer im kleineren Kreise die Beratungen erneut wieder auf. Schüler, Siebenpfeiffer, Wirth sowie einige andere, die entweder gewählt worden sind oder sich auf andere Weise hervorgetan haben, treffen sich im Hause des Neustadter Gutsbesitzers und alten Jakobiners Johann Jacob Schopmann. Dort übernimmt Schüler die Verhandlungsführung. Doch auch jetzt können sich Siebenpfeiffer und Wirth nicht durchsetzen. Erneut bezweifeln einige der Anwesenden, ob sie sich selber tatsächlich als die Repräsentanten der ganzen Nation verstehen dürfen. Schüler lässt darüber abstimmen. Die Mehrheit entscheidet, sie seien nur Privatpersonen und nicht kompetent, im Namen des Volkes etwas zu beschließen. Schüler – so Helmut G. Haasis – sei es vor allem um Zeitgewinn gegangen, um die Verhinderung einer verfrühten Festlegung, bevor die französischen Republikaner gesiegt haben.

»Schüler setzt sich durch. Die kleine Versammlung fasst keinen Beschluss. Jeder soll nach eigenem Gutdünken handeln. In diesem Sinn beruhigt Schüler am Montagnachmittag die auf der Ruine versammelten Leute. Und er warnt davor, die Sympathien Frankreichs zu verachten.«[131]

Doch der »gallische Hahn« kräht nicht. Am 6. Juni scheitern in Paris die Aufstandspläne der französischen Republikaner, brechen somit auch die Zweibrücker Revolutionsbestrebungen in sich zusammen.

Dennoch werden an diesem chaotischen Tag auch einige weiter reichende Beschlüsse gefasst. Zunächst einmal wird die Herausgabe einer Festbeschreibung beschlossen und J.G.A. Wirth mit der Ausarbeitung beauftragt. Ein Redaktionsausschuss soll ihm zur Seite stehen.[132]

Wirths Forderung, dem Preß- und Vaterlandsverein auf der Grundlage seines Aufrufs »An die Volksfreunde« ein verbindliches politisches Grundsatzprogramm zu geben, wird allerdings vertagt. Immerhin kommt ein Kompromiss zustande. Der Preßverein wird in »Deutscher Reformverein« umbenannt und Wirth und Siebenpfeiffer werden zusätzlich mit in das leitende Komitee gewählt. Ihre Zeitungen, die *Deutsche Tribüne* und den *Westboten,* sollen sie zu einem gemeinsamen Vereinsorgan zusammenlegen. Die Aufgabe des Reformvereins werde zunächst darin bestehen, die politischen Ergebnisse der Hambacher Volksversammlung auszuwerten und die liberalen Ideen weiterzuentwickeln.

Wirths und Siebenpfeiffers Vorstellungen sind zu diesem Zeitpunkt nahezu identisch. Beide sind bestrebt, dem Reformverein ein festes Ziel und eine klare Linie zu geben. Die konkreten Pläne ihrer Deutschland-Kampagne allerdings bleiben natürlich geheim. Die Gendarmerie entdeckt bei Siebenpfeiffer ein Organisationsprogramm mit Forderungen wie Volksbewaffnung, Volkssouveränität und Völkerbund. Die Verhaftung von Wirth und Siebenpfeiffer verhindert jedoch die Verwirklichung ihrer Pläne.

Volkesstimme, Gottesstimme!

1833 – Geschworenengericht in Landau

Dr. Johann Georg August Wirth, alt 35, Haare braun, Augenbrauen ebenso, Stirn hoch und breit, Augen braun, Nase breit, Mund gewöhnlich, Bart schwarz, Kinn oval, Gesichtsform oval und vollkommen, Gesichtsfarbe gesund, Körperbau mittelmäßig untersetzt.

In den Wochen nach Hambach kommt es zu weiteren Festen und Anschlusskundgebungen in ganz Deutschland. Während Wirth mit dem Redaktionskomitee die Dokumentation des Festes erarbeitet, tragen die Teilnehmer die Hambacher Botschaft in alle deutschen Staaten, entwickeln Vorschläge zur Weiterführung des politischen Kampfes, gründen erste Filialen des neuen »Reformvereins« und schaffen viele kleine »Hambachs«. Obwohl bereits die ersten Verbote und Verhaftungen einsetzen, werden in der Pfalz weitere Nachfeiern veranstaltet und trotz ausdrücklicher Verbote in St. Wendel, Pirmasens, Annweiler, Neustadt und vielen anderen Orten weitere schwarz-rot-golden geschmückte Freiheitsbäume gepflanzt. Kundgebungen werden nunmehr auch aus Augsburg, Frankfurt, Gießen, Marburg, Hannoversch-Münden, Rüdesheim, Badenweiler, Esslingen, Schmalkalden und anderen Orten gemeldet. Eine der größten Anschlussveranstaltungen findet in Wilhelmsbad bei Hanau statt. Friedrich Funck, Karl-Heinrich Brüggemann, Wilhelm Schulz und der *Tribüne*-Redakteur Georg Fein gehören zu den Rednern vor acht- bis zehntausend Teilnehmern. Auch Wilhelm Sauerwein, der Dichter des revolutionären Liedes »Fürsten zum Land hinaus« ist dabei. Die von Siebenpfeiffer und Wirth geforderte breite Überzeugungsarbeit und Ausdehnung der Hambacher Kampagne auf die gesamte Nation zeigt erste Erfolge.

Doch dann schlägt die Reaktion unerbittlich zurück. Die von Wirth am heftigsten attackierten Großmächte Österreich und Preußen betrachten das Fest als eine offene Kriegserklärung. »Die Versammlung«, schreibt Österreichs Staatskanzler Fürst von Metternich an Kaiser Franz, »sieht sich wie eine deutsche Nationalversammlung an«. Dies habe aber auch eine gute Seite: »Wir werden in Deutschland zum Zuschlagen kommen.«

Jetzt endlich hat er einen offenen Anlass, die nach der französischen Julirevolution in nahezu allen deutschen Staaten gelockerten Zügel wieder anzuziehen und die Fürsten geschlossen hinter sich zu bringen. Der »Hambacher Scandal« kommt ihm gerade recht. Sein preußischer Vertrauter, der Oberkammerherr von Wittgenstein pflichtet ihm bei: »Mir sind die Sachen noch nicht toll genug, und ich hätte gewünscht, daß von Wirth und Consorten die Absetzung des Königs von Bayern förmlich decretirt, ein Protocol darüber aufgenommen und von allen Anwesenden unterzeichnet worden wäre.«

Wittgenstein findet die bayerische Politik schon lange zu weich, nennt sie »traurig« und »erbärmlich«.

Der Staatenlenker Metternich hat natürlich auch in der bayerischen Regierung seine Bundesgenossen. Mit dem Kriegs- und Staatsminister Karl Philipp von

Wrede führt er – am König vorbei – einen geheimen Briefwechsel. Am 7. Juni schreibt er: »Die bayerische Regierung kann, ohne sich nicht dem Untergange preis zu geben, die Ereignisse nicht ohne Ahndung vorübergehen lassen ... Es ist endlich die Pflicht des Bundes, alle jene Maßregeln in Beratung zu stellen und in Anwendung zu bringen, welche zur Sicherung seiner Erhaltung benötigt sein werden. Die Angriffe zu Hambach hatten den deutschen Bund ... zum Zwecke. Die Worte sind nicht mehr verlarvt, – die Idee ist zur Tat geworden und das, was hinter der Decke verborgen lag, ist in ein helles Licht getreten.

In dieser Beziehung hat das Hambacher Ergebnis eine gute Seite – es kann benutzt werden ... Aber ... wenn der Scandal unbenutzt vorüber gehen sollte, werden der König von Bayern, die anderen deutschen Fürsten und der Bund als politischer Körper das Ende ihrer Laufbahn erreicht haben.«[133]

Schon am nächsten Tage schickt Metternich ein offizielles Schreiben an den bayerischen Außenminister, in dem er eine strenge »Unterdrückung aller revolutionären Umtriebe durch militärische Gewalt« anmahnt:

»Ich bitte Ew. Excellenz, ... die königlichen Truppen nach dem Rheinkreise aufbrechen zu lassen ... denn das, was in Rheinbayern vorgegangen, ist notorisch, und was noch vorgehen wird, wenn nicht schnell und energisch eingegriffen wird, ist leider leicht vorauszusehen.«

Auch im Umgang mit widerborstigen Publizisten erteilt Metternich der bayerischen Regierung Nachhilfe: »Ew. Excellenz glaube ich übrigens dringend aufmerksam machen zu sollen, diese Gelegenheit zu ergreifen, um Volksverführer und Aufwiegler wie Wirth, Sie-

benpfeiffer, Große und Andere, ... auf einem anderen
Felde als auf dem ihrer Vergehen in der Journalistik
anzugreifen, und ihnen, um ihrer hochverrätherischen
und Aufruhr hervorrufenden Handlungen willen, nicht
nur in die königlich bayerischen Staaten den ferneren
Zutritt zu versagen, sondern auch alle übrigen Bundes-
regierungen aufzufordern, sie auf deutschem Gebiet
nicht zu dulden ...«[134]

Ende Juni beschließt der Deutsche Bund, in allen
Staaten die Karlsbader Beschlüsse von 1819 wieder in
Kraft zu setzen und damit den Zustand vor der Julirevolution von 1830 wiederherzustellen. Wie die Tat
des Kotzebue-Mörders Sand ist das Hambacher Fest
für die Reaktion ein Anlass, die Pressezensur zu verschärfen, politische Vereine, Volksfeste und Versammlungen zu verbieten, das Tragen der schwarz-rot-goldenen Farben und das Errichten von Freiheitsbäumen
zu bestrafen, die Universitätslehrer zu überwachen
und die Burschenschaften zu unterdrücken. Der Bund
behält sich ein militärisches Eingreifen in jedes Land
vor, in dem es nicht gelingt, die Bewegung niederzu-
schlagen. Die neuen Beschlüsse treffen auch und gerade
die liberaler regierten Staaten wie Baden und bedeuten
zum Beispiel das Ende der gerade erst gelockerten Pres-
segesetze. Rottecks und Welckers Journal *Der Freisinnige* wird ebenso verboten wie der Mannheimer *Wächter am Rhein.*

Auch in Bayern erreicht Metternich das angestrebte
Ziel. Am 22. Juni ernennt König Ludwig den Feld-
marschall von Wrede zum außerordentlichen Hof-
kommissar des Rheinkreises. Fürst Wrede rückt mit
militärischer Begleitung ein. Drei Infanterieregimenter,
ein Jägerbataillon, vier Regimenter leichte Kavalle-

rie, Artillerie, insgesamt 8.500 Soldaten stehen unter seinem Kommando – fast die Hälfte der bayerischen Armee.

Wrede hält sich nicht lange damit auf, die Lage zu erkunden. Er hat diktatorische Vollmachten. Den Gemeindebehörden befiehlt er, das Tragen schwarz-rot-goldener Kokarden und das Aushängen oder Aufstellen ebensolcher Fahnen »sogleich abzustellen«. Es solle streng darauf geachtet werden, dass »keine andere als die bayerische Nationalkokarde getragen werde«. Gegen aufrührerische oder staatsgefährdende Schriften sei »mit aller Strenge« vorzugehen. Die Urheber, Verkäufer oder Verbreiter von Flugschriften seien strafrechtlich zu verfolgen. Die Mitglieder gesetzwidriger Vereine und Verbindungen sollen bestraft werden; ebenso Geistliche, die Gesetze oder Regierungshandlungen öffentlich tadeln oder zum Ungehorsam gegen die Obrigkeit auffordern. Beamte, welche an Vergehen, die sie verhindern sollten, selber teilgenommen haben, seien vor Gericht zu stellen.

Wer von Komplotten gegen die Sicherheit des Staates Kenntnis erhalte, verborgene Waffen und Munition entdecke, sei verpflichtet, es den Behörden anzuzeigen. Die Polizei habe bei »Volksaufläufen und aufrührerischen Zusammenrottungen« nach der dritten Ermahnung »die Gewalt der Waffen in Anwendung zu bringen«.

Für den Fall, dass seine Maßregeln die Ruhe und Ordnung im Rheinkreis nicht gewährleisten, kündet Fürst Wrede den Kriegs- und Belagerungszustand an. Die »im bewaffneten Aufstand gegen Gesetz und Obrigkeit begriffenen Gemeinden« werde er auf Kosten der Einwohner von seinen Truppen besetzen lassen.

Das Nationalfest

der

Deutschen

zu

Hambach.

Unter Mitwirkung eines Redaktions = Ausschusses

beschrieben

von

J. G. A. Wirth.

Erstes Heft.

Neustadt a/H. 1832.

In Commission bei Philipp Christmann.

Preis 30 kr. zur Gründung eines Fonds für deutsche politische
National = Journalistik.

Das Nationalfest der Deutschen

Zumindest oberflächlich scheint damit die Ruhe wiederhergestellt. Die Gefängnisse füllen sich. Strafverfahren werden eingeleitet, Beamte entlassen und versetzt. Die harten Vorschriften und die Einquartierung der vielen Soldaten lasten auf der Bevölkerung. Doch im Geheimen gärt es, bleiben die Ideen des Festes lebendig. Auf Jahrmärkten wird für die Verfolgten gesammelt, über Nacht vor so manchem Rathaus ein Freiheitsbaum aufgestellt, hier und dort ein Gefangener befreit. Nicht alles ist juristisch greifbar. Da treffen sich Frauen und Mädchen, um gemeinsam ein wenig zu stricken. Mit roter, schwarzer und gelb gefärbter Wolle. Anderswo findet eine Kindstaufe statt, mit auffällig großer Verwandtschaft. Oder die Dorfjugend erdreistet sich, einem Offizier eines der verbotenen Lieder – hinterher zu summen. *Die Gedanken sind frei, wer kann sie erraten?*

Das weiß auch Wrede, dem die verordneten Maßnahmen eigentlich viel zu lasch und mild sind. An Metternich schreibt er: »Ich bin ja doch wohl kein harter grausamer Mann, aber ich wiederhole, lieber Fürst, ohne Galgen und Rad wird man der Umtriebe in Deutschland nicht Meister. Allein ich versichere, es werden keine drei aufgehänget oder erschossen, und es ist Ruhe.«[135]

Ein entsprechendes Urteil würde er sich natürlich auch vom Prozess gegen die Redner und Rädelsführer wünschen, der gerade in Zweibrücken vorbereitet wird, der »Criminal-Untersuchungssache gegen Dr. Wirth und Consorten«.

Als wenige Tage nach dem Fest die Hausdurchsuchungen und Festnahmen einsetzen, ist vielen Gesuchten bereits die Flucht ins Ausland geglückt. Wirth und Siebenpfeiffer allerdings wollen den politischen Prozess, ihre Ideen darlegen und die unrechtmäßige Gewalt der Fürstenherrschaft bloßstellen.

In Neustadt kann Wirth gerade noch die Festbeschreibung »Das Nationalfest der Deutschen zu Hambach« fertigstellen. Als er am 15. Juni wie ein Triumphator »mit dem Schwerte der Frankfurter Bürger angetan« auf seinem Goldfuchs in Homburg einreitet, wird er bereits erwartet. Er habe noch nicht mal Zeit zum Umkleiden gehabt, erinnert sich sein Sohn. Bewacht von einer Kompanie Fußvolk und einer Schwadron Reiter wird er in einer Postchaise nach Zweibrücken in das Untersuchungsgefängnis überführt. Wirths Sohn Max erinnerte sich später:

»In wenigen Wochen war der Kerker allmählich von einer ganzen Schar hervorragender Führer der Opposition angefüllt. Die Haft war anfangs nicht sehr streng, denn die Gefangenen durften ihre Verwandten empfangen und sich des Tages über in ihren Zellen besuchen. Wegen des eine Meile entfernten Wohnsitzes konnte sich meine Mutter nur wöchentlich einmal die Freude gönnen, mit uns Kindern den Gefangenen zu besuchen. Wir fanden da jedesmal ... eine überaus angeregte Gesellschaft von Schicksalsgenossen, welche sich in heiteren Symposien die nationale Zukunft in glänzenden Farben ausmalten.«[136]

Anfang August werden den Gefangenen aus Neustadt große Präsentkörbe mit Obst zugeschickt mit der anonymen Zuschrift: »Den Edelsten des Volkes die Erstlinge der edelsten Früchte des Landes.«

»Das war eine Freude als die Körbe ausgepackt wurden. Da waren die schönsten Birnen, Aprikosen, Pfirsiche, Trauben zu einer so frühen Jahreszeit, daß man in dem rauheren Zweibrücken kaum seinen Augen trauen konnte«, schreibt Wirths Sohn.[137]

Doch bald schon wird strenge Einzelhaft verhängt und der Verwandtenbesuch nur noch zu besonderen Anlässen gestattet. Wie die Briefe aus dem Gefängnis zeigen, erweist sich Regina Wirth in dieser Zeit als tapfere und politisch engagierte Gefährtin. Sie versorgt nicht nur die Kinder, sondern verbreitet auch die Schriften ihres Mannes. Zunächst darf sie mit breiter Unterstützung der Preßvereinsmitglieder und der Pfälzer Bevölkerung rechnen. Die Bücher, die sie im Direktvertrieb verkauft, sind begehrt.

In Zweibrücken kann Wirth eine weitere wichtige Arbeit zu Ende führen: »Die politische Reform Deutschlands – Noch ein dringendes Wort an die deutschen Volksfreunde«. In dem Bändchen fasst er – als ein vorläufiges politisches Vermächtnis – seine wichtigsten *Tribünen*-Artikel zusammen. Wirths Sohn Max schmuggelt das Manuskript unter dem Hemd aus dem Gefängnis. Es wird »auf Kosten des Verfassers« in Straßburg gedruckt und von Regina Wirth illegal vertrieben. Einmal, bei einer polizeilichen Durchsuchung der Wohnung habe sie mit großer Geistesgegenwart gerade noch den Büchervorrat vor den Gendarmen retten können: »...durch Zudecken mit einem Haufen kleingespaltenen Holzes, an welcher Arbeit wir Kinder einen eifrigen Anteil nahmen«.[138]

»Die politische Reform« ist gewissermaßen ein demokratisches Brevier und wird neben dem »Aufruf an die Volksfreunde« ein Hauptanklagepunkt im Landauer Geschworenenprozess.

Die Untersuchungshaft dauert ungewöhnlich lange; erst im Juli 1833 beginnt der Hauptprozess gegen

»Dr. Wirth und Consorten«, wie es in der »Criminal-Anklage« heißt. Der Schuldvorwurf lautet: direkte Aufforderung zum Umsturz der bayerischen Staatsregierung. Nach dem noch gültigen französisch-pfälzischen Recht gehören so schwere Anklagen vor die Assisen, vor ein Geschworenengericht. Dass nicht in Zweibrücken, dem eigentlichen Sitz des Gerichts, verhandelt wird, hat seinen Grund. Zweibrücken ist nach wie vor ein heißes Pflaster, einer der gefährlichsten Winkel in Deutschland. Die Regierung fürchtet – nicht nur wegen der geographischen Nähe zu Frankreich – einen Volksaufstand mit Gefangenenbefreiung. Die Bundesfestung Landau dagegen ist militärisch leichter zu kontrollieren. Während der Prozesstage sind 3000 Soldaten ständig unter Waffen.

Im Hotel *Zum goldenen Schwanen* wird für die öffentliche Schwurgerichtsverhandlung eigens ein zusätzlicher Saal hergerichtet. Es handelt sich um zwei ineinander übergehende Räume, die bis zu 800 Besuchern Platz bieten. Der Andrang ist so groß, dass Einlasskarten ausgegeben werden müssen. Für Damen gibt es eine »erhöhte Galerie«, für Ehrengäste, wie den Fürsten Wrede, den Regierungspräsidenten Freiherr von Stengel und hohe Militärs sind reservierte Plätze vorgesehen. Fast drei Wochen, vom 29. Juli bis 16. August, dauert der Prozess. Die Verhandlungen sind öffentlich und werden von drei Stenographen (erstmals in der Gabelsbergerschen Kurzschrift) mitgeschrieben.[139]

Die Mitschriften werden unmittelbar nach den Sitzungen in den Druck gegeben, insgesamt 630 Seiten. Außerdem erscheint eine tägliche Prozesszeitung, die kontinuierlich über die Verhandlungen berichtet.

Allerdings enthalten die Veröffentlichungen erhebliche Zensurlücken, die später nur zum Teil, beispielsweise durch Wirths Verteidigungsrede zu schließen sind.

Hotel »Zum Schwanen« in Landau. Es war vom 29. Juli bis 16. August 1833 Schauplatz des großen Assisenprozesses gegen die Wortführer der Hambacher Bewegung.

1. Praesident u. Richter. 2. Staatsprocurator. 3. Gerichtsschreiber. 4. Geschworne. 5. Die Angeklagten. 6. Zeugen.

Innenansicht des Saales im Landauer Hotel »Zum Schwanen«, in dem der Assisenprozess stattfand.

Der politische Prozess ist somit nicht nur für die Zeit außergewöhnlich gut dokumentiert, er findet auch nach erstaunlich fairen Spielregeln statt. Noch wird in Rheinbayern an der französischen Gerichtsverfassung festgehalten und das Schicksal der Angeklagten in die Hände der zwölf Laien-Geschworenen gelegt. Anderswo dagegen machen die Berufsrichter kurzen Prozess. Am härtesten trifft es den Studenten und Burschenschafter Brüggemann. Er wird in Heidelberg verhaftet und an Preußen ausgeliefert. Das Berliner Kammergericht verurteilt ihn als Hochverräter zum Tode »mit dem Rade von oben her«.[140]

Während über dem übrigen Deutschland bereits die Grabesstille der neuen Reaktionsepoche liegt, wird das Landauer Geschworenengericht noch einmal zum Freiraum und Forum zukunftsweisender Ideen.

Eher wie eine Posse erscheinen dagegen manche der mehr als achtzig Zeugenvernehmungen:

»Elfter Zeuge. Jakob Krieger, Musikant von Neustadt:

Ich hatte mit der Trompete ein Zeichen zu geben, um die Menge zur Ruhe und Stille aufzufordern wenn ein neuer Redner die Tribüne bestieg.

Der Präsident:

Was hatten die Reden für einen Inhalt?

Zeuge:

Vom Inhalte weiß ich nichts, ich hatte meine Aufmerksamkeit bloß auf die Trompetenstöße gerichtet; ich bin auch kein Gelehrter. (Gelächter)«[141]

»Dritter Zeuge. Mathias Joseph Müller, Notar von Neustadt, deponirt Folgendes:

Ich habe dem Hambacher Feste vom Anfange bis beinahe zu Ende beigewohnt, mein Gedächtnis gestattet mir jedoch nicht eine genaue Beschreibung davon zu geben; ich weiß nur, daß das Fest in guter Ordnung vorüber ging ...

Der Präsident:

Welchen Zweck glauben Sie, daß diese Reden hatten?

Zeuge:

Der offene Zweck schien mir nur zu sein, freisinnige Ideen zu erwecken.

Der Präsident:

Haben Sie nicht auffallende Ausdrücke vernommen, in Bezug auf die Regenten?

Zeuge:

Davon könnte ich nichts sagen, man sprach nur im Allgemeinen gegen die Regierungen.

Der Präsident:

In Ihrer frühern Deposition ist bemerkt, daß Sie einen Fluch gegen die Fürsten vernommen haben?

Zeuge:

Darüber muß ich mich wundern; ich kann mich wirklich nicht erinnern, dieses ausdrücklich ausgesagt zu haben, ich habe mich nur im Allgemeinen auf das Gelesene bezogen.

Der Präsident:

Konnten Sie entnehmen, daß diese Reden den Zweck hatten, Aufreizung zu veranlassen? Sie waren ohnehin bestimmt für Ruhe und Ordnung Sorge zu tragen.

Zeuge:

Ich fand nichts besonders Anstößiges; und da wir wussten, daß die höchsten Polizeibehörden und Gerichtspersonen anwesend waren, so wäre es ohnehin vor Allem an diesen gelegen gewesen, einzuschreiten, wenn unruhige Auftritte vorgefallen wären, oder Aufreizung statt gefunden hätte.«[142]

Ein Zeuge der Anklage erinnert sich dagegen wesentlich präziser. Joseph Anton Freiherr von Pölnitz, 41 Jahre alt, königl. Landcommissär in Neustadt, war von der Regierung beauftragt, das Fest zu beobachten.

»Der Präsident:

Wie waren die gehaltenen Reden beschaffen?

Zeuge:

... Die Rede des Dr. Wirth war voll Enthusiasmus. Es wurde angeführt, wie das schöne Deutschland von 34 Regenten und Aristokratenfamilien ausgesogen werde, und wie alle Mittel zweckmäßig befunden werden mögen, sich derselben zu entledigen ...

Diese Rede hatte großen Eindruck auf das Volk gemacht ...

Er hat ferner angeführt, daß es notwendig seye, daß die Gleichgesinnten sich vereinten, und wenn auch nur 20 Individuen von gleichem Geiste beseelt wären, könnte kein Zweifel an dem Gelingen sein, eine *Republik,* oder eine vollkommene freie demokratische Verfassung in Deutschland einzuführen.«

Da es zahlreiche Widersprüche bei den Zeugenaussagen über die gehaltenen Reden, aber auch Abweichungen von den vorgelegten, redigierten und schließlich gedruckten gibt, steht das Gericht vor dem Problem, zu klären, was tatsächlich gesprochen wurde. Das ist natürlich kaum möglich. Wirth beispielsweise, obwohl er seine Rede zweimal, nur mit einem knappen Konzept und weitgehend frei vortrug, besteht auf der Authentizität des abgedruckten Textes. Das Gericht freilich interessiert sich vor allem für das gesprochene Wort.

»Der Präsident:

Haben Sie eine Aufreizung vernommen, die Regenten wegzuschaffen?

Zeuge:

Allerdings, es wurde gegen die Regenten ein Fluch ausgesprochen und gesagt, daß sie Hochverräter seyen.

Der Präsident:

Welchen Eindruck hat die Rede auf die versammelte Menge gemacht?

Zeuge:

Einen sehr großen. Der Redner wurde mit unendlichem Applaus und Vivat begrüßt.

Nach diesem kam ein junger Mann, und überreichte dem Dr. Wirth ein Schwert, im Namen der freien Deutschen in Frankfurt. Wirth rief aus: ›Ein ominöses Geschenk in der dermaligen Zeit.‹«

Damit löst sich für die Zuschauer auch das Geheimnis des versiegelten Pakets auf dem Richtertisch. Es ist von der Anklage als Beweis für eine direkte Aufforderung zum bewaffneten Aufstand vorgelegt worden.

»Auf Geheiß des Präsidenten wird nach Eröffnung der Siegel das blanke Schwert, in rothsammtner Scheide, dem Zeugen zur Anerkennung vorgelegt; der Zeuge erklärt, es sey das dem Dr. Wirth damals überreichte Geschenk. (Bei Enthüllung des Schwertes große Neugierde im Publikum.)[143] ...

Der Präsident:

Was haben Sie weiter vernommen?

Zeuge:

Daß die dermaligen Verfassungen nichts mehr taugen, daß eine Reform notwendig seye, daß die Schuld an den Fürsten liege, daß die Fürsten nicht mehr bestehen können, und so viel ich mich erinnere, heißt es in der Rede, daß sie ausgerottet werden müssen ...

Der Präsident:

Wie haben Sie die Rede im Zusammenhang genommen?

Zeuge:

Ich habe sie als eine Provocation, als eine Aufforderung zur demokratischen Staatsverfassung genommen.

Advokat Golsen:

Ich bitte die Worte anzuführen, oder zu lesen, worin eine solche Provocation gefunden werden will?

Zeuge:

Ich habe eine solche Provocation in dem Sinn der ganzen Rede gefunden, insbesondere aber, wo Dr. Wirth die Regenten Hochverräter nannte und ewigen Fluch auf sie herabgedonnert hat. Das glaube ich, ist doch ein Zeichen und Ausdruck, daß sie nicht mehr fortbestehen können, sondern daß die Staatsverfassungen geändert werden müssen.

Der Präsident:

Haben Sie nicht auch mit andern Personen gesprochen, wie sie dieses verstanden haben?

Zeuge:

O ja! Die allgemeine Meinung war, daß eine Absicht bestanden habe, das Volk zum Aufruhr zu bringen.«[144]

Wirth, Siebenpfeiffer, Scharpff, Hochdörfer und ihre Anwälte nutzen die Zeugenbefragung am 31. Juli, um die aktuellen blutigen Pfingstereignisse zur Sprache zu bringen. Zwei Monate zuvor, am 27. Mai und 28. Mai hatte Fürst Wrede die Hambacher Schlossruine mit bayerischem Militär besetzen lassen, um eine Zusammenkunft zum Jahrestag des Festes zu verhindern. Dabei war es zu harten Zusammenstößen gekommen.

Für einige Zeit gelingt es den Angeklagten, den Spieß umzudrehen und die Staatsgewalt auf die Anklagebank zu setzen. Geschickt stellen sie den ruhigen und friedlichen Verlauf ihrer eigenen Veranstaltung gegen den staatlich verordneten Terror des Militärs. Mehr als einmal müssen die Zeugen bestätigen, dass sich die Soldaten während der Ausschreitungen ausdrücklich auf Anordnungen und »Aufträge« von oben berufen hätten. Speziell seien sie auf diejenigen angesetzt worden, die graue oder weiße »Reformers«, sogenannte »Hambacher Hüte«, trugen. Auch Frauen mit »Hambacher Schürzen« sowie alle diejenigen, die Lieder sangen, seien verspottet, angerempelt und geschlagen worden.

Der Hambacher Festordner Paul Ferkel sagt aus, die bayerischen Soldaten hätten die Bürger »so *systematisch* misshandelt, daß gerade die meisten derjenigen,

181

die ganz *unbekümmert* in der Straße herum schlenderten, am schlimmsten wegkamen. Der eine hatte eine Blume auf dem Hut, der Andere ein grünes Laub; unvermutet wurden ihnen die Hüte und Kappen heruntergeschlagen, und wenn sie fragten *warum?* wurden sie tüchtig *durchgeprügelt.*«

Auf Befragung des Gerichtspräsidenten erklärt Landcommissär von Pölnitz, dass vor allem die Lieder seinen und der Soldaten »Unwillen erregten« und er selbst den Staatsprokurator Fürst Wrede gebeten habe, gegen die Sänger einzuschreiten. Die Soldaten fielen – so eine Beschreibung des Neustadter Stadtrats – über Ausflügler und unbewaffnete Bürger her »und trieben sie (es mögen noch einige 100 gewesen sein) den steilen Berg hinab. Mit dem Gewehrkolben, dem Säbel und dem Bajonette wurden Männer, Weiber, Jünglinge, Mädchen, Greise und Kinder gräßlich mißhandelt; ja man sah Soldaten ihre unbegreifliche Wut an leblosen Gegenständen der Bürger, an Hüten, Mützen, Körben und dergleichen, die sie zerstörten, abkühlen. Nicht genug, die Menschen von der Spitze des Berges weggetrieben zu haben, verfolgten die Soldaten und Gendarmen sie auch noch den steilen Berg abwärts; die Verfolgten fielen, stürzten überall in der Eile der Flucht von Felsen zu Felsen, von Stein zu Stein; ihre bewaffneten Verfolger blieben ihnen stets auf der Ferse, und wo sie einen Flüchtling erreichten, war er der Kolbenstöße und Bajonett-Stiche gewiß! Während jener Verfolgung brüllten die Soldaten: ›Ihr liberalen Hunde, ihr Franzosengesindel, ihr müßt alle sterben!‹«[145] Zwei Tote und etwa 40 Verletzte waren die Bilanz dieses ersten Hambacher Jahrestages.

Über den weiteren Verlauf der Verhandlungen berichtet Wirth in *Walderode:* »Bei den ersten Verhandlungen machte sich infolge der Einschüchterung noch eine gedrückte Stimmung der Volkspartei bemerkbar, und ihr entsprach auch das Vertheidigungssystem ...

Zugleich suchte man ... durch Ausübung des Zurückweisungs-Rechts die gefürchtetsten Gegner von der Geschworenenliste zu entfernen. Wie andere freiere Einrichtungen, war auch das Institut der Jury ... so sehr verstümmelt, daß die Regierung allein das Recht zur Ernennung der Geschworenen hatte. Der Regierungs-Präsident ... wählte 24 Kandidaten und teilte die Liste derselben dem Assisenhof mit. Von diesen konnte der Angeklagte sechs und der Ankläger ... sechs verwerfen; die übrigen zwölf waren die Geschworenen. Im vorliegenden Fall wurden nun nicht bloß sehr viele Verwaltungsbeamte als abhängige Werkzeuge der Regierung auf die Geschworenenliste gesetzt, sondern auch nur solche Männer mühsam und sorgfältig ausgesucht, welche der entschiedenen Opposition abgeneigt zu sein schienen.«

Wirth hält nichts von juristischen Tricks, Ausflüchten und Beschönigungen. Er will die Landauer Assisen offensiv als ein historisches Tribunal nutzen und so offen wie möglich die Reinheit seiner Absichten und die Gerechtigkeit seiner Sache darlegen. Von vornherein verzichtet er auf juristischen Beistand und lässt sich von dem Kaufmann Ludwig Schneider vertreten. In der Hauptsache aber verteidigt er sich selbst und reißt die Zaghaften mit.

»Er selbst ... glaubte, daß ein wirklicher Redner, bei Gerechtigkeit seiner Sache, unumschränkt über den Willen der Zuhörer herrschen, dieselben wie ein Sturme forttragen, auch die Gegner und Widersträubenden wenigstens vorübergehend zu seiner Überzeugung bestimmen müßte. Absichtlich hatte er darum ... nicht einen einzigen Kandidaten der Geschworenenliste abgelehnt. Man hegte über dieses Verfahren von Seiten der Volkspartei Besorgnisse ... man verrieth fortwährend eine gedrückte Stimmung. Und wie zerstäubte dies alles vor der Macht der Beredsamkeit?«

Drei Mal meldet sich Wirth während der Verhandlungen zu Wort. Zuerst, um anhand seines bereits durch das unabhängige Appellationsgericht in Zweibrücken für schuldfrei erklärten Aufsatzes »Deutschlands Pflichten« zu beweisen, wie unberechtigt die Anklage ist. Jener Artikel sei nämlich »ungleich schärfer, als alle, weswegen man gegenwärtig die Anklage« erhebe.

»Als sein Ausdruck allmählich lebendiger ward und alsdann zu wirklicher Begeisterung emporstieg, durchzuckten ihre Strahlen die Herzen der Zuhörer, und entflammten dieselben von Neuem für Freiheit und Vaterland. Völlig umgewandelt war die Stimmung der Versammlung ... So unermeßlich war die Wirkung, daß am Anfang der nächsten Sitzung der Generalprokurator sich erhob, und gegen den Vortrag weiterer Aufsätze eifrig protestirte.«

Zum zweiten Mal ergreift Wirth am 3. August 1833 das Wort, um auf die Frage des Assisen-Präsidenten direkt zu antworten. Dieser hatte nach dem Abschluss der Verhöre an Wirth die Frage gerichtet:

»Was hat Sie zu dem Unterfangen veranlasst, die angestammten Rechte der deutschen Fürsten anzutasten?«

Wirth erwidert »in einem fulminanten Extempore«,

das Deutsche Reich sei von Napoleon mit Hilfe des Verrats der Rheinbundfürsten zertrümmert worden. Nach Napoleons Sturz sei das Reich von diesen jedoch nicht wiederhergestellt worden. Im Gegenteil: der 1815 unter Mitwirkung ausländischer Großmächte errichtete »Deutsche Bund« habe die Nation nicht wieder in ihre Rechte eingesetzt. Daher müsse die Anklage auf Hochverrat einzig und allein gegen die Rheinbundfürsten erhoben werden. Er und die anderen Angeklagten hätten lediglich mit Worten für die Wiederherstellung eines ursprünglichen Zustands geworben. Sobald aber die ganze Nation überzeugt wäre und die Reform verlange, so brauche es überhaupt keine Gewalt. Es sei denn, die Regierungen würden sich mit willkürlicher Gewalt dem Willen des Volkes widersetzen. In diesem Falle hätten er und die anderen Angeklagten allerdings das Recht zur Notwehr in Anspruch genommen.

»Dann würden sie aber mit viel gewaltigern Worten die Seelen ergriffen, die Flammen der Begeisterung unter das Volk geschleudert haben, dann erst würden sie den Ruf erschallen lassen: *Auf zu den Waffen!*«[146]

Die improvisierte Rede ergreift Zuhörer, Geschworene und Richter »mit einer solchen Macht, daß auf der einen Seite freudige oder staunende Überraschung, auf der anderen hingegen Bestürzung im Antlitz sich malte ...«

Dies sei der entscheidende Wendepunkt in der Verhandlung gewesen. Jubelnd habe sich die Mehrzahl der Angeklagten von den Sitzen erhoben und ihre bisher geübte Praxis der Defensive und des Ableugnens vergessen – so Max Wirth in seinen Erinnerungen. »Der kleine Pfarrer Hochdörfer schlug sogar mit der rechten Hand an seine linke Hüfte, um das Säbelziehen mimisch zu bezeichnen, und rief: *Ja, dann hätten wir zu den Waffen gerufen!*«[147]

Die Anwälte hätten daraufhin zwei schlaflose Nächte gehabt, um ihre Plädoyers abzuändern. Am 7. August spricht Wirth zum dritten Mal vor den Landauer Assisen. Er redet zwei Stunden an diesem und über sechs Stunden am nächsten Tag. »Der Redner bediente sich eines Manuskripts, war aber so gut vorbereitet, daß der Vortrag nicht darunter litt, sondern zu den eindringendsten, stimmungsreichsten und erschütterndsten rhetorischen Leistungen gehörte ...«[148]

Diesmal werden an die 1.000 Zuhörer gezählt. In den Räumen über dem Sitzungssaal werden »Oeffnungen« angebracht, um auch dort die Rede mithören zu können. Wirths Verteidigungsrede enthält sein gesamtes politisches Programm. In den Verhandlungsberichten wird sie nur von der Zensur verstümmelt mit großen Auslassungen wiedergegeben. Dagegen hat Wirth jedoch vorgesorgt und eine Abschrift aus dem Gefängnis geschmuggelt. Unverkürzt kann sie zunächst nur in Frankreich gedruckt werden und erscheint in sieben Auflagen: »Die Rechte des deutschen Volkes. Eine Vertheidigungsrede.« Trotz Verbot und Beschlagnahme wird sie sein größter Erfolg, die einzige Schrift, die ihm etwas einbringt. In Deutschland kann die erste deutsche Ausgabe allerdings erst nach 15 Jahren, im Revolutionsjahr 1848, erscheinen. Sie ist ein letztes Glaubensbekenntnis auf der Höhe seines aktiven politischen Wirkens.

Wieder erklärt Wirth die Fürsten zu den eigentlichen Hochverrätern. Erst hätten sie Kaiser und Reich verraten und später ihre Schwüre aus den Befreiungskriegen gebrochen, als sie das Volk zu den Waffen riefen, um Napoleon zu vertreiben.

»Das Volk hat von seiner Seite diesen feierlichen, heiligen Vertrag redlich erfüllt ... Arglos und zutrauensvoll, wie Gott das reine Gemüt der Deutschen schuf, legten sie mit kindlicher Bescheidenheit all die Trophäen ihres Sieges und all die Bürgschaften ihrer ... Zukunft in die Hände der von ihnen geretteten Fürsten. Wie aber entsprachen die Fürsten solch einem Vertrauen, wie erfüllten diese nun ihrerseits den mit dem Volke eingegangenen feierlichen, heiligen Vertrag?«

Anklagend streckt Wirth seine Hände vor den Richtern in die Höhe: »Wir alle, die wir hier in dieser Versammlung sind, haben es erlebt. Nur die Fesseln fehlen noch an diesen Händen, um Ihnen die Antwort auch personifiziert vor Augen zu stellen!«

Er habe mit großem Pathos gesprochen, »von der rührenden Klage bis zum Donner des Schlachtrufes«, erinnert sich [ein halbes Jahrhundert später] sein Sohn, der als elfjähriger Knabe dicht hinter dem Vater saß. »Nicht bloß die vielen hundert Zuhörer brachen in heftige Tränen aus – die Geschworenen und die Richter weinten, und an einer Stelle sogar der Festungskommandant Horn ... – Nur die Augen des Staatsanwalts und des Regierungspräsidenten Fürst Wrede, welcher die Rede mit anhörte, blieben trocken. Die Tränen der Geschworenen aber versiegten bis zum Schlusse der Rede nicht mehr, die von dieser Stunde an noch fast zwei Stunden dauerte!

Von da an konnte der Redner sagen, was er wollte! Wirth erklärte die Souveränitätsrechte der deutschen Fürsten für usurpiert, die deutsche Bundesakte für ungültig, die Errichtung eines freien deutschen Staates mit dem Kaiser an der Spitze für ein Volksrecht und schloss mit der Beteuerung, im Kampfe für dieses Recht auch das Schafott nicht zu fürchten.«

In einem Privatbriefe heißt es: »Hier war es mir unmöglich, nicht erschüttert, nicht hingerissen zu werden. Ich hörte Wirth! Etwas derart hatte ich nicht erwartet, nie gesehen und gehört. Es ist mir nicht möglich, dir einen Begriff zu geben von der Kraft und Beredsamkeit dieses Mannes ... Denke dir einen Riesen unter Zwergen, ein höheres geistiges Wesen, das aus einer andern Welt auf diese Erde gekommen ist ... Als neu erschien mir der großartige Glaube dieses Mannes, daß Wahrheit, durch Belehrung ohne Gewalt und friedlich märtyrerartig verbreitet, die höchste alles entscheidende, alles auf Erden möglich und wirklich machende, die Gesellschaft umgestaltende Macht sei ...

Er redete aus einem höheren Geiste, der bei aller Stärke und Rücksichtslosigkeit mild und sanft war ... Dieser göttliche, sanfte Kraftgeist der rein idealen Menschheit ist wirklich in unserer Zeit etwas neues.«[149]

Der außergewöhnliche Eindruck, den Wirths Rede hinterlässt, erklärt sich auch daraus, dass zu dieser Zeit bereits wieder die finsterste Reaktion in Deutschland herrscht, die Kerker mit Demokraten und Freiheitskämpfern überfüllt sind, von denen viele – nach dem Sturm auf die Frankfurter Hauptwache – sogar auf die Hinrichtung warten, während andere als Verbannte im Exil leben. Besondere Brisanz erhalten seine Worte von der Gewalt der Fürsten und dem Recht des Volkes zur Notwehr angesichts des Umstands, dass mit General Horn und Fürst Wrede die Verantwortlichen für die blutigen Pfingstereignisse 1833 im Gerichtssaal sitzen.

Aus späterer Sicht hält Wirths Sohn Max die Verhandlung vor den Landauer Assisen für »weit bedeu-
tungsvoller für die Entwicklung des deutschen Volkes
als das Hambacher Fest, weil durch volle drei Wochen
hindurch vor Gericht Zeugnis für die Berechtigung der
Forderungen des Volkes abgelegt ... wurde.«[150] Auch
wenn der Eindruck nur auf 800 Zuhörer beschränkt
gewesen sei – im Grunde habe der Landauer Prozess für
Deutschland eine Bedeutung wie die Unabhängigkeitserklärung in den Vereinigten Staaten oder die Erklärung der Menschenrechte in Paris: »Wie vor einem
feierlichen Volksthing wurden damals die Schicksalbü-
cher der deutschen Nation aufgerollt und ihr wahres
historisches Recht in feierlicher Erklärung gewahrt.«[151]

Als Wirth seine insgesamt achtstündige Rede beendet, jubeln und klatschen die Zuhörer – trotz aus-
drücklichen Verbotes. Einige rufen »Vivat!« und werden sofort von der Gendarmerie verhaftet, andere
des Saales verwiesen. Als die Angeklagten schließlich
unter Kavallerie-Bewachung vom Assisen-Saal in ihr
Gefängnis zurückfahren, werden die Wagen vom Volk
in dichten Scharen umringt. In den Wagen des Redners
aber werden Kränze und Blumen geworfen.

Eine gebildete hochstehende Dame aber – »A. v. L.«,
die in *Walderode* als Seelenfreundin verklärte »Amalie« – lässt dem Gefangenen noch am selben Tage ein
»prachtvolles Bouquet mit einem Gedicht« ins Gefängnis bringen:

»*An Wirth*

Ein anderer Luther hast Du heut geredet
Zum deutschen Volk mit Kraft und heil'gem Mut;

Ob auch von Außen noch so hart befehdet,
Verfichst Du kühn der Menschheit höchstes Gut;
Ob Tausende sich gegen dich verbündet,
Dein ist der Sieg, du edler Glaubensheld!
Was Du begeisternd heute uns verkündet,
Dringt unaufhaltsam in die ganze Welt. –

Wer dich gehört, wie könnte der verzagen:
Du richtest auf, ein jedes deutsche Herz.
Der Morgen graut, und endlich muß **es** tagen,
Entfliehn die Nacht, und jeder bittre Schmerz. –
Ein zweiter Hannibal hast du geschworen,
Ewigen Hass jedweder Tyranney!
Zum Märtyrer hast du dich selbst erkoren:
Gefangen – bleibst du dennoch ewig frei ... –

Landau, den 8. August 1833.«

Noch acht Tage dauern die Verhandlungen, bis endlich am 16. August die Entscheidung gefällt wird.

Doch zuvor, am 14. und 15. August, kommt es nach den Verteidigungsreden zu einer erregten Auseinandersetzung. Die Angeklagten, aber auch die Geschworenen fühlen sich vom Militär bedroht und einige äußern sogar panische Ängste. Einer der Verteidiger, Christian Culmann, beantragt den Prozess ohne weitere Unterbrechung bis zum Urteil durchzuziehen, da die Sicherheit der Angeklagten und der Geschworenen in Landau nicht mehr gewährleistet sei. Der Geschworene Botta erklärt: »Es wurde gedroht, daß man die Geschworenen zusammenhauen wolle, wenn sie die Angeklagten frei sprächen.«[152] Zur Sprache kommt auch, dass es Übergriffe von betrunkenen Soldaten auf Zivilpersonen gegeben habe. Eine wütende Soldateska bedränge auf den Straßen die Prozessbesucher. Auch die Verteidiger seien bedroht. Der Advokat Glasser bittet »eingeschlossen in das Gefängnis und es nicht wagend, dasselbe zu verlassen« per Billet den Gerichtspräsidenten, ihm eine Sicherheitswache zuzusenden. Siebenpfeiffer schildert, dass er beobachtet habe, wie eine Rotte von 80 bis 100 Soldaten an den Häusern die Fenster und Türen einschlugen und dabei einen Mann misshandelten. Da habe er aus dem Fenster herabgerufen: »Ihr Hunde, ihr Barbaren, lasst den Menschen gehen.« Daraufhin habe ein Soldat die Flinte auf ihn angelegt und gedroht ihn zu erschießen. Jetzt fühle er sich selbst im Gefängnis nicht mehr sicher. Dem Geschworenen Brunner wird es laut Protokoll übel, als Verteidiger Culmann mitteilt, mehrere Offiziere hiesiger Garnison hätten die Drohung ausgestoßen, »daß wenn die Angeklagten von den Geschworenen freigesprochen würden, keiner der letztern und kein Advokat lebendig aus Landau kommen würde.« Siebenpfeiffer habe sogar – so ein anderer Bericht – auf den unter den Zuhörern sitzenden Fürsten Wrede gezeigt: »Es scheint, der Urheber des Massacre Neustadt hat auch hier seine Hände im Spiel ...« [153] Der Angeklagte Eifler äußert ähnliche Ängste: »Wer steht denn dafür, daß man nicht noch in das Gefängnis kommt und uns niedermetzelt.« [154]

Nach erregter Debatte wird der Antrag der Verteidigung abgelehnt. Für die Sicherheit von Geschworenen und Angeklagten sei hinreichend gesorgt. Es folgt das Schlussplädoyer des Generalprokurators. Noch einmal versucht er, die Geschworenen zu überzeugen, dass in Hambach eine direkte Aufforderung zum gewaltsamen Umsturz ergangen sei. Dem widerspricht Christian

Culmann im Namen aller Angeklagten mit dem Plädoyer der Verteidigung.

Abschließend – am 16. August – stellt der Gerichtspräsident den zwölf Geschworenen hinsichtlich jedes einzelnen Angeklagten die Frage, ob dieser tatsächlich direkt zum Umsturz angereizt habe? Im Falle des Angeklagten Wirth handelt es sich um zwei gesonderte Schuldvorwürfe:

»I. Ist Johann Georg August Wirth, 33 Jahre alt, Schriftsteller, gebürtig aus Hof, zuletzt wohnhaft in Homburg, schuldig, die Bürger und Einwohner direkt angereizt zu haben, die königlich-bayerische Staatsregierung und die königliche Autorität selbst gewaltsam umzustürzen und zu verändern, um in ganz Deutschland eine andere Verfassung einzuführen ..., und zwar dadurch,

1. daß er am 27. Mai 1832 auf dem Hambacher Schlosse zu zwei Malen eine Rede vor versammelter Volksmenge hielt; dann daß er dieselbe, durch Redaktion und Herausgabe im Drucke unter eigenem Namen in der Schrift *Das Nationalfest der Deutschen zu Hambach* in zwei Heften öffentlich verbreitete;

2. daß er am 21. April 1832 den Aufsatz *Aufruf an die Volksfreunde in Deutschland* verfertigte und durch den Druck verbreitete und

3. daß er die Druckschrift *Die politische Reform Deutschlands – noch ein dringliches Wort an die deutschen Volksfreunde* verfertigt, im eigenen Namen herausgab und verbreitete.

II. Ist derselbe Wirth schuldig: durch Redaktion, Herausgabe im eigenen Namen und Verbreitung der Druckschrift *Das Nationalfest der Deutschen zu Hambach,* und zwar durch die darin aufgenommenen Reden

der Angeklagten Dr. Siebenpfeiffer, Pfarrer Hochdörfer, Christian Scharpff, Johann Philipp Becker, sowie
der von diesen Angeklagten damals vorgetragenen
Adressen, verfertigen Lieder ... an dem Verbrechen der
direkten Aufreizung ... wissentlich dadurch teilgenommen zu haben, daß er den Urhebern in der Verbreitung dieser Reden, Adressen und Lieder ... wissentlich
geholfen, die Mittel dazu herbeigeschafft und ihnen
Beistand geleistet hat?«[155]

Hierauf gehen die Geschworenen in Klausur. Alle
Zugänge zum Beratungszimmer werden von der Gendarmerie bewacht, damit keine Beeinflussung stattfinden kann. Nach vierstündiger Beratung kommen die
Geschworenen in den Gerichtssaal zurück.

In Abwesenheit der Angeklagten verkündet der
Gutsbesitzer Franz Peter Brunner aus Rheinzabern als
Sprecher der Geschworenen mit der aufs Herz auf-
gelegten Hand: »Auf meine Ehre und mein Gewissen, vor Gott und den Menschen, die Erklärung der
Geschworenen sind folgende ...« und erklärt für
jeden einzelnen Angeklagten: »Nein, derselbe ist nicht
schuldig!«[156]

Wirth und die Angeklagten befinden sich während-
dessen im Nebengebäude. Von dort aus beobachten sie
über einen Hof hinweg die Türe des Sitzungssaales.

»Nach dem Eintritt der Geschworenen in den Assisen-Saal herrschte einige Zeit lang die tiefste Stille;
dann erfolgte auf einmal ein Brausen wie bei Sturmes-
wehen: die Türflügel des Saales öffneten sich mit Hef-
tigkeit, und mit hocherrötetem Antlitz, dem Strome der
Freudentränen frei den Lauf lassend, stürzte die ungeheure Masse der Zuhörer hervor.

›*Frei, frei, frei!*‹, erscholl ihr tausendstimmiger Ausruf, und nun bot sich ein Schauspiel dar, welches man
wohl selten im Leben sieht. Ungewiß, wie man die
Freude ausdrücken sollte, von Gefühlen durchdrun-
gen, die nicht nach Worten trachteten, sondern nur
in Schluchzen sich Luft zu machen suchten, schlossen
sich die Zuhörer gegenseitig in die Arme und weinten laut. All dies erblickten die Angeklagten von den
Fenstern ihres Zimmers aus. Während die bespannten
Wagen dem Gasthause enteilten, um das ganze Land
in Jubel zu versetzen, wurden die Beschuldigten in den
Sitzungs-Saal zurückgeleitet, und hier vernahmen sie
amtlich das feierliche Gottes-Urteil (Volkesstimme,
Gottesstimme!): ›Nein, die Angeklagten sind nicht
schuldig!‹«[157]

Der Freispruch wird als ein Triumph gefeiert und
mit unglaublicher Schnelligkeit verbreitet. In nur
28 Minuten ist die Nachricht bereits in Neustadt. Die
Pfälzer haben sich dazu ein eigenes Telegraphensystem
eingerichtet. In den Städten und entlang der Weinstraße
haben die Menschen Signalketten gebildet, um mit weißen Tüchern ›frei‹ und mit roten ›schuldig‹ zu signali-
sieren. So wird der weiße Triumph in Windeseile über
Landau hinaus und durch die ganze Pfalz gewunken.

An den Fürstenhöfen dagegen, vor allem in München, Berlin und Wien, herrschen Wut und Bestürzung.

Ich stricke schon recht wacker!

Gefängnis und Exil

Aber ist darum die Idee des Jahrhunderts verloren, weil ihre Gegner siegreich über ihr stehen, weil die Mehrzahl ihrer Anhänger trostlos verzagt?
Welcher Kenner der Geschichte wollte dies glauben?
Lasst sie immer schlummern und ruhen im Schoße der Zeit; sie wird still fortwirken, wachsen und treiben, und wieder erscheinen, wenn ihre Stunde gekommen ist.

Der Freigesprochene wird keineswegs freigelassen, sondern in das Gefängnis nach Zweibrücken zurück transportiert. Gegen ihn, Hochdörfer und Siebenpfeiffer wird erneut Anklage erhoben: wegen »Beleidigung in- und ausländischer Behörden und Schmähungen gegen die Regierung und die Beamten«. Doch erst nach monatelanger Untersuchungshaft, im Herbst 1833, wird vor dem Zuchtpolizeigericht Zweibrücken die Verhandlung gegen Johann Georg August Wirth eröffnet. Diesmal, vor der niederen Instanz, gib es keine Geschworenen, die sich eine eigene Meinung bilden könnten. Berufsrichter, im Sold und unter Druck der Regierung, verhängen die gewünschte Höchststrafe: zwei Jahre Gefängnis. Staatlich verordneter Gesetzesbruch und Willkür sind wieder zur Regel geworden. Die Untersuchungshaft wird nicht angerechnet. Wirth legt Berufung ein.

Siebenpfeiffer ist nicht bereit, als Märtyrer zwei Jahre im Gefängnis abzusitzen. In der Nacht zum 15. November gelingt ihm, unterstützt von Pfälzer Freunden, die Flucht aus dem Frankenthaler Gefängnis. Ungehindert erreicht er die Grenze zum Elsass, befördert von der »Demagogenpost«, wie die aktive Hilfe für verfolgte Demokraten genannt wird.

Wirth ist empört, als er von Siebenpfeiffers Flucht erfährt. In seinen Augen ist das eine Kapitulation vor dem Unrecht. Er will ein anderes Zeichen setzen.

Wirths Ehefrau Regina wohnt zu dieser Zeit noch mit den Kindern Rosa, Franz und Max in Homburg. Es wird berichtet, dass Regina an Markttagen die Kinder den Gerhardsbrunner Bauern entgegenschickt habe, um Lebensmittel in Empfang zu nehmen. Auch bei Kirchweihfesten und anderen Zusammenkünften, heißt es, seien sie als gefeierte und reich beschenkte Ehrengäste in Erscheinung getreten. Dies bedeutet allerdings im Grund lediglich, dass Wirths Familie die Unterstützung politischer Freunde erhält – wie andere verfolgte Hambacher auch.

Beispielsweise treffen sich im November 1833 mehrere Bürgermeister anlässlich eines Jahrmarktes in der Nähe von Kaiserslautern. Bei dieser »großen Gesellschaft« der »liberalen Parthey« wird ausgiebig getafelt und obendrein auch manches Freiheitslied gesungen. Der Bürgermeister Johann Häberle aus Steinwenden habe schließlich eine Rede auf die Kinder des inhaftierten Dr. Wirth gehalten und dem Sohn Max drei preußische Thaler überreicht mit den Worten: »Edles Kind! Nimm dies kleine Geschenk, aus der Hand eines der wärmsten Freunde deines edlen Vaters!« Hierauf habe jeder der Anwesenden etwas gespendet und am Ende seien 50 Gulden zusammengekommen. Der Bericht der Kreisregierung endet mit den Worten: »So vagieren diese Knaben bey den ihnen schon bekannten Anhängern ihres Vaters herum und kehren gewöhnlich mit gefüllten Taschen zurück.«[158]

Eine andere Quelle lässt darauf schließen, dass es sich wohl eher um eine verabredete Geldübergabe oder den Vertrieb verbotener Schriften gehandelt hat.[159] So erklärt sich manche rührende Bettelgeschichte daraus, dass es notwendig war, politische Zusammenkunft und Gefangenenhilfe als spontan, zufällig und karitativ zu tarnen.

In Wirklichkeit greift zum ersten Male jene Unterstützung der Familienangehörigen, die Wirth selbst als eine von »Deutschlands Pflichten« angeregt und über den Preßverein mit institutionalisiert hat – ein Vorläufer gewerkschaftlicher Solidarität, von Streikkassen und Rechtsschutz. Auch die Gelder aus dem Verkauf der Festbeschreibung (dreißig Kreuzer für das erste, vierundzwanzig für das zweite Heft) waren ja bereits »zur Gründung eines Fonds für deutsche politische National-Journalistik« bestimmt. Nach der offiziellen Zerschlagung des Preßvereins hat Wirths Familie also einen legitimen Anspruch auf noch nicht verbrauchte Gelder.

Hinzu kommen Spenden aus allen Teilen der Bevölkerung, aber auch aus kirchlichen und öffentlichen Sammlungen. Dabei bewähren sich vor allem die aus der Polenhilfe hervorgegangenen *Frauenvereine*. So verkauft der *Frauen- und Mädchen-Verein am Haardtgebirge* nummerierte Lotterielose zum Preis von 20 Kreuzern »zur Unterstützung der Familien eingekerkerter und verbannter Patrioten«. Die Lose werden – natürlich illegal – in vieltausendfacher Auflage in ganz Deutschland vertrieben. Auch die Polizei macht Jagd auf die Lose und beschlagnahmt sie als unerlaubte politische Druckschriften. Dies betrifft übrigens auch ein 1833 konfisziertes Bonbonpapier, das im Bayerischen Kriegsarchiv zu finden ist. In der revolutionären »Dreifarb« Schwarz-rot-gold gehalten trägt es die Aufschrift: »Und du mein Volk lässt ruhig das geschehen, / lässt deine Manneskraft im Kerker untergehen«.

Während Johann Georg August Wirth den Winter über im Gefängnis auf die Entscheidung des Appellationsgerichts wartet, wird gegen Regina ein Ermittlungsverfahren wegen Teilnahme an direkter Aufreizung zum Aufruhr eingeleitet. Auch in der Proskribierten-Liste, dem »Schwarzen Buch« der Mainzer Bundestagskommission, findet sich ihr Name. Grund hierfür ist, dass sie die in Nancy gedruckte Landauer Verteidigungsrede ihres Mannes vertreibt. Um der drohenden Festnahme zu entgehen, flieht Regina Anfang 1834 mit den Kindern ins grenznahe Weißenburg im Elsass. Dorthin schreibt ihr Wirth am 5. März einen aus dem Zweibrücker Gefängnis geschmuggelten Brief:

»Meine liebe, gute Regina!

Hoffentlich bist Du gut in Weißenburg angekommen. Seitdem ich glaube, daß Du in Sicherheit bist, bin ich viel heiterer. Ich glaube noch immer, daß Du bald zurückkommen kannst; allein bis wir Gewißheit haben, mußt Du dort bleiben. Miete Dir ein Quartier auf ein paar Wochen und suche den Max in einer Unterrichtsanstalt in Weißenburg einstweilen als Gast unterzubringen ... Sei nur heiter. Ich bin ganz glücklich und zufrieden, wenn ich nur denken darf, daß Du

Dich nicht grämst, sondern heiter bist ... Erzeige mir
daher die Liebe, daß Du Gesellschaft und Unterhaltung suchst, Dich zerstreust und vergnügt lebst ... Bre-
che Dir und den Kindern nicht zu viel ab. Wegen Geld
darfst Du nicht in Sorgen sein; ich sorge schon, daß Du
recht bald Zuschuss erhältst ... Brauchst Du irgendeine
Unterstützung, so schreibe an einen Freund nach Landau oder Neustadt, daß er zu Dir komme.«
Nachschrift am 6. März:
»Es ist ein Glück, Liebe, daß Du weg bist. Man will
Dich auch arretieren. Du darfst also vorderhand auf
keinen Fall zurückkommen.«[160]
Im April 1834 zieht Wirth seinen Antrag auf Kas-
sation der seine Berufung zurückweisenden Entscheidung des Appellationsgerichtes zurück. Damit wird
das Urteil gegen ihn rechtskräftig. Wirth richtet sich
auf die zweijährige Gefangenschaft ein.
»Meiner inneren Welt nützt diese Gefangenschaft
unendlich. Ich komme dadurch weiter, als es im freien
Zustande je möglich gewesen wäre. Durch das fortgesetzte Studieren werde ich in den Stand gesetzt, später
Werke zu liefern, welche auf die Nachwelt übergehen
und zugleich uns ein frohes, glückliches Leben verschaffen. Was will also gegen solche Vorteile das kleine
Ungemach einer zweijährigen Gefangenschaft sagen?
Dann habe ich durch diese Stürme auch erst erfahren,
welchen unendlichen Schatz ich an Dir besitze. Deine
Seelengröße und Dein ganzes Benehmen hat mich mit
Bewunderung erfüllt und meine Liebe gegen Dich ver-
mehrt. Darum sei meine starke Regina, kümmere Dich
nicht, sondern lebe vergnügt und froh wie ich. Nun
Adieu, Geliebte, bald schreibe ich Dir wieder.
Dein treuer August.«[161]

Wirth rät Regina vorerst im Elsass zu bleiben und die Verteidigungsrede zu verkaufen. Tatsächlich kann sie zunächst vom direkten Vertrieb dieser Schrift einen Teil des Unterhaltes bestreiten. Hinzu kommen »Zuschüsse« der Freunde, Patrioten und Preßvereinsmitglieder aus Landau, Zweibrücken und Neustadt. Obwohl Wirth darunter leidet, seine Familie nicht mehr aus eigener Kraft versorgen zu können, gibt er sich optimistisch: »Sehe nun, meine gute Regina, daß du die zwei Jahre anständig durchkommst. Man wird dich hoffentlich nicht stecken lassen. Solltest Du aber doch in Not geraten, so schreibe mir ja sogleich, damit ich auf andere Weise sorgen kann ... An der Erziehung und Bildung der Kinder darf nichts gespart werden.«[162]

In der Nacht vom 22. auf den 23. April 1834 wird der Häftling vom Zweibrücker Gefängnis in das Zuchthaus nach Kaiserslautern transportiert. Dabei kommt es zu einem riskanten Befreiungsversuch. »Eine Rotte von 14 – 16 mit Pistolen bewaffneter Burschen« aus Homburg und Zweibrücken wollen ihr Idol aus der nur unzureichend bewachten Postkutsche befreien. Es kommt zu einer Schießerei.[163] Eine etwas andere Version schildert Jakob Emig in einem Brief an seinen Sohn Georg:

«Ich muß Dir die traurige Nachricht mitteilen, welche leider Deinen Bruder Jakob unschuldig getroffen hat.

Wirth wurde in Zweibrücken auf zwei Jahre nach Kaiserslautern verurteilt und in der Nacht durchgeführt, als sich fünf junge Leute ... hinter dem Schelmenkopf aufhielten, bis Wirth ankam und mit ihm zwei Gendarmen ... Sie griffen die Chaise an und wollten Wirth befreien. Wirth tat es aber nicht und ging nicht mit ihnen. Er sagte, nur wenn das ganze Volk käme und ihn befreien würde, wäre er bereit ... Die Gendarmen feuerten auf die Befreier, aber fehlten und [einer] schoss dem Leutnant in den Arm und die anderen schossen dem Brigadier zwei Schuss durch den Tschako ... Zwei Tage nachher wurde, Dein Bruder mit den Übrigen in Haft genommen und gleich nach Zweibrücken geführt ... Ich habe den Jakob selbst examiniert, er sagte, wenn er etwas davon wisse oder mit ihm zu tun habe, würde er sich aus dem Weg gemacht haben und mit den anderen nach Amerika gegangen sein.«[164]

Nach 33 Tagen wird Emigs Sohn wieder freigelassen, die fünf am Befreiungsversuch beteiligten Studenten aber werden in Abwesenheit zum Tode verurteilt.

Am 23. April 1834, frühmorgens um fünf Uhr, schließen sich die Tore des Zentralgefängnisses in Kaiserslautern für weitere zwei Jahre hinter Wirth. Doch er ist überzeugt, die richtige Entscheidung getroffen zu haben.

Das Zuchtpolizeigefängnis in Kaiserslautern ist für Langzeitstrafen und Schwerverbrecher eingerichtet. Einzelhaft, magere Kost, Postzensur, täglich eine Stunde Hofgang. Nur in Nebenstunden und an Sonntagen darf Wirth lesen und schreiben. Als Zuchtpolizeisträfling ist er gezwungen, täglich von morgens bis abends Strümpfe zu stricken. Dies wird von ihm später als »unmenschlich« und »entwürdigend« empfunden[165]. Zunächst jedoch nimmt er die Sträflingsarbeit mit Humor und sieht sich im Wettstreit mit seiner kleinen Tochter Rosa. Einige der von Wirth gestrickten Strümpfe, so heißt es, habe der Gefängnisdirektor als besonders begehrte Trophäen an hochgestellte bayerische Staatsbeamte weitergeleitet.

*Das Zentralgefängnis in Kaiserslautern, in dem Wirth seine zwei-
jährige Haftstraße von 1834 bis 1836 verbüßte. Lithografie von
F. C. Schwaab, abgedruckt in: Des Rheinkreises Jubelwoche,
Speyer 1829.*

Wirths Briefe aus dem Gefängnis zeichnen ein sehr
widersprüchliches Bild seiner Seelenlage. Der erste
Brief klingt sogar ausgesprochen heiter. Der Häftling
weiß freilich auch, dass jede Zeile vom Gefängnisleiter
Georg Michael Obermaier mitgelesen wird:

»Dieser außen so gefürchtete Ort verliert bei nähe-
rer Betrachtung vieles von den Schrecknissen, welche
die Phantasie glücklicher Menschen ihm beilegt. Der
Aufenthalt scheint freilich weniger angenehm als jener
in Zweibrücken; allein ... ich bin ebenso fröhlich und
zufrieden als in Zweibrücken. Vieles mag hierzu die
Art der Behandlung beitragen. Inspektor Obermaier ist
ein sehr gebildeter und wohlwollender Mann, der sein
Amt erfüllt, ohne zu poltern ... Die Kost ist zwar etwas
mager, aber Du weißt, wie wenig mir dergleichen gilt.

Brief Wirths an seine Frau vom 24. Mai 1935

Was das Arbeiten anbelangt, so ist dies eher eine Wohltat als eine Pein für mich, weil mein so vielfach angestrengter und gequälter Geist dadurch zur Ruhe genötigt wird ... Ich stricke schon recht wacker; die Rosa werde ich wohl schon übertreffen. Glaube nicht, meine Teure, daß ich mich durch den Zwang zu einer meiner unwürdigen Arbeit gedrückt fühle, o nein, ich bin im Gegenteil noch froher und freier, weil ich jetzt weiß, daß es nichts, gar nichts gibt, was mich zu erschüttern vermöchte.«[166]

Regina Wirth. Öl auf Leinwand. Künstler und Datierung unbekannt. Privatbesitz.

In den Freistunden liest Wirth historische, naturwissenschaftliche und philosophische Werke und sucht wie ein zweiter Doktor Faust zu ergründen, »was die Welt im Innersten zusammenhält«. Auf Herders Spuren kommt er zu der Überzeugung, dass die Menschheit sich immer mehr vervollkommne und allmählich der höchsten Stufe ihrer Kultur und Zivilisation entgegen strebe. Besonders glücklich aber macht es ihn, dass er der deutschen Kultur dabei eine wichtige Rolle zuschreiben kann:

»In der Tat, die Fortschritte der Bildung sind außerordentlich. Wer an der Fähigkeit des Menschengeschlechts zur höchsten Vervollkommnung zweifelt, der vergleiche den heutigen Stand der Wissenschaft mit jenem von 1734. Welche Wunder hat nicht dieses einzige Jahrhundert erwirkt! ... Und abermals unsere Nation ist es, welcher der heutige Stand der Wissenschaft das meiste zu verdanken hat. Ich überzeuge mich täglich mehr, daß die Deutschen in dem großen Kulturprozesse der Menschheit ein unentbehrliches Element sind ...«[167]

Von eigenen Sorgen und den Nöten der Einsamkeit ist in den Briefen nur selten die Rede. Allen Kummer will er von Regina fernhalten. Der Gefangene betont unablässig seine »Zufriedenheit« und ermuntert seine Familie, sich keine Sorgen zu machen.

Doch Wirths Heiterkeit ist aufgesetzt. Haft und Isolation bleiben nicht ohne Spuren. Der Briefwechsel dokumentiert den schleichenden Beginn einer heimtückischen Krankheit, die ihn bis an sein Lebensende begleiten wird. Auf rastlose geistige Arbeit folgen Erschöpfungszustände und Phasen von Schwermut und Untätigkeit. Mehr als einmal erleidet er Schwächeanfälle und im Juli 1834 einen dramatischen Zusammenbruch, den der Gefängnisarzt mit einem Aderlass zu heilen versucht. Und immer weniger gelingt es ihm, seine innere Zerrissenheit zu verstecken:

» ... ich finde, daß auch die Einsamkeit ihre Licht-
seite hat. Indessen bleibt doch so viel gewiß, daß der
Mensch nicht dazu geschaffen ist, und ich glaube, daß
eine außerordentliche Kraft dazu gehört, um eine heitere Lebensansicht zu bewahren und nicht in Trübsinn
zu verfallen. Wer aber einmal trübsinnig wird, der ist
verloren; denn ohne Heiterkeit kann nichts in der Welt
gedeihen. Aber gerade das viele Nachdenken der Einsamkeit führt sehr leicht zur Hypochondrie ... und über
diese ist man im eingesperrten Zustande auch bei der
größten Überwindung nicht Herr. Wer nicht glaubt,
daß der Geist ganz vom Körper abhängt, der darf sich
nur einsperren lassen, dann glaubt er's gewiß ...«

Vor allem leidet der Gefangene unter der Trennung
von seiner Familie. Der gegen Regina verhängte Haftbefehl macht einen Besuch unmöglich.

»Es ist wirklich wunderbar, wie man so ruhig und
zufrieden sein kann, wenn man von seinem Teuersten,
der Familie, getrennt ist, keine Erheiterung und Erho-
lung genießen kann, jeder Unterhaltung entbehren muß
und immer, immer nur auf sich selbst beschränkt ist.«[168]

So erscheinen am Ende gerade die heitersten Briefe
als die trostlosesten. Sie offenbaren ein doppeltes
Gefängnis.

«Dank, tausendmal Dank für die Heiterkeit, die aus
Deinem letzten Brief atmet; willst Du meine großen
reinen Freuden noch erhöhen, so fahre fort, mit den
Kindern so froh zu leben und mir fortwährend solche
Nachrichten zu geben!«[169]

In den lichten Phasen arbeitet Wirth an einem neuen
wissenschaftlichen Werk: »Meine Kulturgeschichte
der Menschheit ... beschäftigt mich unaufhörlich und
macht mir viel Freude.«[170]

»Diese Woche war für mich eine Periode des Heils und des Glücks; ich habe in der Astronomie ein Gesetz glücklich gefunden, nach dem ich lange vergeblich strebte. Dadurch erlangte ich über so vieles auf einmal ein so strahlendes Licht, daß ich von dessen Glanze noch jetzt wie geblendet bin und längere Zeit brauche, um alle die Folgen dieser bedeutenden Entdeckung zu überschauen ... Wenn nur Herder lebte; jetzt hätte er das Licht, das sein großer Geist ahndete ... Was würde er daraus gemacht haben!«[171]

»Meine Entdeckungen in der Astronomie wirst Du jetzt bald erhalten ... Die Welt wird darüber erstaunen, vorzüglich die Gelehrten. Ich bin in die ganze Anordnung der Natur eingedrungen und der gesamte Bau des Himmels liegt wie ein zerlegtes Maschinenwerk vor mir ... Jetzt ist mir auch die ganze Zukunft der Menschen so klar wie der Tag und es herrscht nicht die geringste Ungewißheit mehr.«[172]

Wirth ist überzeugt, in der Bewegung der Himmelskörper die Lösung aller Rätsel gefunden zu haben, eine naturgesetzliche Bestimmung der Menschheit, denn Natur und Geist seien den gleichen astronomischen Gesetzmäßigkeiten unterworfen.

»Offenbar ist dieser Äther der Sonne mit unserem Geiste nahe verwandt, das Element, aus dem dieser entsprang; darum hat er auch die erheiternde Kraft auf das Gemüt.«

Die Entwicklung der Menschheit sei durch den Einfluss »eines höheren Lichtelements« letztendlich auf Veredelung, Vervollkommnung und Harmonie angelegt, auf einen »endlichen und glorreichen Sieg allgemeiner Menschenkultur und Menschenglückseligkeit«.

Regina scheint dem Fortschrittsoptimismus ihres Mannes nicht immer ganz folgen zu können. Kein Wunder nach den bitteren Erfahrungen und bei den täglichen Sorgen, die sie zu bewältigen hat. Und eine Veredelung der Menschen ist auch nicht gerade zu beobachten. Im Gegenteil: so mancher einstige Kampfgefährte hat sich als politische Wetterfahne offenbart. Kriecher, Zyniker, Angepasste, Duckmäuser, Intriganten und Verräter sind im Aufwind.

Doch auch dafür hat Wirth eine Erklärung. Das stetige Voranschreiten und die Veredelung des Menschen sei vielleicht nicht immer erkennbar, räumt er ein. Selbstverständlich gäbe es Rückfälle und Rückschritte. Man dürfe sich die Bahn des Fortschreitens eben nicht als eine gerade Linie vorstellen. Es handle sich vielmehr um eine Aufwärtsentwicklung in Kreisen, in einer stetigen Spirale. »Man geht eine Zeitlang rückwärts, um später desto weiter vorwärts zu schreiten.«

Unablässig dringt der Gefangene auf eine umfassende Bildung seiner Kinder und nimmt Anteil an ihrer Entwicklung. Er will, dass seine Söhne Latein und Griechisch lernen. Immer größer wird dabei seine Sorge, dass sie im französischen Exil der deutschen Sprache und Kultur entfremdet werden könnten.

»Muntere die Kinder ja recht auf, daß sie auf ihre deutsche Nationalität und Vaterland stolz sind. In den folgenden Teilen meines Werkes will ich aber erst zeigen und nachweisen, welch unschätzbarer Wert in Vergleich mit anderen Völkern im deutschen Charakter liegt. Wenn es auch zur Zeit noch etwas finster aussieht und die Nation in einer Beziehung noch weit zurück ist – das schadet nicht. Die Reife und das Licht kommen schon, wenn auch etwas später ...«[173]

Das Ergebnis der Gefängnisarbeit sind die *Fragmente zur Kulturgeschichte,* deren erster Band 1836 in Kaiserslautern erscheint. Wirths kulturphilosophische Spekulationen erregen einiges Aufsehen. Während viele Freunde enttäuscht sind und fürchten, er habe der praktischen Politik abgeschworen, vermuten andere – zum Beispiel auch der Gefängnisdirektor – versteckte Botschaften. Dennoch bleibt der Verkauf mäßig und bietet wenig Aussicht auf einen künftigen Broterwerb. Der wissenschaftliche Wert wird sogar rundweg abgestritten. Gefängnisdirektor Obermaier hatte bereits auf dem Dienstweg die vorgesetzten Behörden informiert. Ein Gutachten der *Bayerischen Akademie der Wissenschaften* wird eingeholt. Es beurteilt Wirths Werk als ein »abenteuerliches Gemenge von unbegründeten und unverständlichen Hypothesen«[174]. Tatsächlich fällt es – damals wie heute – nicht leicht, Wirths universalen Deutungen, schöpfungsgeschichtlichen Mutmaßungen und astronomischen Theorien zu folgen. Die Vermutung liegt nahe, dass der Autor im Gefängnis nicht nur Socken strickte, sondern auch bewusst oder unbewusst an einem Weltbild, das ihn am Rande des Wahns überleben ließ.

Für Wirth ist das vernichtende Urteil ein schwerer Schlag. Vorsorglich versucht er seine Kampfgefährtin auf den zu erwartenden Gegenwind einzustimmen: »Die Gelehrten werden entsetzlich gegen mich schreiben und mich einen Narren und unwissenden Menschen nennen. Ich habe aber doch recht und werde alle Gegner überwinden. Was Du also auch hören magst und was man Dir auch immer sagen wird, glaube mir, daß ich vollkommen recht habe. Noch niemals war ich meiner Sache gewißer. Die ganze jetzige Welt mag mein

System verwerfen; es ist doch in allen Punkten eine hohe und unerschütterliche Wahrheit.«[175]

Später nimmt Wirth deutlich Abstand zu diesen Theorien, bezeichnet sie als *Irrtümer* und erklärt, dass er jene Forschungen nur in dieser Gestalt veröffentlicht habe, weil er glaubte, er würde im Gefängnis sterben.

An manchen Tagen scheint die Sehnsucht nach Regina übermächtig zu werden. Dabei muss er selbst sie eindringlich warnen, ihn nicht zu besuchen, da sie auf der Stelle verhaftet würde.

Möglich wäre ein Besuch der Kinder. Doch davor scheint er eine geradezu panische Angst zu haben. Wirth fürchtet, nach der Wiedersehensfreude den Abschied nicht ertragen zu können: »Es ist sonderbar, daß man etwas abwehren muß, nach dem das Herz so sehr verlangt; aber die Umstände gebieten es. Ich bin jetzt ruhig und resigniert; allein der Abschied würde mich auf das höchste angreifen. Ich würde fürchterlich leiden und überhaupt in jeder Hinsicht zu schmerzlich aufgeregt werden.«[176]

Als im Mai 1835 das Verfahren gegen Regina eingestellt und der Haftbefehl aufgehoben wird, schöpft Wirth neue Hoffnung auf ein Wiedersehen. Doch die Freunde warnen. Untere Behörden könnten sie dennoch verfolgen, verhaften oder zurück nach Bayreuth verbannen.

Wochen- und bisweilen sogar monatelang quälen ihn Phasen der Schwermut, in denen ihm alles sinnlos erscheint und er keinen Antrieb zum Arbeiten mehr findet. Danach jedoch kommen Zeiten, in denen er sich allmächtig fühlt. Diesen Wechsel manischer und depressiver Zustände erklärt Wirth selbst – nach dem medizinischen Verständnis der Zeit – als »Hypochondrie«.

»In solchen Momenten sehe er alles schwarz«, schreibt sein Sohn Max, »alle Dinge der Welt nur von ihrer Schattenseite. Sein eignes Leben erscheine ihm als ein gänzlich verfehltes, alle Bestrebungen Illusionen, der Kampf um die Verbesserung des Loses der Menschen und des eigenen Volkes ein vergebener, das Dasein überhaupt zwecklos!«[177]

Nach zweijähriger Leidenszeit öffnen sich endlich die Tore des Zentralgefängnisses von Kaiserslautern. Doch der Strafentlassene darf auch jetzt noch nicht zur Familie zurück. Auf Wirth wartet eine alte Strafe, zu der er während der Münchener Zeit vom Appellationsgericht Landshut verurteilt worden war. Am 18. April 1836 wird er »per Extrapost« nach Passau überstellt – bewacht von einem Hauptmann, einem Brigadier und einem weiteren Soldaten. Noch immer wird er von der Regierung als Staatsfeind Nummer 1 gefürchtet.

Auf der Festung Oberhaus über der Stadt kann er sich relativ frei bewegen. Während seiner sechswöchigen Haft macht er ausgedehnte Spaziergänge innerhalb der Festungsanlagen. Doch nach der Haftentlassung erwartet ihn ein neuer Schlag. Die Rückkehr zu seiner Familie wird ihm auch weiterhin verwehrt. Ein zusätzlich nachgeschobenes Urteil des Appellationsgerichtes vom 9. Januar 1836 ordnet strenge Polizeiaufsicht an. Vor drei Jahren noch hätte Wirth vehement gegen den dreisten Rechtsbruch protestiert. Doch inzwischen hat er resigniert und gelernt, dass der politische Gefangene im Königreich Bayern vogelfrei ist.

Am 12. Juni wird der Strafentlassene dem Magistrat seiner Heimatstadt Hof zugewiesen. Die Stadt, die sich vergeblich geweigert hatte, die Polizeiaufsicht zu übernehmen, verlangt von ihm die Selbstverpflichtung,

»sich allen behördlichen Anordnungen bereitwillig zu fügen«. Wirth lehnt das ab und gibt lediglich das Versprechen, den Stadtbezirk nicht zu verlassen. Einige Zeit lebt er im Elternhaus bei einem Onkel, der die Posthalterei nach dem Tode des Vaters übernommen hatte. Er teilt ein Zimmer mit seinem Vetter Heinrich, der bei der Stadt als Kanzleikopist angestellt ist. Heinrich ist beauftragt, seinen berühmten Verwandten zu überwachen.

Wirth verfällt erneut in eine tiefe Schwermut. Dennoch zwingt er sich, gute Miene zum bösen Spiel zu machen. Geburtsort und Elternhaus sind nun sein Gefängnis. Er besucht Freunde und Verwandte und ist – laut Polizeibericht – fast jeden Abend zwischen 17 und 19 Uhr in der »Bürgerressource« bei Bier und Kartenspiel anzutreffen. Er sei außerordentlich wortkarg, verliere kein Wort über seine politischen Anschauungen, lache jedoch hin und wieder über einen Scherz.

»Gleichwohl« schreibt Wirth in *Walderode* über seinen damaligen Zustand, »war seine scheinbare Heiterkeit nur das Werk der gewaltsamsten Anstrengung. Da sah man nun den sonst so heitern, lebensfrohen, begeisterten Mann auf entlegenen Spaziergängen einsam und langsam dahin schleichen – im bleichen Antlitz durch unwillkürliche Zuckungen die innere Qual ausdrückend.«[178]

Bitter vermerkt er, dass auch in Hof die politischen Wetterfahnen herrschen, dass Unterdrückung und Zensur mit schicksalhafter Ergebenheit hingenommen werden und die Menschen sich mit ihrer Ohnmacht abgefunden haben.

» ... nicht genug, daß es immer mehr Überläufer gab, verzweifelten auch die Beständigen, und die Mas-

sen suchten vollends ihr Heil in demütiger Unterwer-
fung unter die Regierung-Gewalten.«

Was Wirth in den Zeitungen liest, stimmt ihn auch
nicht gerade heiter. Da verraten alleruntertänigste Hof-
berichterstatter wie eh und je die Rechte des Volkes.
Und Dichter von Gottes Ungnaden feiern in hymni-
schen Versen irgendeine hochwohlgeborene Prinzessin
von und zu. Doch noch schlimmer ist, was er nicht
liest. Kein Wort von der Freiheit, der Einheit und der
Republik. Als hätte es die *Tribüne,* als hätte es Hambach nie gegeben.

Alte Freunde machen ihm verlockende Angebote.
Er solle seinen Beruf als Anwalt wieder aufnehmen.
Dann könne er sicher bald auch Regina und die Kinder
zurück nach Hof holen.

Und doch, gerade das wäre die Kapitulation, würde
alles sinnlos machen, all seine Kämpfe und die vierjäh-
rige Haft.

»Die Regierungen rechneten ... hauptsächlich auf die
Einschüchterung ihrer Gegner ... Ein wahrer Triumph
mußte es demnach sein, durch Verfolgungen auch die
Volkshäupter zum Zurückziehen in das Privatleben zu
bestimmen. Das gänzliche Verstummen W...s konnte
nun als endliche Entmutigung desselben ausgelegt werden, oder den Glauben erregen, daß die Regierungen in
der längeren Dauer des Gefängnisses ein Mittel haben,
auch die standhaftesten Volksvertreter zum Schweigen
zu bringen: (W.) ... glaubte daher, daß er ... beweisen
müsse, wie wenig selbst ein vierjähriges Gefängnis ...
ihn einzuschüchtern vermöge.«[179]

Noch einmal bäumt er sich auf. Nach wie vor
glaubt er an seine Mission, ist er vom Sieg seiner Sache
überzeugt. Hat er nicht das Welt-, das Sonnen- und

Lichtgesetz gefunden? Auch die Geschichte drängt nach Vervollkommnung.

»Der Entwicklungsgang der Menschheit drängt nach Reife, nach Eintritt der dauernden Zustände der Mündigkeit, Selbstständigkeit, Einsicht ... Wir stehen am Eingange neuer Verhältnisse, an der Eröffnung des tatenreichen, bewegten und schwunghaften Geschichts-Abschnittes der Freiheit und eines würdigen öffentlichen Lebens der Völker.«[180]

Gegen Ende des Jahres steht Wirths Entschluss fest. Er will seinen Zwangsaufenthalt in Hof beenden und den politischen Kampf fortsetzen. Im Dezember verlangt er vom Stadtmagistrat einen Reisepass. Als das abgelehnt wird, erklärt Wirth, dass er sein Versprechen zurücknehme und auch »wider Willen der Regierung demnächst abreisen werde«.

Die Stadtverwaltung trifft daraufhin alle Vorkehrungen, ein Entweichen zu verhindern. Die Überwachung wird verschärft und der Post und allen Lohnkutschern verboten Wirth zu befördern. Die benachbarten Gemeinden in Bayern und Sachsen erhalten Steckbriefe und Signalements des »Zuchtpolizeisträflings Dr. Wirth« mit der Anweisung, ihn bei einem Auftauchen sofort zu verhaften.

Doch Wirth lässt sich Zeit. Sorgfältig bereitet er seine Flucht vor. Endlich, am ersten Weihnachtstag ist es soweit. Nach den polizeilichen Ermittlungen ergibt sich folgender Hergang.

»Am ersten Weihnachtsfeiertag war Dr. Wirth etwas früher denn sonst aufgestanden. Auf die Morgensuppe verzichtete er. Er erklärte ..., daß er seinem Schwager, dem nunmehr im Ruhestand befindlichen Amtmann Werner in Schwarzenbach einen Festtagsbesuch abstatten wolle ... Dr. Wirth trug wie sonst seinen blauen Tuchmantel mit großem Kragen und eine gleichfarbige Kappe ...«[181]

Auch in der Familie schöpft keiner Verdacht. Am 28. Dezember jedoch muss sein Vetter und Zimmergenosse die peinliche Meldung machen, dass der ihm Anvertraute immer noch nicht zurückgekehrt ist. Daraufhin wird Heinrich Wirth aus dem Dienst der Stadt Hof entlassen.

Eine fieberhafte Suche beginnt. Das Zimmer des »flüchtigen Individuums« wird durchsucht. Die Wirte der Gasthöfe und Posthaltereien in den Nachbarorten, die Fuhrleute und Lohnkutscher werden verhört. Vergebens. Nur ein Metzger gibt an, er sei dem Dr. Wirth auf dem Wege nach Unterkotzau begegnet. Er sei mit einem dicken Stock ausgerüstet, ohne zu grüßen, an ihm vorbeimarschiert. Ein Landbursche mit einem weißen Bündel sei einige Schritte vor ihm her gegangen.

Am 29. Dezember 1836 trifft Wirth bei seiner Familie in Weißenburg ein. »Zwei und ein halbes Jahr hatte er von derselben Niemanden gesehen; die Freude der Wiedervereinigung war daher unermeßlich und der einzige Ersatz für lange Trübsale.«[182]

Auch in Weißenburg findet Wirth keine Ruhe. Als die bayerische Regierung den neuen Aufenthaltsort ihres Widersachers erfährt, fürchtet sie Unruhen und fordert den Präfekten von Straßburg zum Einschreiten gegen den politischen Flüchtling auf. Die französische Regierung bittet ihn daraufhin, den grenznahen Bereich zu verlassen. Wirth wählt die lothringische Stadt Nancy als Asyl und siedelt mit seiner Familie im Februar 1837 dorthin über. Nach Nancy zieht ihn die große Bibliothek, in der er ausreichend Quellenmaterial für die geplante »Geschichte der Deutschen« zu finden hofft. Doch dazu kommt es nicht. Erneut erfasst ihn eine schwere Depression. Nahezu fünf Monate ist er wie gelähmt.

Auch Regina und die Kinder leiden unter seiner Schwermut. Nicht immer – so sein Sohn Max – hätten sie die Geduld gehabt, sie stillschweigend zu ertragen. Der ansonsten herzensgute Vater sei in diesen düsteren Stunden äußerst schwierig und gereizt gewesen und habe sich sogar mit seinen besten Freunden überworfen. Man habe seine Schwermutsanfälle zunächst physischen Schmerzen, finanziellen Sorgen, häuslichen Problemen oder der politischen Enttäuschung zugeschrieben und nicht verstanden, dass sich ein so philosophischer Geist so niederwerfen lasse. In solchen Phasen spreche eine innere Stimme zu ihm, dass alles eitel sei, dass das Gute untergehe, das Böse zur Herrschaft komme, dass es überhaupt nicht der Mühe wert sei zu leben.

Doch diesmal findet Wirth ein Rezept, seine Krankheit zu bekämpfen. »Er gab sich der entsetzlichen Krankheit nicht mehr leidend hin, sondern widerstand ihr mit den letzten Überbleibseln von Kraft.«[183]

Im Juli beginnt sein antidepressives Programm. Täglich unternimmt Wirth eine dreistündige Bergwanderung an die Mosel, »um dort in den vortrefflichen Gewässern ein Bad zu nehmen. Nüchtern begab er sich dahin, und ohne etwas zu genießen, kehrte er in der Mittagshitze zurück; Abends hingegen nahm er nur einen Teller Wassersuppe. Drei Wochen setzte er diese sich selbst angerathene Kur ununterbrochen fort, und während die Leibeskräfte zu schwinden schienen, nahmen die geistigen in der dritten Woche beträchtlich zu.« Die täglichen Wanderungen setzt Wirth noch bis in den Herbst fort – dann endlich ist die Krankheit besiegt und er kann mit den Vorarbeiten für seine »Geschichte der Deutschen« beginnen.

Wirths finanzielle Situation jedoch ist in der Zwischenzeit immer bedrückender geworden. Die Einkünfte aus der Assisen-Rede und anderen Schriften fließen immer spärlicher und auch die Zuschüsse und Unterstützungen von politischen Freunden beginnen allmählich zu versiegen. Im Herbst 1837 erhält Wirth aus Zweibrücken eine Geldsendung von 200 Franken mit der Bemerkung, dass dies die letzte sei und er mit weiterer Unterstützung nicht rechnen könne. Andere empfehlen ihm eine Schulmeisterstelle anzunehmen. Dies alles verletzt und kränkt Wirth zutiefst. Vor fünf Jahren noch hatte man ihn als Jupiter und Herkules, als tapferen Ritter, Riesen, als Tribun des Volkes und einen zweiten Luther verehrt und gefeiert – jetzt sieht er sich wie ein lästiger Bettler von der Tür gewiesen. Wieder ist er nahe daran aufzugeben.

Da bietet ihm ein Freund, der Heidelberger Verleger Christian Friedrich Winter an, in seinem Verlag, eine »nichtperiodische Zeitschrift in Heften« herauszugeben. Wirth verschiebt die »Geschichte der Deutschen«, sucht nach Mitarbeitern und beginnt mit der Arbeit an der Zeitschrift *Braga*. Endlich sieht er einen Weg, seine Ideen an der Zensur vorbei in Deutschland zu verbreiten. Und schon kehrt sein alter Kampfesmut zurück.

»Und wenn die Gewißheit ewigen Unsinnes des Lebens und ewiger Sklaverei des Menschen mit ehernen Buchstaben an undurchdringliche Wände geschrieben wäre, so wollte ich mir doch lieber die Stirne gegen sie ankämpfend einstoßen, als in unwürdiger Weichlichkeit über die Übel der Zeit und die Erfolglosigkeit alles bessern Strebens winseln und jammern. Freiheit ist nicht bestimmt für Schwächlinge, sondern für kühne, kräftige Geister, sie will nicht erbettelt, sondern errungen sein. Klagt also nicht das Schicksal an, wenn die Gegenwart kalt und trostlos ist, klagt euch selbst an, eure innere Versunkenheit, euren Mangel an Kraft, Willen und Ausdauer.«[184]

Nationalwürde

Amalie oder *Die Priesterin der Freiheit*

Welch unendlich erhabenes Schauspiel ... wäre doch ein einheitliches deutsches Nationalleben, mit einem majestätischen Reichsparlament, Geschworenengericht, öffentlicher Rechtspflege, Preßfreiheit, Associationsrecht und Volksversammlungen, kurz mit allen Institutionen wirklicher Volksfreiheit.

Im Januar 1838 kündigt die Heidelberger Akademische Verlagshandlung C. F. Winter das Erscheinen einer neuen Zeitschrift an: *Braga. Vaterländische Blätter für Kunst und Wissenschaft.* In »jeder guten Buchhandlung« könne man Bestellungen aufgeben. Die jährlich geplanten Hefte, jedes acht bis zehn Bogen stark, haben sich hohe Ziele gesetzt: »Wissenschaft und Kunst in ihrer Verbindung zum Leben aufzufassen«, »die genetischen Unterschiede der Menschenstämme festzustellen« und schließlich »für den literarischen Ruhm unseres Volkes und für die großen Zwecke der Menschheit zu wirken«. Autoren, Herausgeber und Redakteure werden nicht genannt. Statt dessen wird mysteriös auf »Stifter« und die »geistigen Kräfte mehrerer Freunde« hingewiesen. Eingeweihte scheinen zu wissen, wer gemeint ist, für die anderen dürfte zumindest klar sein, dass es sich um nicht genannt sein dürfende, weil im Deutschen Bund verbotene Autoren handelt. Merkwürdig und rätselhaft ist die Zeitschrift auch heute noch.

Braga – ein germanischer Dichtergott – gibt dem Periodikum Namen, Programm und Gepräge: Literaturkritische Aufsätze, historische Essays, kulturgeschichtliche Erörterungen, astronomische Theorien, aber auch Gedichte und Dramenfragmente umkreisen vor allem den einen spekulativen Punkt: Die »Teutschen« seien nunmehr aufgrund ihrer »Bildung und Bildungsfähigkeit« dazu bereit und berufen, nicht nur kulturell, sondern auch politisch eine führende Rolle in der Gemeinschaft der Völker zu übernehmen. Angeblich sei das sogar ein Naturgesetz: nach Phöniziern, Griechen, Römern, Spaniern, Engländern und Franzosen seien demnächst – auf einer höheren Kulturstufe – die »germanischen Stämme« an der Reihe. Hermann der Cherusker, Widukind und Martin Luther werden als Heldengestalten und Vorbilder einer künftigen wahren Revolution gegen die Übermacht der Kirche und der Tyrannen, für Freiheit und »Nationalwürde« gepriesen, der Sieg der republikanischen Sache wird als »naturgesetzlich« und »unvermeidbar« prophezeit.

Aufgrund seiner kulturellen Begabungen und seiner Friedfertigkeit habe das rechtswidrig von den Fürsten zerrissene, zu kurz gekommene, verkannte und benachteiligte Deutschland Anspruch auf eine Führungsrolle in Europa. Die Zeitschrift wolle den Nachweis für den hervorragenden Rang der deutschen Dichtung, Kultur, Wissenschaft und Politik liefern.

Schon damals dürfte sich mancher Käufer der Zeitschrift über den schwärmerischen Ton gewundert haben. Politische Freiheitsideen vermischt mit Astronomie, germanischer Mythologie, die Republik im altdeutschen Gewande. Mummenschanz oder Tarnung?

Johann Georg August Wirth, den wir an seinen in den »Fragmenten zur Culturgeschichte« dargelegten Theorien wiedererkennen, ist der Verfasser der meisten Beiträge.

Neu ist vor allem die stetige Betonung der »Nationalwürde«. Dem nationalen Minderwertigkeitskomplex vieler Zeitgenossen setzt Wirth eine kaum noch erträgliche *Deutschland über alles* – Überheblichkeit entgegen. Trotzdem versucht der Lessing- und Herder-Verehrer immer wieder, seinen »ächten Patriotismus« gegen die turnväterliche Germanomanie der Wartburgzeit abzugrenzen:

»Nicht freilich jener Patriotismus soll erstrebt werden, der kein anderes Volk neben sich gelten lässt, nichts von ihm lernen zu können wähnt, sondern sich in grimmigem Hasse von ihm wegwendet; auch nicht jener Patriotismus, der in seinem Vaterlande nichts, denn Vortreffliches, sieht und Alles schon deswegen loben zu müßen glaubt, weil es deutsch ist – sondern jener Patriotismus, welcher, Alles von seinem Volke hoffend, aber Törichtes und Schlechtes mit Strenge rügend, es zu jener Vollkommenheit zu erheben strebt, die es nach seiner volkstümlichem Entwicklung zu erreichen im Stande ist ...«[185]

Wirths Rückzug in den »Patriotismus« verwirrt viele seiner Anhänger. Auf die offenbar einsetzende massive Kritik entgegnet er, dass er lediglich ein deutsches Nationalbewusstsein wieder erwecken wolle, aber keinen »die übrigen Völker negierenden oder feindselig entgegentretenden Patriotismus«. Man werde sehen, »daß unser Patriotismus zugleich die Idee der Menschheit in sich einschließt«. Das neue Europa sieht er als ein Europa der Nationen, der »verschiedenen Volksthümlichkeiten«. Diese gelte es zu pflegen: »Gerade dadurch, daß jede Nation als eine solche sich auslebt und ausbildet, wird Mannichfaltigkeit in die europäische Völkerfamilie kommen: während wenn die Eigentümlichkeit der verschiedenen Völker abgestreift wäre, wir vor Langeweile bald vergehen müßten.«[186]

Die jahrelange Haftzeit hat Wirth verändert. Der aufrührerische Kämpfer von München, Homburg, Hambach und Landau scheint zu den Esoterikern, Wunschträumern und Wunderheilern übergelaufen zu sein. Was früher klar und kritisch war, klingt jetzt schwärmerisch und vage, widersprüchlich und missverständlich.

Andererseits ist der Rückzug ins Mittelalter sicher zu einem Gutteil auch Schutz und Tarnung. Die Zeitschrift soll schließlich in den deutschen Staaten verkauft werden. Ein direktes Aussprechen demokratischer und nationaler Forderungen ist dem anonymen Herausgeber nicht erlaubt. Wirths Spekulieren über *Deutschlands künftigen Beruf* bewegt sich ohnehin hart an der Grenze des im Deutschen Bund Erlaubten. Wirth selbst räumt später ein, dass er im *Braga* den *eigentlichen Sinn* oft habe in »einer mehr oder weniger versteckten Bildersprache« verbergen müssen – »in Berücksichtigung der Zeitumstände und der Verhältnisse der periodischen Presse«.[187]

Um die *Braga* gibt es ein Geheimnis. Wirth erzählt in *Walderode,* dass er die Zeitschrift vor allem auch zur »Erwerbung des notdürftigen Unterhalts« herausgegeben habe. Das Unternehmen sei durchaus lohnend gewesen. Die Geldzusendungen des Verlegers seien von Heft zu Heft angestiegen, doch im Frühjahr 1839 habe ihn die schreckliche Nachricht vom »plötzlichen Tode des edelsten Wesens« den »härtesten Schlag« versetzt.

Verbunden mit dem schmerzhaften Verlust erfährt Wirth, dass *Braga* keineswegs vielgelesen gewesen war, sondern nahezu eine Zeitschrift unter Ausschluss der Öffentlichkeit war, finanziert von eben diesem »edelsten Wesen«. Um dem Freund die »Pein der Schenkung« zu nehmen, seien die »Gaben« als die »sehr hohen Honorare« an ihn weitergeleitet worden. Diese Enthüllung lässt seine mühsam wieder gewonnene Hochstimmung ins Bodenlose sinken und stürzt ihn in tiefe Verzweiflung. »Bis in den Sommer 1839 wühlte der Schmerz lautlos, zur Untätigkeit verurteilend ...«[188]

Die Frage, wer nun eigentlich der mysteriöse Mäzen gewesen ist, der Wirth und seine Familie auf »eine großmütige und feine Weise« zwei Jahre lang das Überleben ermöglichte, lässt sich mittlerweile schlüssig beantworten. Als heimlicher Sponsor wirkte nicht der Verleger, sondern jene »hohe Frau«, deren Monogramm auf der goldenen Taschenuhr eingraviert ist, die Wirth zum dritten Jahrestag des Hambacher Festes im Gefängnis als Geschenk erhielt. Wirth gibt damit selbst einen deutlichen Hinweis auf das »edelste Wesen«. Er zitiert die Gravur annähernd, die sich auf der Rückseite der Uhr befindet:

»Dir

um der Wahrheit willen verfolgten reinen Vaterlandes Freund,

J.G.A.W.

zum Andenken

mit Liebe und Verehrung

von

C.F.W. und A. L...e,

am 27. Mai 1835.«[189]

Die goldene Uhr von Wirth, ein Geschenk zum 27. Mai 1835 (Jahrestag des Hambacher Festes). Französischer Herkunft. Die Uhr wurde Wirth während seiner Haft in Kaiserslautern übergeben.

Während C.F.W. den Namen des *Braga*-Verlegers Christian Friedrich Winter abkürzt, verweist A. L...e auf jene Amalie, die eine zentrale Rolle in der Novelle *Walderode* spielt.

Dass Amalie eine reale Gestalt war, wird durch eine handschriftliche Notiz im Familienexemplar bestätigt: A. L ...e (= Amalie Lemmé)[190].

Inzwischen ist es Peter Koppenhöfer in einer biographischen Skizze über den Heidelberger Schriftsteller Johann Georg Deeg (1814-1846) gelungen, Näheres über den *Braga,* Amalie und ihr Verhältnis zu Wirth herauszufinden. Deeg war Mitarbeiter, entfernter Verwandter und Vertrauter Wirths.

Die Gravur auf Wirths goldener Taschenuhr zeige nämlich nicht die in *Walderode* erwähnte Abkürzung A. L...e, sondern A. L. F. *(Vgl. Abbildung).* Das *F.* stehe für *Fecht,* ihren Geburtsnamen. Amalie Fecht, geboren 1804, hatte als 19-jährige den Frankfurter Kaufmann Franz Lemmé geheiratet, war seit 1828 verwitwet und verkehrte in freiheitsliebenden und oppositionellen Kreisen um Christian Friedrich Winter, ermittelte Koppenhöfer.

Damit deutet alles darauf hin, dass Amalie Lemmé als das »edelste Wesen« dem Freund und seinen patriotischen Ideen zuliebe heimlich die Geister-Zeitschrift *Braga* finanzierte. Es hat sicher seine Gründe, dass Wirth die »nicht unvermögende hohe Dame« in seinen biographischen Schriften nur verrätselt in Erscheinung treten lässt.

Wirth scheint die früh verwitwete Amalie Lemmé 1830 in der fränkischen Schweiz kennen gelernt zu haben. Sie korrespondiert 1831 und 1832 (Brief »Amalie an Walderode«) mit ihm über die liberale Entwicklung in Baden und nimmt regen Anteil an seinem politischen Kampf. Auch das Hambacher Fest und den Landauer Prozess hat sie besucht und dürfte auch jene »hohe Dame« gewesen sein, die ihrem Freund nach sei-

ner großen Rede Blumen und das Gedicht »An Wirth«
(»Ein anderer Luther hast du heut geredet ...«) ins
Gefängnis schickte.[191]

Wirth hat seiner wohlhabenden Gönnerin in *Walderode* ein Denkmal gesetzt. Die Schilderung der ersten
Begegnung ist auch deshalb von Interesse, weil sie 1845
– literarisch verklärt – einen Einblick in das politische
Glaubensbekenntnis des späten Wirth vermittelt.

Auf Einladung des Grafen Ehrenberg besucht der
junge Rechtsgelehrte Walderode/Wirth um 1830 die
Burg Wildenau in der Fränkischen Schweiz und gerät
dort in einen Kreis adliger Schwärmer, die sich die alten
Reichszustände zurückwünschen.

»›Ach hätten wir nur Kaiser und Reich wieder!‹
seufzte traurig der junge Rechtsgelehrte, ›nur fortgebil-
det nach den Bedürfnissen höherer Kulturzustände!‹«

Die erlauchte Gesellschaft teilt erstaunlicherweise
seine Freiheits- und Vaterlandsliebe und verficht in
wechselnden Rollen widerspruchslos die gesamte
Wirth'sche Ideologie. Höhepunkt aber ist das Erscheinen der Gräfin Emilie und ihrer Freundin, einer jungen
Witwe aus dem Rheinland:

«Amalie L***e, damals erst 26 Jahre alt und in der
Entwicklung Ihrer vollen Anmut, war eine der edelsten
Gestalten, die jemals auf den Fluren unseres Vaterlan-
des wandelten.«

Obgleich der Autor ansonsten keine romantisch-
märchenhafte Ausschmückung scheut, um ein hohes
Mittelalter heraufzubeschwören, betont er ausgerechnet bei ihrem Erscheinen die »gewissenhafte Treue«,
den »geschichtlichen Boden« und die »einfache,
schlichte Wahrheit« seiner Darstellung. Er wolle als
Geschichtsschreiber »aus Ehrfurcht vor menschlicher

Auszeichnung« als »Organ der Dankbarkeit« der großen Dahingeschiedenen ein Denkmal setzen.

Noch schlanker und zarter als die Gräfin – so Wirth über die erste Begegnung – schien sie »im Gang den Boden kaum zu berühren, und doch drückte er eine Hoheit aus, welche an die edlere Bedeutung des Wortes ›majestätisch‹ erinnert. Das Antlitz war vollends so ausdrucksvoll, und so edel geformt, daß man ein Urbild der Schönheit vor sich zu haben wähnte ... Amalie L***e, überaus reich, hatte nach dem frühen Verlust ihres Gemahles keine andere Verbindung wieder eingehen wollen und außer der Zärtlichkeit für ihren einzigen geliebten Sohn ihre reiche Brust nur noch Einem Gefühle öffnen wollen, groß genug freilich, sie zu füllen ... *der Liebe zum Vaterland!*«[192]

Die Gesellschaft ist sich rasch einig, dass die alten Reichsverfassungen, in Bezug auf die Gerichtsbarkeit, die Volksselbstständigkeit, die Reichstage, das Wahlkaisertum und die Verantwortlichkeit der Fürsten und Kaiser allemal besser und im Keime demokratischer gewesen seien, als die derzeitigen absolutistischen Relikte der Königreiche und Fürstentümer. Eine konsequente Weiterentwicklung der damals noch »naiven« Reichszustände würde zu einem demokratisch verfassten Staatswesen führen mit einem Präsidenten oder einem gewählten, dem Volke verantwortlichen »Kaiser«.

Und jetzt geht es Schlag auf Schlag: Amalie als »Priesterin der Freiheit« fordert die »Mitwirkung der öffentlichen Vernunft in der Führung der Staatsgeschäfte« und »eine verständig und gerecht geordnete Volksvertretung«.

Der Freiherr von Rotenfels schließt sich an und macht sich für die Öffentlichkeit der Rechtspflege stark: »Wiederherstellung der Öffentlichkeit des Gerichtsverfahrens vor allem Volk, ist darum eine zweite Anforderung an wahre Staatsweisheit.«

Freiherr von Wiesenthau – die Namen scheinen eher der Kolportage als dem Gotha zu entstammen – ergänzt, dass darüber hinaus auch das Urteil durch das Volk, das Geschworenen-Gericht, »zum öffentlichen Leben der Nation unerlässlich« sei: »Volkes-Stimme, Gottes-Stimme.«

Daraufhin meldet sich Graf Ehrenberg mit einem »vierten, dringenden Bedürfnis« zu Wort. Er – ebenfalls ein Sprachrohr Wirths – fordert die Freiheit der Rede und der Schrift. »Die Presse ist das Organ der Völker, wie die Zunge das Sprachorgan des Menschen: wer nicht sprechen kann, ist höherer, geistiger Bildung unfähig ... Den Völkern den freien Gebrauch ihres Sprachorgans verbieten, ... ist gerade so viel, als dem Einzelnen den Gebrauch seiner Zunge zu verbieten ... Ja, der Eingriff in das natürliche, notwendige und angeborene Recht der freien öffentlichen Erörterung ist noch heilloser, weil durch die Lähmung des Sprachorgans eines einzelnen nur einer, durch Vernichtung des Sprachorgans der Völker, der freien Presse, aber eine ganze Nation zu Grunde gerichtet wird ... Nicht umsonst ist die Censur eine Erfindung der Päpste!«

Die Gräfin Emilie dagegen fühlt sich vor allem durch die deutsche Kleinstaaterei »beleidigt«. Sie beklagt im Vergleich mit England das »verkrüppelte« Deutschland, den »Mangel an Würde« und Wirth/Walderode pflichtet ihr bei:

»Edle Gräfin, ... Sie berühren die Wunde scharf und unmittelbar. Ohne die Reichseinheit Deutschlands gibt es keine Würde der öffentlichen Verhältnisse, und ohne diese hätte selbst die Freiheit keinen Wert! ... Deutsche Reichseinheit! Das ist die Idee, welche die Seele schwellt und hebt: sie ist mein Heiligtum und schon das Aussprechen des Wortes erregt mir stets stolze und erhabene Gefühle!«

Zum krönenden Abschluss kommt es zum Duett zwischen Wirth/Walderode und Amalie, das den Gleichklang ihrer Gefühle und Gedanken zeigt. Wirth entwickelt seine Vision von der zu weckenden Nationalwürde. Im Kampf gegen Napoleon habe sich 1813 der freie »kühn aufstrebende Volksgeist« der Tyrannenmacht gegenüber als siegreich erwiesen. Nur in »freien Institutionen, nur auf der Grundlage der Volksfreiheit« könne sich daher eine Nation zu wahrer Größe entfalten: »›Wir Deutsche stehen aber in der Entwicklung des Nationalgeistes ... ungemein zurück, und es wird wahrlich Zeit, uns zu ermuntern, den anderen Nationen in ihrem schönen Wetteifer zu folgen ...‹

›Wie wahr, wie unendlich wahr‹, sprach Amalie mit begeisterter melodischer Stimme. ›Die Geschichte lehrt dies deutlich, immer waren die Völker um so sittlich besser, tugendhafter und milder, je freier sie waren ... – Ein junges Geschlecht reift heran, getragen von glühender, begeisterter Kraft für Geltendmachung der menschlichen Würde, der Selbstständigkeit, der Freiheit der Völker ... Dann wird die Brust, in der die Liebe zum Vaterlande wohnt, nicht mehr verstummen, sondern der beredte Mund überströmen, ... das Nationalgefühl wecken und alle Beßern zu großen Entschlüßen ermuntern!‹

Amalie hatte sich in ihrem schönen Enthusiasmus bewußtlos vom Sitze erhoben, und die übrige Gesellschaft das Beispiel unwillkürlich befolgt. Als alle Blicke mit Entzücken auf der Rednerin hingen, als die Begeisterung allgemein war, sprach Walderode:

›Sie schildern *Nationalwürde,* edle Frau! Und zeigen uns zugleich den Weg dazu. Ja, so ist es, wie der Genius Ihnen eingab, den schlummernden Geist des Volkes müssen wir wecken!‹«

Schwärmerisch nähert sich der Diskurs seinem Höhepunkt: »›Seht ihr das kühne, stolz, hochaufgerichtete Volk, das nicht stumm, bleich, gebeugt und furchtsam dahinschleicht, sondern, mit heiterem, edlen, freien, klaren Antlitz einhertritt, seinen Wert fühlt, seine Rechte kennt und sie hochschätzt; seht ihr das Volk, wie es für die Freiheit, die Menschenwürde, die großen Zwecke unsres Geschlechts erglüht, wie es andern Nationen gegenüber, den Schwachen schirmt und den übermütigen Mächtigen bekämpft ...

Wenn ihr das sehet, so geht hin und saget: ich habe gefunden, was ich suchte, ... denn ich habe ein Volk in seiner Nationalwürde gesehen!‹

Ein leises Murmeln des Beifalles durchlief mit Feierlichkeit die Reihen der Gesellschaft. Amalie dagegen trat mit Hoheit vor Walderode, und erhob das leuchtende, fast verklärte Antlitz sprachlos gegen ihn. Dann senkte sie das Haupt, presste mit beiden Händen die Brust, und stammelte mit einer Demut, die unendlich rührend war:

› ...Weg mit jedem Versuch des Dankes! Hier steht er, hier wird er ewig stehen! Doch bei der Heiligkeit des Augenblickes Gewährung einer Bitte! Wenden Sie die Gabe der Beredsamkeit nie anders, denn für Freiheit und Volkswürde an ... Werden Sie der Hort, der starke Held meines Volkes! Und wenn die Mächtigen Ihnen ihre Reichtümer und Ehrenstellen zeigen, so hüllen Sie sich in die Größe Ihrer Grundsätze und bleiben Sie der treue Freund des Volkes ...

Wenn die Schwachen wanken, fliehen, verzweifeln, so harren Sie aus im Widerstande, wie im felsenfesten Vertrauen und wenn endlich alle Ideale in dem höchsten Unglück ... erlöschen wollen, ach! So erinnern Sie sich, daß Grundsätze über Zeit und Menschen erhaben sind.‹«

Ob Amalie Lemmé als reale Entsprechung der poetisch überhöhten »edlen frouwe« Johann Georg August Wirth tatsächlich in der geschilderten Weise zum Volkstribun, Redner und Vaterlandserwecker entflammte, klingt wohl doch ein wenig zu schön, um wahr zu sein. Doch sie spielte in der Demokratiebewegung zweifellos eine überragende Rolle. Und Wirth hat ihr allerdings auch aus einem anderen Grund dieses literarische Denkmal gesetzt.

Die Frage, ob Amalie mehr als eine rein platonisch Geliebte war, scheint mittlerweile geklärt zu sein. 1838 brachte Amalie bei ihrer Schwester in der Schweiz einen Sohn zur Welt, der in Wirths Straßburger Wohnung auf den Namen Adolf Angelo getauft wurde und in die Pflege einer Schweizer Arztfamilie übergeben wurde. Das »merkwürdige Arrangement«, so Peter Koppenhöfer, deute darauf hin, dass Wirth der Vater des unehelichen Kindes sei. Kurz nach dieser mysteriösen Taufe, Anfang 1839, ist Amalie gestorben, der Sohn wurde von ihrer Schwester übernommen und aufgezogen.[193]

In jener Zeit der Tarnung und Verstellung hat Wirth mehrere Gesichter. Seit Ende 1838 lebt er in Straßburg, angeblich, weil er von dort aus mehr für die Zeitschrift *Braga* tun könne. Über diese Zeit ist wenig bekannt. Allerdings: In Straßburg leben viele Mitstreiter und Freunde aus der Hambacher Zeit.

Metternichs Spitzel meinen, dass alles unter Kontrolle sei. Die Radikalen seien jetzt gemäßigt oder resigniert. Doch ganz scheint das nicht zu stimmen. Insgeheim werden durchaus noch Beziehungen zu den geheimen Nachfolgeorganisationen des Preßvereins und des Reformvereins, wie dem *Bund der Geächteten* gepflegt. Über Deckadressen hat Wirth Kontakt mit alten Hambacher Kampfgefährten wie Georg Fein, Jakob Venedey und Hermann von Rauschenplatt.

Für den Februar 1839 jedenfalls ist belegt, dass Wirth für die Aufstellung von »deutschen Corps« in Frankreich und der Schweiz wirbt, die zum Einfall nach Deutschland gerüstet sein sollen.

In dieser Zeit herrscht wegen der belgisch-holländischen Frage Kriegsstimmung in Europa. Belgien weigert sich, Luxemburg und Limburg an Holland abzutreten, wie dies die Großmächte beschlossen haben. Eine Zeitlang sieht es so aus, als würde es zu einem Krieg gegen Preußen und Österreich kommen. Mit der politischen Krise verknüpfen sich Aufstandshoffnungen der Opposition. Und Wirth ist daran nicht unwesentlich beteiligt, wie ein Brief an Jakob Venedey in Paris belegt:

»Straßburg, 18. Hornung 1839

Lieber Venedey!

Wahrscheinlich wird von Belgien Widerstand geleistet und es kommt also vermutlich zu dem längst gehofften gänzlichen Umschwunge der Dinge. Rauschenplatt und ich sind schon seit mehreren Wochen tätig, zur Aufstellung eines deutschen Corps im Luxemburgischen Vorbereitungen zu treffen. Aufforderungen zur Anwerbung von Mannschaften sind mehrfach und dringend in alle Gegenden Deutschlands und an mehrere Orte der Schweiz und auch im Elsaß ergangen. Was bereit ist, wird auf das erste Zeichen aufbrechen und durch Mitwirken der Metzer Patrioten von Metz aus ins Luxemburgische geschafft werden. Rauschenplatt, welcher seit 6 Wochen in Brüssel ist, hat von dort aus mehrmals nach Paris geschrieben, aber keine Antwort erhalten. Bieten Sie doch alle Kräfte auf, daß die deutschen Handwerker in Paris und alles, was von unseren patriotischen Landsleuten dort zur Teilnahme an dem Kampfe bereit ist, nach dem Luxemburgischen abgesandt wird, sobald das Zeichen von dort aus gegeben wird ... Seien Sie aus allen Kräften tätig. Wenn es zum Schlagen kommt, ist der gegenwärtige Zeitpunkt äußerst wichtig und es hängt davon die ganze Zukunft unseres Vaterlandes ab. Bieten Sie daher alle Kräfte auf und setzen Sie sich auch mit Rauschenplatt sogleich in direkte Verbindung. Antworten Sie mir gefälligst schleunigst, wie die Stimmung unserer Landsleute in Paris ist, und wie viele von ihnen an dem Kampfe, wenn er ausbricht, Anteil nehmen werden. Die Briefe an mich versehen Sie mit einem Couvert an Herrn Buchdrucker Schuler in Straßburg. Schleuniger Antwort entgegensehend

Ihr August Wirth.«[194]

Dieser Brief aus dem Nachlass Venedeys wirft ein völlig anderes Licht auf Wirth in seiner Nach-Hambacher Zeit als alle bisherigen Darstellungen. Er zeigt, dass man seine »maßvollen«, resignativen schriftlichen

Veröffentlichungen immer auch als unter dem Druck von Reaktion, Bespitzelung und Zensur getarnte sehen muss. Auch wenn Wirth den Sieg der Republik in den Schriften dieser Periode für ein unausweichliches Naturgesetz hält, scheint er doch, nach wie vor, auch selbst am Rad der Geschichte mitdrehen zu wollen. Über Wirths geheimbündlerischen Kontakte und Aktivitäten in der Zeit nach seiner Haft bestehen derzeit noch große Forschungslücken.

Napoleons Gebeine
kehren nach Europa zurück

1840 – Die Rheinkrise

Alles hat seine Schranke, auch das Rückschreiten: mor-
gen wendet sich der Gang der Dinge, die Zeit der Prü-
fung nähert sich ihrem Ende und die bessere Richtung
erhebt sich mit siegreicher Macht ...
Darum getrost! Von unserem sittlichen Werte, nicht
von dem Widerstande, von uns, von uns allein hängt
der Ausgang der Kämpfe der Zeit ab.

Im September 1839 – sechs Jahre nach seiner
Verteidigungsrede vor dem Landauer Geschworenengericht, tritt Johann Georg August Wirth erneut als
politischer Publizist an eine breitere Öffentlichkeit.
Ihm wird die Redaktion der *Deutschen Volkshalle*
angetragen. Herausgeber der fünfmal in der Woche
erscheinenden Zeitung ist der Konstanzer Oberge-
richtsadvokat Ignaz Vanotti[195], ein leidenschaftlicher
Anhänger der Republik. Vor mehr als einem Jahr hatte
er sein Journal zunächst als *Leuchtthurm* unter der Leitung von Heinrich Elsner erscheinen lassen. Von dem
neu engagierten Redakteur verspricht sich Vanotti ein
deutlicheres Profil und eine Auflagensteigerung des
Blattes.

Die *Deutsche Volkshalle* verdankt ihr Erscheinen
nicht nur den finanziellen Opfern und dem verlegeri-
schen Geschick des Herausgebers, sondern vor allem

einer Lockerung der Zensur, die sich im Großherzogtum Baden bereits im Sommer 1839 abgezeichnet
hat.[196]

Den Druckort hat Vanotti vorsichtshalber von Konstanz aus an das Schweizer Ufer des Bodensees verlegt.
Hier, in Emmishofen, weiß er seine Zeitung vor dem
Zugriff der badischen Polizei sicher. Dennoch will er
vor allem nach Süddeutschland hin wirken und verkaufen. Deshalb unterstellt er – für den Postversand
in die deutschen Staaten – die *Volkshalle* der Zensur.
Und das Karlsruher Innenministerium muss eigens für
die *Volkshalle* einen Zensor verpflichten, den Rechtsas-
sessor Dr. Adolf Schütt, der das Streichen unliebsamer
Artikel und bisweilen auch die Beschlagnahmung ganzer Ausgaben zu besorgen hat. »Der arme Dr. Wirth«
– so berichtet ein Zeitgenosse – sei Tag für Tag vor
allem damit beschäftigt, mit dem Zensor, dem »Gän-
sekiel von Konstanz«, um die Veröffentlichung seines
Leitartikels zu ringen, »der aber wenigstens 3mal in
der Woche gestrichen wird.«[197]

Vanottis Rechnung geht auf. Unter Wirths Leitung
erlangt die *Volkshalle* rasch die erhoffte überregionale
Bedeutung. Sie wird ebenso in Straßburg und Paris wie
in den Schweizer Handwerkervereinen gelesen.

In der ersten Nummer formuliert Wirth sein redak-
tionelles Programm:

»Hörtet ihr den Flügelschlag, welcher mächtig
Europa durchrauschte? Sahet ihr den blendenden
Glanz, welcher für einen kurzen Augenblick die stau-
nende Welt erfüllte? Es war der erwachende Geist
des Jahrhunderts, Freiheit der Gedanken, Größe und
Würde des Vaterlandes. Lange war das erhebende
Gefühl der Liebe zum Vaterlande zurückgedrängt,

lange das Bewußtsein der Nationalwürde erloschen; aber es erwacht wieder glühender und mächtiger als jemals. Dieses Bewußtsein zu verbreiten, zu stärken, zu veredeln, ist unser größtes, unser dringendstes Bedürfnis.«[198]

Die *Volkshalle* wird erstaunlich rasch zu einem anerkannten Diskussionsforum der Opposition mit Ausstrahlung nach Frankreich und in die Schweiz – politische Flüchtlinge und deutsche »Gastarbeiter« in Paris, Brüssel, Straßburg und Handwerkervereine in der Schweiz zählen zu den Abonnenten. Wirth gestaltet seine Zeitung nach bewährtem Muster. Zwischen den Zeilen oder in die für die Schweiz bisweilen gesondert gedruckten Ausgaben versucht er immer wieder, die eigenen alten Forderungen nach nationaler Repräsentanz, Pressefreiheit und Souveränität des Volkes zu schmuggeln. Sein Zensor allerdings erweist sich als unbestechlich. Immer öfter fehlen – wie in Wirths Münchener Zeit – ganze Absätze und Spalten. Doch während die Meinungsäußerungen zu deutschen Zuständen den Zensurstrichen ausgesetzt sind, kann Wirth relativ unbehelligt aus englischen, französischen und schweizerischen Zeitungen zitieren und seinen geknebelten Landsleuten tagtäglich Bespiele wahrer Pressefreiheit bieten. Einer seiner Grundsätze lautet:

»Aus dem Zweifel entspringt die Überzeugung, aus dem Widerspruch die Erörterung, aus dieser die Wahrheit, die Einsicht: Widerspruch und Zweifel sind daher auch im öffentlichen Leben der Völker heilsam, notwendig, und dieser Satz ist so wahr, daß ein aufgeklärter englischer Staatsmann ausrief: ›Wenn es keine *Opposition* gegen mich gäbe, so müßte ich eine solche schaffen.‹«[199]

Passagen aus dem *Morning Chronicle, The Standard,* dem *National* und dem *Moniteur* sollen zeigen, dass anderswo das Denken frei und die Politik in Bewegung ist. Eher als in irgendeiner anderen deutschen Zeitung finden sich in der *Volkshalle* Artikel, in denen auch die wachsenden gesellschaftlichen Widersprüche zur Kenntnis genommen werden.

Zum ersten Mal werden die utopischen Sozialisten Fourier, St. Simon, Owen, Lammenais, der Babouvismus, Malthus, die Chartisten einer breiteren Öffentlichkeit bekannt gemacht. Auch wenn Wirth den meisten sozialistischen Entwürfen kritisch gegenüber steht, weckt er durch Abdrucke und Besprechungen Gespür für die Notwendigkeit sozialer Veränderungen. Somit hat er noch vor dem Auftreten Weitlings großen Einfluss auf die Organisationen deutscher Wanderarbeiter in der Schweiz.

Für den Neubeginn wird auch ein junger Literat gewonnen, der abgesehen von ein paar Theaterkritiken und Gelegenheitsgedichten eigentlich noch ein unbeschriebenes Blatt ist. Elsner vermittelt einen frisch geflüchteten Stuttgarter Deserteur an die *Volkshalle:* Georg Herwegh. Gerade erst hat sich der 21-jährige vor dem königlich-württembergischen Militärdienst ins Schweizer Exil gerettet und benötigt dringend einen Broterwerb.

Herwegh ist ein glühender Bewunderer Wirths. Schon in der Maulbronner Seminarzeit war Wirth für ihn ein Leitbild. Einer, der etwas riskiert hat und dafür ins Gefängnis gegangen war. Schon als Schüler hatte er die Hambacher Festbeschreibung heimlich unter der Bank gelesen. Herwegh verehrt Wirth als Volks- und Vaterlandserwecker. In einem Brief an seinen Freund, den Schauspieler Wilhelm Gerstel, schwärmt Herwegh, dass er sich nunmehr »in der Gesellschaft der besten Menschen« befinde.

Vom 1. September 1839 an arbeiten beide zusammen. Während der zwanzig Jahre ältere Wirth die politische Leitung hat, übernimmt Herwegh den »Kritischen Teil« der *Volkshalle*. Beide schreiben zunächst anonym.[200] Für die meisten Leser, den Zensor und die politischen Spitzel allerdings ist es kein Geheimnis, dass ein Wechsel stattgefunden hat, dass ein aus Bayern flüchtiger Hochverräter und ein steckbrieflich gesuchter Fahnenflüchtiger die neue Zeitung machen.

Metternichs geheimes Mainzer Informationsbüro – das M. I. B. – seit den Karlsbader Beschlüssen eine nicht nur in Deutschland gefürchtete politische Geheimpolizei, wurde nach dem Hambacher Fest zur Überwachung der Demokraten neu belebt. Selbstverständlich werden auch in der Schweiz die besten Agenten auf die beiden Redakteure angesetzt. »Preßfragen« nämlich sind für Metternich seit 1832 die »allerwürdigsten«. Ganz zu Recht, so meint er, würden Revolutionäre die Pressefreiheit »über alles stellen und behaupten, daß in ihr alles Heil liege«[201]. Dementsprechend lässt der Staatskanzler seinen alten Widersacher nicht nur von den regionalen Konfidenten bespitzeln, sondern auch von speziellen M. I. B.-Agenten, von Literaten und Publizisten, die bisweilen sogar zum engstem Freundeskreis gehören.

So zitiert beispielsweise der Journalist Hermann Friedrich Georg Ebner, der zeitweise auch Gutzkow, Freiligrath und Karl Marx überwacht, bereits am 5. November 1839 aus Wirths Briefen, dass dieser sich heftig über die Konstanzer Zensurverhältnisse beschwert habe.[202] Über die *Volkshalle* meldet er via Mainz nach Wien, dass sie »antifranzösisch« sei und versuche, »den deutschen Patriotismus von 1813 mit den revolutionären Tendenzen der Jetztzeit zu verweben«. Das Blatt gewinne selbst in Norddeutschland immer mehr Einfluss. Und Anfang 1841 schließlich schreibt Ebner, dass man sich in oppositionellen Kreisen wundere, warum gegen diese durch und durch demokratische Zeitschrift in Deutschland noch kein Verbot ergangen sei. Was dann wenig später auch geschehen wird.

Auch nach dem Ende der *Volkshalle* observiert das M. I. B. weiter. Selbst der Freund und Mitstreiter aus der Hambacher Zeit, Dr. Franz Strohmeyer, liefert jahrelang eingehende Spitzelberichte nach Wien. Als Wirth 1846 plant, eine neue Zeitung herauszugeben, wird Metternich regelmäßig informiert. Und als Wirth, um die notwendigen Vorbereitungen – Aufbau eines Korrespondentennetzes, Vertrieb, Schmuggel – zu treffen, eine Reise durch Süddeutschland unternimmt, ist Strohmeyer, finanziert mit Mitteln des Wiener Polizeifonds, sein ständiger Begleiter.[203]

Ebenso erfreut sich auch Herwegh während und nach seiner Volkshallenzeit – ob in Zürich, Genf, Paris oder Berlin ständiger Beobachtung durch M. I. B.-Spitzel. Metternichs Agenten arbeiten europaweit.

Der junge Literat, der Wirth zur Seite steht, ist zunächst noch ein weitgehend Unbekannter. Doch Georg Herwegh nutzt seine Chance, liest und arbeitet wie ein Besessener. Innerhalb eines Dreivierteljahres schreibt er mit 61 Aufsätzen zur »Literatur und Politik« und über dreißig Gedichten den »Kritischen Teil« der *Volkshalle* an die Spitze der deutschen Feuilletons.

Herwegh will – über die Literatur – ebenfalls politisch wirken. Dabei macht er Wirth nicht selten Konkurrenz und bezieht abweichende Standpunkte. Bewusst einseitig fordert und fördert Herwegh eine volksnahe Dichtung, die sich den Fragen der Zeit öffnet. Die »junge Literatur« habe einzutreten für » ... das Recht des Sklaven gegen den Freien, des Armen gegen den Reichen, des Menschen gegen den Aristokraten, der Republik gegen die Monarchie.«

Und wenig später setzt Herwegh seine Theorie auch gleich in die Praxis um. Seine »Gedichte eines Lebendigen«, die in dieser Zeit entstehen, werden ein beispielloser Erfolg. Vorerst dürfen allerdings nur seine politisch harmloseren Verse in die *Volkshalle* eingestreut werden. Doch bald schon singt man überall in Deutschland:

> »Und wo es noch Tyrannen gibt,
> Die lasst uns keck erfassen!
> Wir haben lang genug geliebt,
> Wir wollen endlich hassen!«

Metternichs Agenten erkennen die Gefahr sofort. Sie sind nicht selten selbst hochrangige Literaten und liefern fast schon literaturwissenschaftliche Expertisen nach Wien: » ... seit ungefähr einem Jahr ist ... eine politisch-literarische Macht entstanden, die zwar mit unscheinbaren Waffen ficht, aber umso tiefere Wunden den bestehenden Staatsverhältnissen schlägt ... Diese Waffe ist das satirisch-politische Lied, welchem durch Witz, Ironie, derbe Anschauungsweise und Humor für alle Klassen des Volkes ein unwiderstehlicher Reiz und darum ein Einfluß auf den Zeitgeist verliehen wird, der durch äußere Gewaltmittel kaum zu unterdrücken ist.«[204]

Schon nach wenigen Wochen kommt es zwischen Wirth und dem genialischen Herwegh zu ernsten Verstimmungen. Herwegh lässt in Briefen an seinen Freund Gerstel seiner Enttäuschung freien Lauf. »Diese Leute sind unerträglich«[205], heißt es und »Wenn ich nur ein eigenes Journal gründen könnte!«[206]

Andererseits weiß natürlich auch er, dass seine »Nische für Kunst und Poesie« in der *Volkshalle* ein einzigartiges Forum und Sprungbrett für seine Karriere bedeutet. Und so schreibt er im Frühjahr 1840: »Mit der *Volkshalle* stehe ich wieder besser.«[207]

Doch die Probleme werden nicht geringer. Wirth als der Ältere und redaktionell Verantwortliche hat das Recht, die Beiträge des Jüngeren zu kürzen und zu bearbeiten. Als Vanotti ein paar Jahre später unautorisiert ein Buch mit Beiträgen des inzwischen berühmt Gewordenen herausgibt, beklagt Herwegh nicht nur die Verstümmelung seiner Texte durch die Zensur, sondern auch die Eingriffe der Redaktion.

Zum ernsthaften Zerwürfnis aber führt eine politische Polarisierung, die zunehmend das Lager der Opposition spaltet. Ein Brief an Gutzkow deutet das an:

»Mit der *Volkshalle* geht es schlecht: die Leute taugen nichts. Das spreizt sich ewig, Deutschland zu retten, ohne die dürftigen Kenntnisse eines Schulknaben zu besitzen ... Ich bin mit so gespannter Hoffnung an diese Republikaner herangetreten und habe Nichts gefunden, als Kernlosigkeit, Hohlheit und alle Arroganz der Ignoranz.«[208]

Für die Opposition bringt das Jahr 1840 nach einer langen Zeit der Lähmung eine entscheidende Wende.

Das hat verschiedene Ursachen. 1840 beginnt mit dem Amtsantritt des Preußenkönigs Friedrich Wilhelm IV. eine neue Ära in der deutschen Politik. Zugleich werden – wie in einem Triumphzug – die Gebeine Napoleons von St. Helena nach Paris heimgeführt. Mit diesen Ereignissen verbinden sich links und rechts des Rheins freiheitliche und nationale Hoffnungen. Sie gipfeln in dem deutsch-französischen Streit um die Rheingrenze, der sich zeitweilig sogar zu einem Krieg auszuweiten droht.

Mit dem Regierungswechsel in Berlin verknüpfen sich die unterschiedlichsten Erwartungen. Die ersten Maßnahmen des »Romantikers auf dem Königsthron«, wie die Lockerung der Zensur und eine Wiedergutmachung für Opfer der Demagogenverfolgung versprechen einen neuen Anfang. Auch Herwegh lässt sich vom Zeitgeist anstecken. In einem Gedicht fordert er den Preußenkönig auf, an die Spitze der Nation zu treten.

Selbst Wirth wäre damals vielleicht bereit gewesen, ein konstitutionelles Kaiserreich als ersten Fortschritt, als Vorstufe zur Republik, in Kauf zu nehmen. Die Opposition ist allüberall bescheidener geworden. Sein Kaiser allerdings müsste ein gewählter und abwählbarer sein. Eigentlich also ein Präsident – denn, davon ist Wirth nun mal wie von einem Naturgesetz überzeugt: Am Ende steht die Republik. Eigenartigerweise geistert übrigens auch heute noch die wilhelminisch nachgeschobene Behauptung von Wirths Preußennähe durch die historischen Darstellungen. Schon damals jedoch wehrte sich Wirth gerade gegen diese Unterstellung und warnte seine Leser ausdrücklich vor derartigen Spekulationen. Von Friedrich Wilhelm IV. sei nichts zu erwarten, schreibt er. »Möge man daher jeder Hoffnung auf die Hohenzollern entsagen! ... die Zeiten

Friedrichs des Großen, wo *ein* Mann Völker lenkte, sind vorbei, heute will das Volk selbst regieren. Der neue König erkennt das nicht ... das Volk ist auf seine eigene Kraft verwiesen.«[209]

1840 sprießen auch in Frankreich neue Hoffnungen. In Paris gelangt eine nationalistische Regierung unter Adolphe Thiers an die Macht. Bonapartistische Ideen erhalten neuen Auftrieb. Im Sommer kommt es sogar zu einem Putschversuch seines Neffen Louis Napoleon, der allerdings scheitert. Dafür ist ganz Paris auf den Straßen, als Ende des Jahres Napoleon I. feierlich im Invalidendom beigesetzt wird.

Heinrich Heine berichtet in der *Augsburger Allgemeinen:* »Napoleon Bonaparte war für das heutige Geschlecht schon längst dahingeschwunden in das Reich der Sage, zu den Schatten Alexanders von Macedonien und Karls des Großen, und jetzt, siehe! Eines klaren Wintertages erscheint er wieder mitten unter uns Lebenden, auf einem goldenen Siegeswagen, der geisterhaft dahinrollt in den weißen Morgennebeln.«

In nationaler Hochstimmung fühlen sich nun auch einige französische Publizisten ermuntert, wieder einmal die Forderung nach der »natürlichen«, der Rheingrenze zu erheben. Damit sind alte Gegensätze neu geschürt, werden links und rechts des Rheins Hoffnungen und Ängste aus der Franzosenzeit wieder wach.

In den deutschen Journalen kommt es daraufhin zu einer regelrechten Rhein-Hysterie. Auch in der Opposition gibt es nicht wenige, die auf eine große Völkerschlacht hoffen, die am Ende die Einigung Deutschlands und die Freiheit bringen soll. Das zunächst vor allem publizistische Säbelgerassel weitet sich sehr schnell zu einer ernsten Krise aus.

Die *Volkshalle* spielt in dieser aufgeheizten Atmosphäre bald schon eine führende Rolle. Zunächst sieht Wirth seine Aufgabe vor allem darin, etwaige Ansprüche der französischen Regierung entschieden zurückzuweisen. In seinen Leitartikeln unterwirft er sich in diesen Monaten immer mehr der Tagespolitik, agiert, agitiert und reagiert. Die alte Franzosenangst aus der Knabenzeit scheint – nicht nur bei ihm – wieder erwacht zu sein. Doch das ist es nicht allein. Gewachsen ist in den Jahren des Exils in Lothringen und im Elsass auch ein starkes antifranzösisches Ressentiment. Frankreich ist für ihn nicht mehr wie Anfang der 30-er Jahre das Land und der Garant europäischer Freiheit. Im Gegenteil: Wirth verabscheut nicht nur das korrupte Bürgerkönigtum des Louis Philippe und die neue »Geldaristokratie« in Frankreich, sondern er unterstellt nunmehr allen Franzosen eine »Leidenschaft zur Eroberung« oder schreibt pauschal von einer »tief verwurzelten Ausbeutungsgier Frankreichs«[210]. Jetzt treiben auch die kulturgeschichtlichen Spekulationen seiner Gefängniszeit giftige Blüten und es hilft wenig, wenn er dagegen als »germanische Stammeigenschaften« den »Trieb der friedlichen Cultur«, »Bescheidenheit« und die »Fähigkeit zur Selbstbeherrschung«[211] ins Feld führt. Sein Komplex vom benachteiligten, immer noch nicht Nation gewordenen Deutschland bekommt zunehmend eine nationalegoistische Färbung.

Die »Rheinkrise« findet auch in der Literatur einen Niederschlag. Nikolaus Beckers Lied »Der deutsche Rhein« mit dem Refrain:

»Sie sollen ihn nicht haben,
Den freien deutschen Rhein,

Ob sie wie gier'ge Raben
Sich heiser danach schrei'n.«

wird die Hymne der deutschen Säbelrassler und Hurra-Patrioten. Eine Schwemme von Rheinliedern bis hin zur »Wacht am Rhein« entsteht.

Auch Herwegh ist von der allgemeinen Erregung angesteckt und lässt sich zu einem patriotisch trunkenen »Rheinweinlied« verleiten. Auch er fordert markig » ... der Rhein muß deutsch verbleiben!« Das von Franz Liszt vertonte Lied wird außerordentlich populär. Doch Herwegh fühlt sich bald schon von den Mitsängern seines Liedes missverstanden. Mit Deutschtümelei, nationaler Überheblichkeit und Völkerhass mag er nichts zu tun haben Im Gegenteil, nicht nur frei von Franzosen, sondern auch frei von Preußen, Bayern und aller Unterdrückung will er den Rhein wissen. Also schreibt er ein zweites, unmissverständliches »Protest«-Lied:

»Singt alle Welt: Der freie Rhein!
So sing' doch ich: Ihr Herren, nein!
Der Rhein, der Rhein könnt' freier sein!
So will ich protestieren.«

Für Wirth dagegen scheint die kriegerische Auseinandersetzung unausweichlich zu sein. Nahezu täglich druckt die *Volkshalle* in Übersetzung die übersteigerten Ansprüche französischer Nationalisten nach und Wirth setzt seinen geharnischten Widerspruch dagegen. Durch die einseitige Zitierweise entsteht der fatale Eindruck eines fortgesetzten Kampfes, in dem Wirth den Part eines Vaterlandverteidigers übernommen hat.

In seinem Papierkrieg finden die kritischen und versöhnlichen Stimmen kaum noch Raum. Beteuerungen der Friedensliebe französischer Demokraten schmettert Wirth regelmäßig mit dem Verweis auf die«bekannte«, »angeborene« und »unvertilgbare Eroberungssucht« aller Franzosen als »unglaubwürdig« ab.

Dies bekommt auch Jakob Venedey zu spüren. Er schickt eine von den deutschen Flüchtlingen in Paris unterschriebene Protesterklärung gegen französische Rheinansprüche an Wirth. Doch der verweigert den Abdruck: »Mit Ihrem Schreiben (im Sinne der Versöhnung mit Frankreich gehalten) für die *Volkshalle* vom 11. November bin ich durchaus nicht einverstanden. Ich kenne die Franzosen und weiß, daß sie ihre Entwürfe auf die Rheingrenze nicht freiwillig aufgeben. Aus diesem Grunde halte ich es für gefährlich, in Deutschland die Hoffnung zu verbreiten, daß die Franzosen Vernunft annehmen werden.«

Zunächst einmal sieht Wirth in der Rheinkrise eine Möglichkeit, nationale Gesinnung zu wecken und zu stärken. Denkbar ist auch, dass er sich ganz bewusst als Kriegstreiber geriert, dass er sich eine revolutionäre Situation erhofft. Eine bewaffnete Auseinandersetzung als Anstoß zu demokratischer und nationaler Erhebung gehört damals ja durchaus zu seinem Wunschdenken – wie seine Freicorps-Aktivitäten während der belgischen Krise belegen.

Georg Fein jedenfalls, der alte Freund und Mitarbeiter an der Homburger *Tribüne,* ist bestürzt über Wirths antifranzösische Ausfälle. Für ihn ist Frankreich, trotz aller Vorbehalte gegen die Regierung, das klassische Land der Freiheit. An Venedey schreibt er: »Wirth scheint mit mir brechen zu wollen. Mir gleichviel!

Grundsätze stehen mir höher als Menschen ... Wirth hat meiner Ansicht nach in Bezug auf die Franzosen etwas genützt, dagegen in Bezug auf Deutschland viel geschadet. Es scheint daselbst ein blinder Franzosenhaß zu herrschen, wie wir ihn seit 1814 und 15 nicht mehr erlebt haben. Wirth gießt immer noch Oel ins Feuer. In einem Briefe schreibt er mir doppelt unterstrichen: ›Wie sich die Sache auch gestalten möge, unter allen und jeden Umständen stehe ich auf der Seite der Gegner Frankreichs.‹ Was sagst du dazu?«[212]

In einem Krieg mit dem reaktionären Deutschland kann sich Fein freilich kein Zusammengehen der Republikaner mit Preußen oder Österreich vorstellen, sondern eher, dass die deutschen Handwerker aus Paris unter schwarz-rot-goldenen Fahnen an der Seite Frankreichs gegen die deutschen Fürsten ziehen, »sobald Frankreich in einer feierlichen Erklärung auf die Eroberung deutschen Gebietes verzichtet.«[213]

Auch Wirth fordert diese feierliche Verzichtserklärung bei jeder Gelegenheit. Doch aus der *Volkshalle*, dem zunächst glanzvollen »Sammelbecken der Opposition«, ist mittlerweile ein einseitiges antifranzösisches Kampfblatt geworden, das die Bewegung in zwei Lager spaltet. Diesen sich immer deutlicher abzeichnenden Weg mag Georg Herwegh nicht mitgehen. Es kommt zum endgültigen Bruch mit Wirth. Offenbar wird der unversöhnliche Gegensatz im Juni 1840. Die 400-Jahrfeiern zur Erfindung der Buchdruckerkunst werden als Freiheitsfeste begangen. In Straßburg finden die Gutenbergfeiern ihren Höhepunkt mit einem »republikanischen« Bankett zu Ehren des Bildhauers David, »dessen Zweck ... dahin gerichtet war, eine ... Einigung Frankreichs mit den deutschen Patrioten herbeizuführen. Es wurden dabei verschiedene Toaste auf die Verbündung Deutschlands und Frankreichs ausgebracht und von Seite der Franzosen der Wunsch für die Herstellung eines großen und unabhängigen Deutschlands ausgesprochen.« Während Herwegh in drei grandiosen Gutenbergliedern den Bund der Völker im Freiheitskampf fordert, hält Wirth das gemeinsame Feiern für »eitel Dunst« und »absichtliches Einschläfern« des notwendigen Misstrauens. Er prophezeit, dass man bald schon wieder im *National* die Forderung lesen werde: »Unsere [der Franzosen] Rheingrenze.«[214]

Nach Herweghs Ausscheiden aus der Redaktion beginnt Wirth die *Volkshalle* im »deutsch-nationalen Geiste« neu auszurichten. In einer Werbeanzeige bezeichnet er sich als ein »Vaterlandsfreund«, der die »Grundsätze der entschiedeneren volkstümlichen Richtung der Deutschen und deren nationalen Zwecke vertritt«.[215] Er wirbt um neue Mitarbeiter, sucht »patriotische Schriftsteller«, die sich »von der widrigen, unklaren Emancipationsfaselei unserer deutsch-jüngelnden Literatur« unterscheiden.

Aus dem Patrioten von 1832, der auf der Grundlage der Gleichwertigkeit aller Nationen für die Rechte seines Volkes eintrat, scheint mehr und mehr ein Nationalist geworden zu sein, einer, der mit einem hysterischen »Deutschland über alles« den Vorrang der eigenen Nation fordert und das gegenüber Frankreich später so verhängnisvoll gewordene Erbfeinddenken propagiert. Von seinem eigentlichen Ziel, Deutschland zur Republik zu machen, weicht er jedoch auch in dieser Phase nicht ab.

Selbst Metternichs Spitzel sind irritiert von Wirths Wandlung. Doch, ob patriotisch oder nationalistisch – für sie bleibt er der Staatsfeind Nummer 1. Die Forderung nach einem Nationalstaat hat schließlich so oder so politische Sprengkraft für das dynastische System, ist für die Herrschenden ebenso revolutionär wie die Forderung der Republik. Die Konfidenten verdächtigen Wirth ohnehin, mit den neuen Begriffen von »Volksthum und Nationalwürde« nur die alten republikanischen Forderungen raffiniert zu tarnen.

Metternich freilich sieht es nicht ungern, dass Wirth derzeit den Hauptfeind nicht in Wien oder vor Ort in den deutschen Fürstentümern, sondern in Paris sucht. Als ein Agent Metternichs 1841 diesem Wirths *Die reformatorische Richtung der Deutschen ...* übersendet, erhält das Buch von der Zensurhofstelle ohne Probleme sofort das »transeat«[216].

Wirths antifranzösische Kampagne trägt schließlich nicht unwesentlich dazu bei, die Opposition zu spalten. Vor allem, wenn er ausdrücklich fordert, die Frage der Freiheit hinter die Frage der Nationalität zurückzustellen. Dies sehen die besten Köpfe der Zeit genau umgekehrt: »Nationalität trennt, Freiheit verbindet« – wie Herwegh es formuliert.

Und so kommt die Zensurfreiheit, die der *Volkshalle* für kurze Zeit gewährt wird, auch nicht von ungefähr. »Von der Zensur unbelästigt, durfte Wirth eine Kampagne gegen französische Rhein-Ansprüche betreiben. Als die Kriegsgefahr mit Beginn des Jahres 1841 vorüber war, hatte die badische Regierung kein Interesse mehr, die *Volkshalle* länger zu dulden. Zu diesem Zeitpunkt ließ sie das Mittel der Beschlagnahme konsequent anwenden und zwang damit den Verleger Vanotti zur Aufgabe des Blattes.«[217]

Auch Wirth scheint mittlerweile die Lust verloren zu haben: »Da indessen die Strenge der Censur mit Ausdauer sich behauptete, so drehten sich die Betrachtungen in einem unfruchtbaren Kreise …«[218]

Die Rheinkrise führt am Ende auch zu einer Klärung der Standpunkte, zu einer deutlichen Abgrenzung zwischen nationalistischen und patriotischen Demokraten. Das Verhältnis zu Frankreich ist zur Gretchenfrage geworden. Führende Köpfe der Opposition und alte Mitkämpfer wenden sich nach und nach von Wirth ab, darunter Wilhelm Schulz, Johann Philipp Becker, Georg Fein und Jacob Venedey. Wirth hat sich mit seinen antifranzösischen Attacken weitgehend selbst isoliert.

Für den Prozess der Klärung und Abkehr steht nicht zuletzt Wirths Konkurrent Josef Fickler, der Redakteur der Konstanzer *Seeblätter*. Fickler nennt es einen »perfiden Kunstgriff« der Reaktion, »die Entrüstung über französische Anmaßungen in eine feindselige Stimmung gegen französische Institutionen zu verwandeln.« Und er erinnert wieder daran, »daß die allgemeinen, natürlichen und vernünftigen Rechte des Menschen über der Nationalität« zu stehen haben.[219]

Wirths zunehmende Ächtung vermerkt auch ein literarischer Spitzel Metternichs: »Die wirthsche *Volkshalle* wird bald (factum) als zu einseitig verschrien … Wirth ward nämlich als zu anti-französisch, als der allgemeinen Völkerfreiheit nachteilig, als prédicateur insuffisant auf die Seite gestellt und ein neues Organ ersehnt. Diesem Umstand verdankt der *Deutsche Bote aus der Schweiz* seine Begründung.«[220]

Herwegh dagegen wird mehr und mehr zu einer Stimme der neuen Generation, radikaler, sozialer, internationaler und volksnäher als sein Vorgänger. Für seine zunächst als Gegenentwurf zur *Volkshalle* geplante Exilzeitung, den *Deutschen Boten aus der Schweiz,* gewinnt er Friedrich Hecker, Arnold Ruge, Robert Prutz, Karl Marx, Johann Jacoby, David Friedrich Strauß, Ludwig Seeger, Friedrich Engels, Michail Bakunin, Moses Heß und andere. Als sein Projekt wegen der erneut verschärften Zensur scheitert, gibt er 1843 die verbotenen Beiträge in Buchform, als *21 Bogen aus der Schweiz* heraus, heute noch eines der wichtigsten Dokumente des Vormärz.

Die Auseinandersetzung zwischen Wirth und Herwegh kennzeichnet somit auch eine Wachablösung, für den einen ein glanzvolles Debüt, für den anderen ein Denkmalssturz.[221]

Obgleich sich Wirth später selbst von seinen extremen Positionen zurückzieht und sich 1848 wieder bei seinen alten Kampfgefährten in der Paulskirche einfindet, bleiben die – nicht nur von ihm – formulierten nationalen und chauvinistischen Ausfälle virulent und verhängnisvoll.

Die in dem Band *Die reformatorische Richtung der Deutschen im XVI. und XIX. Jahrhundert* gesammelten und überarbeiteten *Volkshallen*-Artikel erlauben eine eingehende Betrachtung seiner politischen Positionen.

Im Kern hält Wirth auch hier an seinen alten Hambacher Forderungen fest, zum Beispiel, was die Souveränität des Volkes betrifft: »Die denkende Masse muß selbstständig prüfen und wählen können, daher unmittelbaren Anteil an der Leitung der öffentlichen Angelegenheiten genießen ... Das Princip der Volksvertretung, und zu dessen Durchführung die freie, möglichst ausgedehnte Wahl ist darum die erste Verbindung durchgreifender politischer Reform.«[222]

Allerdings hat sein Denken seit Hambach kaum noch Fortschritte gemacht, sondern eher Rückschritte in Richtung Mittelalter. Diese Rückwärtsorientierung hat ihren Ursprung in der Landauer Verteidigung, in dem Versuch, die künftigen Rechte des deutschen Volkes historisch zu legitimieren.

Seither projiziert Wirth seine politischen Ideale in eine weitgehend verklärte Vergangenheit. Aus seiner romantischen Verliebtheit in die alten Reichszustände erwachsen bisweilen geradezu abenteuerliche Theorien. So stapelt er nicht nur territoriale Rechtsansprüche auf verlorene Reichsgebiete hoch, sondern konstruiert auch eine alte germanische Freiheit, der ein Vorrang vor der französischen, der »wälschen« Freiheit gebühre.[223] In Deutschland brauche man demnach keine Revolution, sondern lediglich eine Reformation, um die Republik zu gewinnen, sämtliche Freiheiten des Volkes seien durch die Wiederherstellung der rechtmäßigen Reichsverfassung erreichbar.[224]

Zugute halten muss man Wirth und seinen ähnlich spekulierenden Zeitgenossen jedoch, dass ihr Deutschland zu dieser Zeit nur ein vorgestelltes, eine Fiktion und ein Traum ist. Von den üblen Erfahrungen des 20. Jahrhunderts unbefleckt, berauschen sie sich an der Vision eines durch sittliche und kulturelle Werte überlegenen Volkes, dem ebenso wie England und Frankreich eine nationale Staatlichkeit und eine führende Rolle in Europa zugestanden werden müsse. Die Wiedergewinnung der Nationalität sei – so Wirth – die Grundlage allen Fortschrittes, sie erst führe zur Freiheit, zur Republik und zum »Gleichgewicht der Völker«[225].

Dabei enthält Wirths politischer Wunschzettel bereits so manche Forderung, die im Widerspruch zu seinen friedfertigen Idealen steht: Flotte, Kolonien, Rückkehr Hollands und der Schweiz zu Deutschland. Sein künftiges Deutschland soll als Großmacht mit England und Frankreich Schritt halten können.

Außerordentlich aggressiv und bisweilen geradezu hysterisch klingt auch im Sammelband die Auseinandersetzung mit der Regierung Thiers. Wirth setzt den französischen Grenzforderungen maßlose eigene Territorialansprüche dagegen. Er spricht – wie im nächsten Jahrhundert andere – von einem »schändlichen Friedensvertrag« und verlangt nicht nur Elsass-Lothringen zurück: »Die Verträge von 1815 sind ungerecht und demüthigend, aber nicht für Frankreich, sondern für Deutschland! Ja, diese Verträge müssen vernichtet werden, aber nicht von Frankreich, sondern von Deutschland ... Ja, Frankreich muß seine natürlichen Grenzen wieder erhalten, folglich nicht nur auf die Grenze hinter den Vogesen, sondern überhaupt auf die Grenzen der welschen Sprache und Nationalität zurückgeführt werden.«[226]

Dass Wirth seiner Zeit jetzt immer weniger gerecht wird, zeigt sich besonders deutlich in seinen Äußerungen zur sozialen Frage. In den Jahren der politischen Windstille nach 1832 hat sich in den meisten deutschen Staaten vieles verändert. Kanal-, Straßen- und Eisenbahnbau, Fabrikgründungen, Aufhebung von Zollschranken, Industrialisierung machen den Anachronismus alter Feudalstrukturen und absoluter Herrschaftsformen immer deutlicher. In den Städten hat sich ein selbstbewusstes Bürgertum herausgebildet, dem ein stetig wachsendes Industrieproletariat gegenübersteht.

Die Forderung nach sozialer Gerechtigkeit wird in den Jahren bis 1848 – u.a. mit dem Weberaufstand – zunehmend in den Vordergrund treten. Da wirken Wirths Attacken auf die Sozialisten und seine Gegenvorschläge, mit Stiftungen, Sparkassen und sittlicher Erziehung für die unteren Volksschichten das soziale Unrecht zu bekämpfen, oft unsinnig.

Doch haben wir aus heutiger Sicht wirklich Grund zur Überheblichkeit? Sind wir wirklich so viel weiter vorangeschritten?

Der größte Teil von Wirths Vorstellungen ist nach wie vor erstaunlich aktuell:

So müsse der Staat die »gemeinschädliche Macht der Kapitalisten« eindämmen, die »übertriebene Bereicherungssucht der großen Fabrikbesitzer zügeln«, das »unsittliche« Spekulieren an der Börse abschaffen, die Arbeitszeit »auf ein billiges Maß« verkürzen, den Arbeitslohn an den Durchschnitts-Gewinn des Unternehmers koppeln, die »Ausbeutung der Armen« und das »schädliche Missverhältnis von Armut und Reichtum« verkleinern. Die gutgemeinten Vorschläge – von Treitschke als ein »verschämter Sozialismus« bezeichnet – bauen mehr auf Einsicht und soziale Verantwortung der Unternehmer denn auf staatliche Eingriffe. Mit Krediten zur Existenzgründung und einem Recht auf Ausbildung und Bildung für alle will Wirth die Klassenschranken überwinden.[227]

»Alles ruht auf Erweckung des Gemeinsinnes, der Sittenreinheit und Mäßigkeit, des Fleißes und der großmütigen Tugend.«[228] Im Grunde genommen bedeuten Wirths soziale Reformvorschläge also nicht mehr und nicht weniger als der Grundgesetzauftrag: »Eigentum verpflichtet«. Ein frommer Wunsch – auch heute noch.

Eine praktikable Lösung der Gerechtigkeitsfrage bleibt außen vor.

Und nicht zu Unrecht spottet Wilhelm Weitling: »Sparkassen! – Warum nicht auch Sparbüchsen? ... Milde Stiftungen! Solche Gnadenbrotanstalten unter der Vormundschaft der Beamten und Gelehrten ... Armenhäuser! Pfui doch, ein freies Volk, Armenhäuser, das ist ein Unsinn Herr Wirth.«[229]

Nach dem Scheitern der *Volkshalle* ist Wirth ein Anderer. Er erkennt, dass er während der Rheinkrise das Spiel der Fürsten gespielt hat. Ebenso wie die »Fragmente zur Culturgeschichte« findet die antifranzösische Kampagne in der *Volkshalle* sogar in seinen eigenen Memoiren keine Erwähnung. In *Walderode* begrenzt er seine Selbstdeutung auf die Anschauungen und historischen Verdienste, die in der Homburger *Tribünen*-Zeit, dem Hambacher Fest und dem Landauer Prozess ihren Höhepunkt hatten.

Die erneute Welle der Reaktion und Zensur macht auch ihn mundtot. Das Projekt *Volkshalle* ist gescheitert. Wirth resigniert und verabschiedet sich aus der aktuellen Politik. In der Folge sieht er sich vornehmlich als Geschichtsschreiber.

Das letzte Wort

1848 – Revolution in Deutschland

... so muß jeder Vorurteilsfreie zu der Überzeugung kommen, daß dieser sogenannte moderne Staat nur da ist, um das Volk auszusaugen und zu bedrücken, ohne daß er etwas dafür bietet, was das Volk sich nicht selbst besser und wohlfeiler verschaffen könnte.

Nach dem Ende der *Volkshalle* ist Johann Georg August Wirth erneut arbeits- und mittellos und auf die Unterstützung von Freunden angewiesen. Er erwägt sogar, seine publizistische Arbeit aufzugeben und als Anwalt nach Hof zurückzukehren. Doch davon raten die Freunde ab. Sie empfehlen ihm, endlich sein Projekt einer *Geschichte der Deutschen* zu verwirklichen, sorgen für Vorschuss und bürgen für die Druckkosten. Da Wirth in dieser Zeit auch das Studium seines Sohnes und die Erziehung seiner Tochter zu finanzieren hat, bürdet er sich erneut ein gewaltiges Pensum auf. Für das Quellenstudium sind langwierige Reisen und Aufenthalte in den Bibliotheken von Zürich und St. Gallen notwendig. Wirth setzt sich einen strengen Zeitplan, arbeitet von den frühen Morgenstunden bis zum späten Abend und gönnt sich nur wenige Minuten zum Essen, so dass »die Leibeskräfte sichtbar schwanden«.[230] Er weiß, dass unter dem gewaltigen Druck, mit dem er gegen seine Geldnot anschreibt, die Qualität seiner Arbeit leiden muss. »In solchem Elend gut zu schreiben, oder etwas Gediegenes zu liefern, blieb freilich eine große Kunst.«[231] Ebenso ist ihm bewusst, dass er sich bei den akademischen Historikern keine Freunde machen wird. Seine Anti-Geschichtsbetrachtung ist nicht den Herrschenden, sondern politischen Zukunftshoffnungen unterworfen. Sie zeigt die Entwicklung zur Souveränität des Volkes als Weg und Ziel der Geschichte und kann daher leicht und schnell als unwissenschaftlich abgetan werden. Der Wahrheits- und Objektivitätsanspruch eines solchen Geschichtsschreibers stehe nun mal nicht im fürstlichen Sold: »Wo Unrecht und Bedrückung herrschen, muß er auch dem Mächtigen gegenüber unverschleiert Gerechtigkeit fordern, und mit niederschmetternder Schärfe des Wortes die Rechte der Wahrheit geltend machen; doch wie er der Macht auf Kosten des Rechtes nicht ein haarbreit weichen darf, eben so wenig darf er bei den Fehlern und Gebrechen des Volkes des Freimuts und der strafenden Strenge entbehren.«[232]

Trotz aller Bemühung um faktische Genauigkeit ist »Die Geschichte der Deutschen« selbstverständlich parteilich und Wirths politischen Ideen verpflichtet. Dies wird von ihm auch nicht anders erwartet.

Dennoch ist er enttäuscht, als das Interesse ausbleibt. Als 1842 der erste Band erscheint, haben sich erst 100 Subskribenten für das auf vier Bände geplante Geschichtswerk gefunden. Wirth schreibt dies der wachsenden politischen Gleichgültigkeit zu, fühlt sich aber auch persönlich gekränkt und von seinen Anhängern, ja vom deutschen Volk im Stich gelassen. Mit der Zeit kann die Zahl der Besteller zwar auf 1200 erhöht werden, doch der Erlös reicht kaum für den Unterhalt der Familie.

Um die Druckkosten zu vermindern, richtet Wirth

sich, begünstigt durch eine Erbschaft seiner Tante, eine eigene Druckerei ein.

1842 erwirbt er das Schlösschen Irrsee in Emmishofen und hofft, sich und seine Familie durch die Bewirtschaftung des Bauerngutes unterhalten zu können. Doch die finanziellen Sorgen wachsen. Manche seiner Freunde bezweifeln nicht nur die Wirtschaftlichkeit seiner Haus- und Grundstücksprojekte, sondern auch seinen Realitätssinn.

Der Absatz seiner Schriften vollzieht sich schleppend. Subskriptionen für geplante Bücher und Zeitschriften bleiben aus. Wirths Finanznot spricht sich herum. Aber jetzt bleiben sogar die Hilfeleistungen aus. Obwohl er Grundbesitz und Sicherheiten bieten könnte, will ihm keiner mehr Kredit geben. Es kommt zum Bankrott.

Am 2. September 1844 werden die letzten Wertgegenstände des hochverschuldeten Autors gerichtlich versteigert. Dabei wechselt nicht nur das Hambacher Ehren-Schwert den Besitzer, sondern auch ein Geschenk, an dem er aus besonderem Grund besonders hing: die goldene Taschenuhr, die Amalie von Lemmé ihm 1835 ins Gefängnis geschickt hatte.

Als er wenig später auch noch erfahren muss, dass in Deutschland öffentlich für ihn gesammelt wird, empfindet er das als weitere Demütigung. Wirth protestiert und verbittet sich jedes Almosen. »Von jenem Schlag tief gebeugt« sucht er die Einsamkeit, »um mit dem Schmerze zu kämpfen«.

Nach 13 Jahren der Haft, der Not und des Exils fühlt er sich zutiefst erniedrigt und – so jedenfalls klagt er in *Walderode* – verraten vom Volk, das seine Schriften nicht mehr lesen will.

Auch weiterhin lebt Wirth in ständiger Anspannung. Immerhin gelingt es ihm, seine Druckerei bis 1846 und das Schlösschen Irrsee bis zu seiner Rückkehr nach Deutschland in seinem Besitz zu halten. Doch die Aussichten sind hoffnungslos. Seine Memoiren, die »Denkwürdigkeiten aus meinem Leben«, finden nur 30 Subskribenten, der Verkauf bleibt mager, nicht einmal die Druckkosten kommen heraus. Kaum jemand hat noch Interesse an seiner Lebensgeschichte. Auch die Fortsetzung »*Walderode,* eine historische Novelle aus der neueren Zeit« auf mehr als 400 Seiten als Novelle mehr oder minder literarisch gestaltet, bleibt ohne Erfolg. Und auch als biografische Quelle ist *Walderode* nur bedingt zu gebrauchen. Der geistige Horizont ist der des Jahres 1845. Durchweg – vor allem was Hambach betrifft – schreibt er sich Ansichten zu, die sich erst später ausgeprägt haben. Auf diese Weise verfälscht, glättet, heroisiert oder bagatellisiert er seine eigene Geschichte. Dazwischen streut er seine Reform- und Staatstheorien ein. Ideale wie Gerechtigkeit, Wohlwollen und Rechtschaffenheit sind nun seine zentralen Begriffe – »gegen andere Völker« ebenso wie zum »wahren Vorteil der eigenen Nation«.

Vom Franzosenhass der Rheinkrisenzeit jedenfalls hat Wirth sich endgültig verabschiedet. Er hat dazugelernt. Sein politisches Glaubensbekenntnis gipfelt in den Worten:

»Aller Schlachten- und Eroberungsruhm ist eitel, aller Stolz auf bloße Geldmacht niedrig und verächtlich. Gleichwie der wahre und bleibende Ruhm für den einzelnen Menschen ausschließend in der edlen Geistesbildung und der ächten auf Sittenreinheit, Güte und Selbstbeherrschung ruhenden Tugend besteht, ebenso liegt der wahre Nationalruhm einzig und allein in den erstrebten Leistungen für Kunst und Wissenschaft, in der Rechtschaffenheit und Redlichkeit des Staatsverfahrens gegen andere Völker, Beschirmung des verfolgten und unterdrückten Schwachen, Verbreitung der Bildung, so wie des äußern Wohlstandes, mit einem Worte in dem Wirken für allgemeine Zwecke der Menschheit.«[233]

Trotz gelegentlicher euphorischer Ausbrüche bleibt der Grundtenor seiner autobiografischen Erzählung eher resignativ. Kein Wunder, dass sich nur wenige Leser finden. Statt des erwarteten Gewinns häufen sich Verlagsforderungen und Druckkostenrechnungen.

Im September 1846 hebt das bayerische Appellationsgericht die Polizeiaufsicht auf. Im Jahr darauf lässt sich Wirth im derzeit liberalsten deutschen Staat, dem Großherzogtum Baden, nieder. In Karlsruhe entsteht sein letztes großes Werk, die vierbändige »Geschichte der deutschen Staaten von der Auflösung des Reiches bis auf unsere Tage«. Noch vor Abschluss der Arbeit – sie wird nach seinem Tode von seinem Freund Wilhelm Zimmermann beendet – ruft ihn die Pariser Februarrevolution wieder in die politische Arena zurück. Statt Geschichte zu schreiben, bietet sich ihm ein letztes Mal die Chance, Geschichte zu machen.

Plötzlich ist Wirth wieder der alte Kämpfer. Voller Hoffnung nimmt der 49-jährige am revolutionären Geschehen Anteil. Resignation und Depressionen sind wie weggewischt.

Erneut überschlagen sich die Ereignisse. Erneut strahlt der Erfolg der Pariser Barrikadenkämpfer nach ganz Europa aus. Revolutionäre Erhebungen werden aus nahezu allen deutschen Residenzen gemeldet.

Könige und Fürsten packen die Koffer.

Auch Wirth sattelt sein Pferd für einen Ritt durch Baden und die Pfalz. Er will alte Freunde aufsuchen, die Stimmung im Volke erkunden und den Boden für eine neue *Deutsche Tribüne* bereiten.

Durch die Märzerhebungen 1848 sieht Wirth die Richtigkeit seiner Anschauungen und Prophezeiungen bestätigt, sein Ausharren belohnt. Die demokratischen Ideen, für welche die *Deutsche Tribüne* vor 16 Jahren als erste und radikalste republikanische Zeitung in Deutschland eintrat, sind nun erneut in aller Munde. Sein politisches Lebensziel scheint in greifbare Nähe gerückt, nicht länger muss er sich der Sklavensprache der Metternich-Ära bedienen.

»*Revolutionen sind der Grundstein zur Größe der Völker!*«[234], jubelt Wirth und gibt die Broschüre »Ein Wort an die deutsche Nation« in Druck. »*Deutschland ist in den Zustand der Staatsumwälzung eingetreten!*«, verkündet er darin. »Ich habe soeben einen Umkreis von zwohundertsiebzig Stunden in Deutschland zu Pferde durchreist, ich habe, unerkannt und unbemerkt, nicht gesprochen, sondern gehört, beobachtet, geforscht: *wir befinden uns vollständig im Zustand der Staatsumwälzung.*«[235] Die Zeit der guten Ratschläge und Reformen sei vorbei, die Fürsten hätten die Bedürfnisse des Volkes und – auch seine – wohlgemeinten Ratschläge sträflich ignoriert, jetzt sei die Stunde der Revolutionäre, jetzt mache das Volk die Geschichte. »Bald werden die freisinnigen Männer, welche bis jetzt für entschiedene Reformer, selbst für Radikale galten, als zu gemäßigt erscheinen, in der Volksgunst sinken, binnen wenigen Monaten sie verloren haben. Der richtige gesunde Sinn des Volkes wendet dessen Zuneigung in Revolutionszeiten stets den Männern der entschlossenen Tatkraft zu: solche Männer sind jedoch vorzugsweise die Republikaner.«[236]

Der Broschüre liegt ein leidenschaftlicher Appell zugrunde, mit dem Wirth anlässlich der Offenburger Volksversammlung am 19. März gegen eine separate Ausrufung der Republik plädiert. Fünfzehntausend Menschen sind dem Aufruf des badischen Abgeordneten Friedrich Hecker gefolgt. Laut Zimmermanns Bericht werden Wirths Gedanken, da er sich gerade auf seinem Ritt durch Rheinbayern befindet, von seinem Sohn Max vorgetragen.[237]

Wirth meint den »naturgesetzlichen« Ablauf der Revolution zu kennen und will seinen Freunden Ratschläge erteilen. Es läge in ihrem heiligsten Interesse, warnt er, dass sie das erreichbare Endziel »nicht durch eine voreilige, unreife Geburt« gefährden.

Dies richtet sich vor allem gegen die badischen Republikaner um Fickler sowie gegen Herwegh und Becker, die in Frankreich und der Schweiz deutsche Handwerkerlegionen sammeln. Durch ein »eigenmächtiges Ausrufen der Republik in einzelnen kleinen Landstrichen« könne alles verspielt werden.[238]

Wirth wirbt für revolutionäre Geduld. »*Sie müssen ruhig abwarten, bis ihre Zeit kommt,* und die Geschichte zeigt ja, wie schnell dieser Augenblick bei den Revolutionen eintritt. Das hartnäckige reaktionäre System der deutschen Fürsten hat die gegenwärtigen Staatsumwälzungen gemacht, *die weiteren Staatsfehler derselben Fürsten werden die Republik erzeugen.* Während also die Fürsten an der deutschen Republik arbeiten, dürfen ihnen die Republikaner nicht in den Arm fallen; sie müssen dieselben gewähren lassen, denn die Fürsten arbeiten für die Zwecke des Freistaates.«[239]

Auch Hecker und Struve sind zu diesem Zeitpunkt gegen ein voreiliges, vereinzeltes Losschlagen und beeinflussen die Offenburger Volksversammlung in diesem Sinne. Noch herrscht bei den meisten der Optimismus der Märztage vor, in denen die Macht der Fürsten sichtbar schwindet und zerbröselt.

Wirth fordert alle Deutschen dazu auf, sich aufrichtig der republikanischen Richtung anzuschließen und warnt vor konstitutionellen Illusionen. »Die Fürsten haben alles auf einen Wurf gesetzt: ›*Entweder unsere volle unbeschränkte Macht oder Ruin!*‹ *Sie haben verloren! ... nach den Gesetzen der Weltordnung kann das deutsche Volk den Fürsten ihren Einsatz nicht zurückgeben, auch wenn es wollte.*«[240]

Das Volk dürfe also keinesfalls auf die Märzversprechungen liberaler Minister hereinfallen. Zwar schließt er nicht aus, dass einzelne Monarchen wie der Großherzog von Baden aufrichtig ihre Herrschaft mit dem Volke teilen wollten. Der Fürstenbund, die Großmächte und vor allem der König von Preußen würden so etwas jedoch niemals zulassen.

»Der Mann, welcher nach den Ereignissen in Karlsruhe, Stuttgart, Darmstadt, Kassel, München, Wien und anderen deutschen Höfen kaltblütig und unbarmherzig die Bürger niederschießen ließ, ... der Mann, welcher nach seiner tiefsten Überzeugung eine wirklich repräsentative Verfassung sogar für das Volk selbst für schädlich hält, ein solcher Mann soll über Nacht den ganzen innern Kern seines Wesens plötzlich umschaffen? Das wird der größte Teil des deutschen Volkes nicht glauben ...

Kurz, der Volksinstinkt wird im Fortgang der Umwälzung den Massen die Überzeugung aufdringen, daß die Zugeständnisse der Fürsten nur Blendwerk seien, hinter dem sich wesentlich andere Absichten verstecken.

Nein, das deutsche Volk glaubt von Stunde an diesen Worten nicht mehr, es verlangt die Tat und zwar augenblicklich die Tat; es ist fortan wachsam, und es hat vollkommen Recht, auf seiner Hut zu sein.«[241]

Als publizistisches Forum für ein Deutschland ohne Fürsten plant Wirth das Wiedererscheinen der *Deutschen Tribüne*. Die erste Nummer werde am 15. April oder 1. Mai in einer Stadt der Rheinpfalz erscheinen. »Nichts scheint daher natürlicher zu sein, als ein Organ wieder zu beleben, welches Samenkörner zu den Früchten der Gegenwart ausstreute.«[242]

Doch dazu kommt es nicht. Wirth muss den Erscheinungstermin immer weiter hinausschieben. Die Ereignisse überschlagen sich.

Johann Georg August Wirth wird in das vorberatende Parlament berufen. Hier beteiligt er sich vom 31. März bis zum 2. April – entgegen der bis heute gängigen Falschmeldung – durchaus aktiv an der Diskussion und gehört eindeutig der demokratischen Opposition an. Kompromisse mit den alten Mächten lehnt er ab. An der Seite von Hecker, Itzstein, Jacoby, Struve und anderen stimmt er vergeblich für direkte Wahlen in allen deutschen Staaten und dafür, dass sich die Versammlung für permanent erklären solle. In einem Redebeitrag warnt er, dass der Polizeistaat weiter wuchere und noch lange nicht tot sei (zustimmender Zwischenruf von Hecker: »*Er zappelt noch!*«). Daher müsse man der Liederlichkeit der Polizei, dem

Druck und den Intrigen der Gutsherren zuvorkommen und direkt wählen. Außerdem plädiert Wirth für eine Herabsetzung des Wahlalters von 25, bzw. 21 auf 19 Jahre, da jeder waffenpflichtige Bürger auch wahlberechtigt sein müsse. In den namentlichen Abstimmungen scheitert er zusammen mit der Linken und ihrer Forderung nach einem verbindlichen und einheitlichen Wahlmodus in allen deutschen Staaten.[243]

Das Vorparlament verschenkt die in den Märzerhebungen gewonnene Souveränität und degradiert sich selbst zu einem lediglich beratenden Gremium. Statt in Permanenz weiterzuarbeiten, beauftragt die Mehrheit, die vom furchtsamen Biedermann bis zum eingefleischten Reaktionär reicht, einen Fünfziger-Ausschuss zur Zusammenarbeit mit dem Fürsten-Bundestag und verzichtet somit auf die Volksrepräsentanz. Radikale Demokraten wie Herwegh, Hecker und Struve sehen damit die Republik bereits im Vorfeld gescheitert. Wie die meisten Republikaner wird Wirth nicht in den Fünfziger-Ausschuss gewählt, der die Wahlen vorbereiten soll.

Als das gewählte Parlament am 18. Mai nach einem feierlichen Zug durch Frankfurt in der Paulskirche eröffnet wird, ist die Hambacher Gallionsfigur nicht dabei. Für einige scheint er ohnehin bereits der Legende anzugehören, doch andere sehen es nicht ein, dass der leidenschaftliche Vorkämpfer für die Rechte des Volkes nicht den verdienten Platz im ersten deutschen Parlament erhält. Anlässlich einer nötig gewordenen Nachwahl gewinnt Wirth – für den Wahlkreis Reuß-Schleiz-Lobenstein – einen Sitz im Parlament.

Am 26. Mai schließt sich Wirth mit Itzstein, Venedey, Karl Vogt, Robert Blum und anderen zur »Linken«, der Partei im *Deutschen Hof* zusammen. Dies belegt auch das bekannte Gruppenbild der Frankfurter »Linken«. Aber er ist bereits schwer krank und kann nur an einer einzigen Sitzung des Parlaments teilnehmen, ohne das Wort zu ergreifen. Seine Gedanken aus dieser Zeit, Vorüberlegungen für die geplante neue *Deutsche Tribüne* werden posthum von seinem Sohn Max als »Johann Georg August Wirths Letztes Wort an die deutsche Nation«[244] herausgegeben. Orientiert am nordamerikanischen und Schweizer Vorbild entwickelt Wirth einen extremen Liberalismus mit überraschend neuen und teilweise utopisch anmutenden Zügen.

»*Der Staat, der moderne Staat, dient nur zur Unterdrückung des Volkes*«, lautet sein Leitsatz. »*Wir müssen uns überhaupt von dem Begriffe des ›Staats‹ emancipieren, wie ihn die Könige, die Adels-, Aristokraten- und Priesterkasten aufgestellt haben.*«[245]

Wirths Sprache ist wieder radikal und jung. Mit seiner grundsätzlichen Ablehnung des »modernen Staates« steht er von vornherein in Opposition zur privilegierten und beamteten Mehrheit des Verfassungsausschusses. Er wendet sich gegen jede Herrschaft privilegierter Kasten und Minderheiten, geißelt Militär und Polizei. Auch in Zukunft will er die stehenden Heere abgeschafft wissen, denn er kennt ihr gefährliches Doppelgesicht: die »Verwendung gegen Außen und Innen«.

»*Die stehenden Heere sind nur da zu Unterdrückung des eigenen Volkes, zur Aufrechthaltung eines vereinzelten Fürstenwillens gegenüber dem Willen der Gesamtheit des Volkes …*«[246]

Der Schutz der Regierung aber sei in einem freien Staat nicht vonnöten, da sie ja ohnehin nur mit und durch den Willen der Mehrheit regiere und somit bestens geschützt sei: »*Das ganze bewaffnete Bürgertum steht einer solchen Staatsgewalt zu Gebot, und diese ist dann unüberwindlich.*«[247]

Für die Verteidigung gegen eine äußere Bedrohung wäre ebenfalls kein stehendes Herr vonnöten. Es sei für die Verteidigung des Vaterlandes völlig ausreichend, wenn nach Schweizer Vorbild regelmäßige Waffenübungen aller Bürger in den Gemeinden abgehalten würden.

»*In unzähligen endlosen Kriegen mußten die Völker sich zerfleischen um einiger Ehrgeizigen willen, die, hießen sie nun Könige oder Senatoren, die Völker zur Schlachtbank schickten, wider ihren Willen, wider ihr Interesse, um einer Chimäre: Herrschaft, Ruhm willen.*«[248]

Auch die Rolle und Aufgabe der Polizei will Wirth einschränken und unter die Kontrolle der Bürger bringen: »*Die Polizei, dieses verhasste mit Recht so verhasste Institut ist eines der wesentlichsten Organe zur Erfüllung des Staatszweckes.*« Eine staatliche Polizeigewalt sei jedoch eher eine Gefahr und Plage, als Schutz der freien Bürger. »*Überall wo sie sein soll, ist sie nicht, Überall wo sie nicht sein soll, ist sie. Mord und Diebstahl sind noch nie durch sie verhindert worden ... – zu was ist dann dieses edle Institut noch da? Ja sie ist noch dazu da, Pässe auszustellen und zu verweigern, als wenn die größten Verbrecher nicht immer am besten damit versehen wären. Sie ist da, um deutsche Bürger aus deutschen Städten auszuweisen; sie ist da, um jedes freie Wort zu belauschen und jede Regung des freien Geistes zu hemmen; sie ist da, den Menschen in dem edelsten Rechte, das er besitzt – der Freiheit*

– zu beeinträchtigen und ihn unter das Tier herabzusetzen.«[249]

Wirth schlägt vor, die Polizei aus der Hand des Staates zu befreien und in den Gemeinden selbst zu organisieren. Ebenso müsse die Justiz unabhängig vom Staat sein. Wirth fordert wie eh und je Geschworenengerichte. In Zivilstreitigkeiten und den unteren Instanzen könnten – nach Schweizer Vorbild – von der Gemeinde gewählte »Bauernrichter« und »Geschworene« schneller richten und schlichten als ein staatlicher Justizapparat.

»Wenn wir nun gesehen haben, daß ein Staats-Richterstand, eine Staats-Polizei und stehende Staats-Heere überflüssig sind, d.h. ihretwegen die Staatsgewalt nicht zu existieren braucht, was bleibt dann für die Kompetenz des Staates übrig? Die Kirche? Die Schule? Die Erstere ist durch die Grundrechte des deutschen Volkes schon vom Staate getrennt, und wegen der Letzteren allein wird man doch keine besondere Staatsgewalt errichten. Die Gemeinden werden sie ebenso gut beaufsichtigen und einrichten können, ja noch besser.«[250]

Auch im wirtschaftlichen Bereich sieht Wirth keine Aufgabe, die er dem Staat zuweisen möchte. Er ist der Ansicht, dass *»Alles, was der Staat unternimmt, kostspieliger ist und weniger rentiert, als die Anstalten, welche durch Privatgesellschaften gegründet werden.«*[251] Eisenbahn, Post, Straßen und Kanäle wären in privater Hand besser aufgehoben. Als Beispiel verweist Wirth auf die Blütezeit der Hanse, die europaweite Handelsgesellschaft des Mittelalters.

Was für eine Aufgabe also bleibt für die Staatsgewalt noch übrig, fragt Wirth weiter. Steuern einziehen? *»Zu was aber diese Steuern? Für die Justiz? – Sie*

*wird von den streitenden Parteien und den Gemeinden
unterhalten. – Für die Polizei? Die brauchen wir nicht,
ist Sache der Gemeinde. – Für die stehenden Heere?
Nein, wir brauchen keine. Jeder ist Soldat, und für die
Waffen der Armee muß die Gemeinde sorgen. Für was
werden aber dann die Steuern erhoben? Für die Steuerbeamten? Für die Staatsgewalt? Nein, die Steuern
können nicht der Steuerbeamten wegen da sein.«*[252]

Im Grunde fordert Wirth also weitestgehend die
Ohnmacht des Staates und die Macht der Bürger,
eine Basisdemokratie »*mit vollständiger Freiheit der
Gemeinden*« und stetiger Kontrolle der gewählten
Organe durch die Bürger. Wahl der Beamten, keine
berufsmäßigen Soldaten, Abstimmung des ganzen
Volkes über Krieg und Frieden, keine beamtete Justiz,
keine Staatspolizei, keine Steuern – dem heutigen
Leser erscheint Wirths Utopie wie eine ideale Schweiz,
ein Schlaraffenland der Freiheit. Und doch bleibt die
Frage, ob seine Vorschläge letztlich nicht bei Weitem
vernünftiger und menschenfreundlicher sind als Vieles,
was in den letzten 150 Jahren als deutsche Politik rea-
lisiert wurde.

Wirths Ideen widersprechen allerdings nicht nur
dem preußischen »Kasernenhofstaat« sondern auch
dem Staatsbegriff der französischen Sozialisten. Wirth
glaubt, die soziale Frage durch Abschaffung von
Staatskosten, Steuern und Privilegien, sowie Gewerbe-
und Handelsfreiheit lösen zu können. Er vertraut auf
die soziale Verantwortung der Unternehmer, freiwillige Vergesellschaftung, die Selbsthilfe der Gemeinden
und »milde Stiftungen«. Die verheerenden Folgen eines
ungehemmten Kapitalismus scheint er – im Gegensatz
zu Marx, Weitling und anderen – nicht zu befürchten,

Selbstorganisation der Arbeiter nicht zu ahnen. Ausbeutung, Armut und Arbeitslosigkeit werden kaum erwähnt.

Wirths radikalliberaler Demokratieentwurf ist durch seinen frühen Tod Fragment geblieben. Immerhin sind die wichtigsten Ziele skizziert, für die er sich in der *Tribüne* und der Nationalversammlung einsetzen wollte. Sie zeigen, wie weit sein Denken vom preußischen Obrigkeitsstaat entfernt war, und wie wenig jene Historiker von Wirth wussten, die ihn zum Vorkämpfer Bismarckscher Blut- und Eisen-Politik zurechtbiegen wollten. Sein Programm hat Wirth selbst in einem Satz zusammengefasst:

»*Größtmögliche Freiheit der Einzelnen und Gemeinden. Größtmögliche Beschränkung der Staatsgewalt!*«[253]

Mit solchen Forderungen hätte Wirth in der Paulskirche vermutlich auf verlorenem Posten gestanden. Doch auch andere politische Strömungen waren sich zunächst mehr in ihrem Dagegen einig und hatten noch keine festen parteilichen Strukturen. Es ist daher müßig, zu mutmaßen, wie er sich und sein Denken weiterentwickelt hätte, wie er auf spätere Entwicklungen, auf Tagespolitik und Parteibildungen reagiert hätte.

Die Querelen, Irrwege und Enttäuschungen eines sich selbst zerredenden und entmachtenden Parlaments jedenfalls blieben Wirth ebenso erspart wie Parteienstreit und der erneute Sieg der Reaktion.

Unsinnig ist auch, darüber zu spekulieren, ob er wirklich zur *demokratischen (äußersten) Linken* gehörte oder nur von ihr vereinnahmt wurde, wie die politischen Gegner behaupteten. Sein Werdegang und alle seine Äußerungen belegen eindeutig, in welchem

Lager er bis zu seinem Tode als jahrzehntelanger Verfolgter der Monarchien, als Gegner des Absolutismus und republikanischer Revolutionär zu Hause war. Nahestehende Zeitgenossen, Mitstreiter und Vertraute wie sein Sohn Max, Louise und Wilhelm Zimmermann, Robert Blum, Jakob Venedey und andere haben es bezeugt. Dass die politischen Gruppierungen natürlich noch am Anfang standen und sich weiter entwickelt haben, steht auf einem anderen Blatt.

Johann Georg August Wirth erkrankt an einem schweren Lungenleiden und stirbt – noch nicht fünfzigjährig – am 26. Juli 1848.[254]

Die Nachricht von seinem Tode überrascht die Abgeordneten. In der 49. Sitzung am 27. Juli verkündet Parlamentspräsident von Gagern: »Ferner habe ich der Nationalversammlung den ersten Verlust zur Kenntnis zu bringen, der sie durch den Tod eines ihrer Mitglieder betroffen hat. Es ist gestern Dr. Johann Georg August Wirth aus Hof in Bayern, 49 Jahre alt, Herausgeber der *Deutschen Tribüne* im Jahre 1831, Verfasser der *Geschichte des deutschen Volkes,* Abgeordneter für die deutsche Nationalversammlung, gewählt in Reuß-Schleiz-Lobenstein, hier gestorben. Die Bedeutung dieses Mannes ist uns allen bekannt, und wir werden uns sämtlich veranlaßt finden, ihm die letzte Ehre zu erzeigen, indem wir uns seinem Leichenbegängnisse anschließen.

(Viele Stimmen: Ja! Ja!)«

Erst jetzt erinnern sich viele wieder der Bedeutung und der Lebensleistung ihres großen Vorkämpfers. Die Beerdigung am 31. Juli 1848 wird wie ein offizielles Staatsbegräbnis begangen und zu einer gewaltigen politischen Manifestation. Nach dem Bericht eines Teilnehmers habe die Stadt Frankfurt zuvor noch keinen großartigeren Leichenzug gesehen.

Sämtliche Parlamentsmitglieder, die Deputierten des Handwerkerkongresses, die Turner, mehrere Gesangsvereine und Liedertafeln, viele Bewohner Frankfurts und viele Fremde, auch eine Menge Equipagen schließen sich dem Zug an.

Kein Geringerer als Robert Blum, der Mitkämpfer und Führer der Linken, hält die Trauerrede. Seine Stimme habe gezittert und Tränen seien in seinen Augen gestanden. Blum erinnert an Wirths Lebensleistung, seinen unerbittlichen Kampf für Freiheit, Einheit und Recht, in dem er sich unermüdlich für die Sache des Volkes aufgeopfert habe. In Gegensatz zu anderen habe sich Wirth trotz jahrelangem Gefängnis und bittersten Misshandlungen nicht wenden und von seinem Kampf für die Freiheit und für allgemeine Menschenrechte abbringen lassen. Im Namen der Lebenden gelobt Blum, dem Beispiel des Verstorbenen zu folgen, ebenso treu und beharrlich wie Wirth für Deutschlands Glück und Wohl weiterzukämpfen.

Blum schließt mit den Worten: »Kein Leichenstein wird Dein Grab einst zieren. Du hast Dir aber Dein Denkmal in unseren Herzen gesetzt. Die Erde sei Dir leicht, lebe wohl!«[255]

An seine Frau Jenny schreibt Robert Blum: »Über meine Grabrede ist die Rechte in schäumender Wut.«

Während des feierlichen Traueraktes habe – so sein Bericht – tiefe Ergriffenheit geherrscht, kein Auge blieb tränenleer.

Ein Ehrenmal wird dennoch gesetzt. Die Parlamentarier sammeln für einen Gedenkstein, der heute noch auf dem Frankfurter Hauptfriedhof an Wirth erinnert. Und in einem Trauergedicht von Moritz Hartmann heißt es:

>»Ein schöner Tod, den ihm ein Gott verlieh'!
> Auf seinem Grabe soll die Widmung steh'n:
> Er starb wie Moses auf dem Sinai,
> Nachdem er Kanaan von fern geseh'n.«

Wirths Erbe als Historiker übernimmt der Freund und Mitstreiter Wilhelm Zimmermann und setzt die *Geschichte der Deutschen* ab der 11. Lieferung des zweiten Bandes fort. Er starb »mitten in einem Satze, ein Comma ist das letzte Zeichen seiner Hand«, notierte Louise Zimmermann. Wilhelm Zimmermann (1807 – 1878), evangelischer Theologe und als Verfasser der *Geschichte des Bauernkriegs* bekannt geworden, gehörte der äußersten Linken des Frankfurter Parlaments an. Die Bände 3 und 4 gehen teilweise oder ganz auf ihn zurück.

Wirths Frau und Mitstreiterin Regina, die ihren Mann um viele Jahre überlebt, behält Frankfurt als Wohnsitz bei. Sie stirbt am 17. Mai 1871 in Bern bei ihrem ältesten Sohn Max, der damals Direktor des Eidgenössischen Statistischen Bureaus ist.

Die Historiker sind Wirth nur selten gerecht geworden. Während die *Biographischen Umrisse der Nationalversammlung* den Vorparlamentarier 1848 noch als den *größten Mann seiner Zeit* würdigten, machte die dienende Geschichtsschreibung im Gefolge eines Heinrich von Treitschke ihn und die Demokratiebewegungen im Nachhinein als *naive, trunkene* und *gescheiterte* lächerlich. Vom Scheitern sprachen auch Spötter aus dem eigenen Lager wie Heine (der freilich zumeist auch eine positive Version im Ärmel hatte) und enttäuschte Aktionisten, die sich den 27. Mai 1832 schon als definitiven Revolutionstag vorgemerkt hatten. Und schließlich vermisste auch mancher sozialistische Historiker die Kapitalismuskritik – 1832 etwa, als Marx und Engels noch die Schulbank drückten. Andere wollten Siebenpfeiffer und Wirth dafür mit ausgesuchten nationalen Zitaten retten oder im Wortsinne »festreden« für das Bismarck-Reich, die Nazi-Diktatur, die Weimarer und die Bonner Republik.[256]

Vereinnahmung und anachronistische Kritik jedoch versperren den Blick auf die innovativen und epochemachenden Leistungen. Wirth und anderen Vorkämpfern unserer demokratischen und freiheitlichen Traditionen können wir nur gerecht werden, wenn wir sie sorgfältig in ihrer Zeit, im historischen, sozialen und tagespolitischen Kontext betrachten. Geschichte ist nicht statisch, sondern ein lebendiger Fluss. Die Dynamik eines Lebenslaufes bedingt Ansichten und Haltungen. Denn auch Kerker, Krankheit, Verbannung und Not haben Wirth und sein Denken geprägt. Das Entwickeln und Lernen gehörte dazu, ebenso wie das Irren und Scheitern.

Trotz aller Widersprüche jedoch bleibt am Ende eine beachtliche Bilanz. Wirths lebenslanges Kämpfen, sein Mut und seine Widerstandskraft gegen Unrecht und Unterdrückung, seine Geradlinigkeit und Unbestechlichkeit verdienen heute mehr Bewunderung denn je. Seine große Zeit waren zweifellos die Jahre vor und nach dem Hambacher Fest. In den Jahren zwischen 1830 und 1834 waren sein Denken und Wirken zukunftsweisend. In diesem Glanz und in seiner Stärke als »tapferer Ritter der Freiheit« (Heine) ist Johann Georg August Wirth bis heute einer der wirklich Großen unserer *demokratischen* Geschichte geblieben.

ZEITTAFEL

1798 *20. November,* geb. in Hof als drittes von fünf Kindern des Reichspoststallmeisters Johann Adam Gottlieb Wirth

1803 Tod des Vaters nach einem Reitunfall

1806 Gymnasium in Hof; Bekanntschaft mit Karl Ludwig Sand; Verehrung für Jean Paul

1810 Wechsel zum Gymnasium Bayreuth

1813 Wirth muss das Gymnasium Plauen wegen »übermütiger Jungenstreiche« verlassen; danach Privatunterricht bei dem Prediger Johann Gebhardt

1814 Ägidien-Gymnasium Nürnberg; sein Lehrer, der Philosoph Georg Wilhelm Friedrich Hegel entzündet den »unsterblichen Funken der Freiheit«

1816 Universität Erlangen – Studium der Rechtswissenschaften; Eintritt in die Landsmannschaft Frankonia

1819 Rechtspraktikant am Fürstlich Schönburgischen Patrimonialgericht Schwarzenbach an der Saale; sein Vorgesetzter ist Johann Wilhelm Werner; Verlobung mit dessen Schwester Regina

1820 Promotion zum Dr. jur. in Halle; danach Quellenstudium des römischen Rechts in Hof

1821 Hochzeit mit Regina Magdalena Werner

1822 *27. Januar,* Geburt des ersten Kindes Maximilian Wilhelm Gottlob; Habilitierung scheitert

1823 Arbeit in einer Rechtsanwaltskanzlei in Bayreuth; er vertritt ärmere Leute gegen die Finanzbehörden – empört sich über Prozessverschleppung und überhöhte Gebühren; »Beiträge zur Reform

der bürgerlichen Prozessgesetzgebung«; Auseinandersetzung mit wirtschaftspolitischen Fragen
(Schmuggel, Eisenbahnen, Kanal- und Straßen-
bau, Zollgrenzen); – Denkschrift über die Einführung eines freien Handelsverkehrs

1826 *6. Juli,* Geburt des Sohnes Franz Ulpian.

1827 *29. November,* Geburt der Tochter Rosalie
Christiane

1830 Julirevolution in Frankreich – Anstoß zu politischer Aktivität und eigener journalistischer
Tätigkeit

1831 Wirth gibt im Selbstverlag zweimal wöchentlich
die Zeitschrift *Der Kosmopolit* heraus, muss sie
aber nach Erlass der bayer. Zensurverordnung
v. 28.1. einstellen; Übersiedlung nach München;
Verleger Cotta überträgt ihm die Redaktion des
»offiziösen bayerischen Regierungsorgans« *Das
Inland* – Freie Hand im redaktionellen Bereich;
die Berichterstattung über oppositionelle
Ansichten (Friedrich Schüler) und politische
Artikel fallen der Zensur zum Opfer; Cotta
stellt das Erscheinen des Blattes zum 31. Juni
ein

1. Juli, Wirth gründet als unabhängige Zeitung die *Deutsche Tribüne,* in der er die bayer.
Staatsregierung, den deutschen Fürstenbund
und die Politik Metternichs angreift; er mis-
sachtet die Zensur, druckt gestrichene Artikel
als Flugblätter – Kleinkrieg mit Behörden,
Geldbußen und Arreststrafen; Anklage wegen
Verletzung der »Amtsehre« der Staatsregierung;
das Appellationsgericht Landshut verhängt
Festungshaft

Wirth ruft zum Aktienererwerb für eine »Presse des Volkes« auf und siedelt in den bayerischen Rheinkreis um; hier steht er unter dem Schutz der noch gültigen napoleonischen Gesetzgebung; die Pfalz ist von den freiheitlichen Traditionen der Revolution geprägt; Freunde wie Friedrich Schüler und der ehemalige Landkommissär und Publizist Dr. Philipp Jakob Siebenpfeiffer helfen bei der Gründung der eigenen Druckerei
Dezember, Übersiedlung nach Homburg

1832 *1. Januar,* Wiedererscheinen der *Deutschen Tribüne;* Kampf gegen die Zensur: *Die Presse, die das Volk sich baut, werdet ihr nie zum Schweigen bringen;* sein politisches Programm wird zunehmend radikaler. Forderung nach Volkssouveränität, »Wiedergeburt Deutschlands« und europäischer Konföderation
4. Januar, Die Behörden versiegeln Wirths Handpresse; die »Presse des Volkes« rettet er nach Zweibrücken – dort wird die *Deutsche Tribüne* weitergedruckt; Solidarität mit den polnischen Flüchtlingen
29. Januar, Bankett zu Ehren Friedrich Schülers in Bubenhausen bei Zweibrücken – Wirth trägt die Idee eines Preß- und Vaterlandvereins vor
3. Februar, Gründungsaufruf »Deutschlands Pflichten«; sofort sensationeller Erfolg des Preß-vereins – aus ganz Deutschland treffen Beiträge und Subskriptionslisten ein; Filialkomitees werden gegründet, u.a. in Paris; die nach Homburg zurückgebrachte Schnellpresse druckt einzelne Artikel mit einer Auflagenhöhe von bis zu 50.000 Exemplaren

2. März, der Frankfurter Bundestag verbietet die *Tribüne* und Siebenpfeiffers *Westboten*
8. März, Versiegelung der Schnellpresse; aufgrund seines Aufrufs »Deutschlands Pflichten« wird Wirth wegen *Aufforderung zum Umsturz der bayer. Staatsregierung* verhaftet; Ludwig Börne plant Mitarbeit an der *Tribüne* und bereitet Übersiedlung nach Homburg vor
21. März, nach Landesverweis der Redakteure Fein und Sonntag stellt die *Tribüne* ihr Erscheinen ein
14. April, Freispruch durch das Appellationsgericht Zweibrücken; Wirth sieht den Preßverein rehabilitiert und will ihn zu einer Partei gegen die Fürstenherrschaft erweitern
21. April, Wirths »Aufruf an die Volksfreunde in Deutschland« stellt sein radikal republikanisches Programm vor – Urform und Vorbild einer demokratischen Verfassung
27. Mai, Teilnahme an dem von Siebenpfeiffer initiierten Hambacher Fest – in seiner Rede verflucht Wirth die Könige, fordert ein freiheitlich-demokratisches Vaterland und ein »konföderiertes, republikanisches Europa«; Konflikt mit der pfälzischen Fraktion um Savoye und Schüler – Wirth befürchtet einen linksrheinischen Alleingang und warnt in seiner Rede vor französischen Gebietsforderungen; Der Preß- und Vaterlandsverein wird nach Wirths und Siebenpfeiffers Vorstellungen in einen »Reformverein« umgewandelt. Er soll in allen deutschen Staaten für die Republik werben und die freiheitliche Bewegung organisieren; Wirth gibt die Beschrei-

bung *Das Nationalfest der Deutschen* mit den
Reden der Teilnehmer heraus
15. Juni, Verhaftung in Homburg und Einlieferung in das Bezirksgefängnis Zweibrücken –
dort verfasst er heimlich »Die politische Reform
Deutschlands« – in Straßburg gedruckt und von
Regina Wirth vertrieben

1833 *Mai/Juni,* nach einjähriger Untersuchungshaft
Anklage gegen Wirth, Siebenpfeiffer und Weitere
wegen »Aufforderung zum Umsturz der bayer.
Staatsregierung«
19. Juli bis 16. August, Geschworenenprozess
in der von bayer. Militär gesicherten Bundesfestung Landau – Aufsehen erregende achtstündige Verteidigungsrede Wirths, in der er die
Fürsten zu Hochverrätern erklärt – Freispruch
31. Oktober, das Zuchtpolizeigericht Zweibrücken verurteilt Wirth wegen Beleidigung
von in- und ausländischen Beamten zur
Höchststrafe von 2 Jahren Gefängnis – Verfahren gegen Regina Wirth wegen Aufreizung
zum Aufruhr und Vertrieb von Wirths Verteidigungsrede

1834 Regina flieht mit den Kindern nach Weißenburg
ins Elsass – dort lebt sie während der Gefangenschaft ihres Mannes
23. April, Einlieferung in das Zentralgefängnis
Kaiserslautern – auf dem Transport versuchen
junge Radikale, Wirth zu befreien – er weigert
sich zu fliehen; Während der zweijährigen Haftzeit entstehen »Fragmente zur Culturgeschichte
der Menschheit«; Wirth leidet unter verzweifelten Schwermutsanfällen

1836 *18. April,* Verschiebung nach Passau, wo er
eine alte sechswöchige Gefängnisstrafe absitzt;
nach der Entlassung wird Polizeiaufsicht angeordnet

12. Juli, Wirth wird dem Magistrat seiner
Heimatstadt Hof überstellt – sein Vetter muss
ihn überwachen; im Dezember gelingt ihm die
Flucht zu seiner Familie; nach viereinhalbjäh-
riger Trennung lässt sich die Familie in Nancy
nieder; erneut schwere Depressionen – monate-
lange Untätigkeit; Quellensuche für eine
»Geschichte der Deutschen«

1838 *Januar,* Herausgabe der in Heidelberg erscheinenden Zeitschrift *Braga;* Übersiedlung nach
Straßburg

1839 Aus Anlass der belgischen Krise will Wirth mit
Rauschenplatt in Frankreich und der Schweiz
bewaffnete deutsche Freischaren rekrutieren;
Tod der Freundin/Geliebten Amalie L., des
»edelsten Wesens«; Braga erweist sich als
frommer Betrug und Geisterzeitschrift, um
ihm Geldspenden zukommen zu lassen«; tiefe
Depression; Umzug nach Emmishofen/Schweiz;
Schriftleitung der *Deutschen Volkshalle* – der
aus Württemberg geflohene Dichter Georg
Herwegh steuert den »kritischen Teil« bei; die
Zeitung wird zu einem beachteten Forum der
Opposition, in dem soziale und demokratische
Ideen diskutiert werden

1840 Rheinkrise – Wirth verficht einen aggressiven
patriotischen Kurs gegen französische Gebietsansprüche; Zerwürfnis mit Herwegh und politischen Freunden

1841 *August,* die *Deutsche Volkshalle* stellt ihr Erscheinen ein – die Zensur machte ein Erscheinen immer schwieriger – Wirth verlor seine Energie zur Aufrechterhaltung; Wirth ist erneut auf die Unterstützung von Freunden angewiesen; Dank Erbschaft kann er eine Druckerei einrichten

1842 Erscheinen des ersten Bandes der »Geschichte der Deutschen«; Wirth kauft als Wohnsitz das Schlösschen Irrsee bei Emmishofen

1844 »Denkwürdigkeiten aus meinem Leben« findet kaum noch Leser

1845 Genauso ergeht es »Walderode, eine historische Novelle aus der neueren Zeit« – finanzielle Bedrängnis, Zwangsversteigerung

1847 Rückkehr nach Deutschland – Wohnsitz in Karlsruhe – Arbeit an der »Geschichte der deutschen Staaten von der Auflösung des Reiches bis auf unsere Tage«

1848 Revolution in Paris – Märzerhebungen in Deutschland; Wirth fühlt sich zu neuer politischer Tätigkeit berufen und plant die erneute Herausgabe der *Tribüne;* er engagiert sich für die Republik und gegen jeden Kompromiss mit den Fürsten; Berufung in das Frankfurter Vorparlament – er erringt bei den Wahlen einen Platz in der Nationalversammlung – Anschluss an die Linke unter Robert Blum
26. Juli, Wirth stirbt nach Lungenleiden und wird in Frankfurt beerdigt; Ehrenmal auf dem Frankfurter Friedhof

1871 *17. Mai,* Regina Wirth stirbt in Bern

QUELLEN- UND
LITERATURVERZEICHNIS

a.) Werke von Johann Georg August Wirth

Handbuch der Strafrechts-Wissenschaft und Strafge-
setzgebung, Breslau 1823.
Entwurf eines Strafgesetzbuches, Bayreuth 1825.
Über die Notwendigkeit einer durchgreifenden und
gründlichen Verbesserung der Civil-Proceßordnung,
Rechtspflege und Gerichts-Verfassung in Bayern,
Bayreuth 1826.
Aufruf an die Volksfreunde in Deutschland,
Homburg, 21. April 1832.
Das Nationalfest der Deutschen zu Hambach,
Neustadt an der Haardt 1832, Nachdruck, Neustadt
an der Weinstraße 1981.
Die politische Reform Deutschlands. Noch ein
dringendes Wort an die deutschen Volksfreunde,
Straßburg 1832.
Fragmente zur Culturgeschichte, Erster Teil,
Kaiserslautern 1835, 1836, Zweiter Teil, erste Abtei-
lung, Kaiserslautern 1836.
Die Rechte des deutschen Volkes. Eine Vertheidi-
gungsrede vor den Assisen zu Landau, Nancy 1833,
und Schwäbisch-Hall 1848.
Die politisch-reformatorische Richtung der Deutschen
im XVI. und XIX. Jahrhundert, Belle-Vue 1841.
Denkwürdigkeiten aus meinem Leben, Emmishofen
1844.
Walderode. Eine historische Novelle aus der neueren
Zeit, Emmishofen 1845.

Die Geschichte der Deutschen, 4 Bände, Emmishofen 1842-1845, Stuttgart 1846.
Die Geschichte der deutschen Staaten von der Auflösung des Reiches bis auf unsere Tage, 4 Bände (Band 3 und 4 fortgesetzt von Wilhelm Zimmermann), Karlsruhe 1847-1853, 1854.
Ein Wort an die deutsche Nation, Karlsruhe 1848.
Johann Georg August Wirth's Letztes Wort an die deutsche Nation, Mit Randglossen von M. Wirth, Frankfurt 1849.

b.) Zeitschriften

Kosmopolit, Bayreuth 1831.
Das Inland, München 1831.
Flugblätter und »Censurfreye Broschüren als Entschädigung für die Abonnenten des Inlandes«, München 1831, darunter:
– Die bayrische Censur und die churhessische Camarilla. Ein censurfreyes Flugblatt als Entschädigung für die Abonnenten des Inlandes, 1 Bl.
– Die Congregation, der Absolutismus und die Presse. Ein censurfreyes Flugblatt als Entschädigung für die Abonnenten des Inlandes, 2 Bl.
– Die Fünfziger und die Censur, 1 Bl.
– Gründe für die Versetzung des bayerischen Ministers des Innern, Eduard von Schenk, in den Anklagestand, 3 S.
– Über die Notwendigkeit eines Ministerwechsels in Bayern, 2 S.
– Die Bayerische Pairs-Kammer, der Obscurantismus und die preussische Censur, 6 S.

- Das neue Pressgesetz für Bayern, der Ministerver-
  weser und die Congregation, 7 S.
- Der bairische Unterofficier und die Oestereichische
  Glückseeligkeit.

Oppositionsblatt für Baiern, München 1831.

Deutsche Tribüne, München 1831, Homburg 1832.

Braga, Vaterländische Blätter für Kunst und Wissenschaft, Heidelberg 1838/39.

Deutsche Volkshalle, Konstanz 1839/41.

c.) Zeitgenössische Quellen

BIOGRAPHISCHE UMRISSE: Biographische Umrisse
der Mitglieder der deutschen konstituierenden Nationalversammlung zu Frankfurt, erstes Heft, Frankfurt
1848.

HOFFMANN, Ludwig: Vollständige Verhandlungen
vor dem königlich-bayerischen Appellationsgerichte
des Rheinkreises und in den öffentlichen Sitzungen
des ausserordentlichen Assisengerichts zu Landau
vom 29. Juli 1833 und der folgenden Tage gegen
Dr. Wirth, Dr. Siebenpfeiffer, Hochdörfer, Scharpff,
Becker, Dr. Große. Dr. Pistor, Rost und Baumann,
sämtlich der directen, jedoch ohne Erfolg gebliebenen
Aufforderung zum Umsturze der Staats-Regierung –
ferner gegen Schüler, Savoye, Geib und Eifler, die drei
Erstern eines förmlichen Complotts zum Umsturze der
Staats-Regierung, und der Letztere der Mitschuld an
diesem Verbrechen angeklagt, Zweibrücken 1833.

JUCHO: Verhandlungen des Deutschen Parlaments,
Officielle Ausgabe, Frankfurt 1848.

MILLER, J. N. (= Georg Friedrich Kolb): Geschichte

der neuesten Ereignisse in Rheinbaiern. Nebst einer Schilderung von Siebenpfeiffer, Wirth, Hochdörfer, Schüler, Culmann, v. Stichaner, v. Andrian etc., Weißenburg 1833.

d.) Literatur

ADLER. H. (Hg.): Literarische Geheimberichte. Protokolle der Metternich-Agenten. 2 Bde. Köln 1977.
ASMUS, Helmut: Philipp Jakob Siebenpfeiffer, Johann Georg August Wirth und die rheinbayerische Polenfreundschaft in den Jahren 1831 und 1832, in: Saarpfalz-Kreis (Hg.) Ein Leben für die Freiheit: Philipp Jakob Siebenpfeiffer; 1789 – 1845, Konstanz 1989.
BAUMANN, Kurt: »Friedrich Schüler, Joseph Savoye, Daniel Pistor«, in: Baumann, Kurt (Hg.):
Das Hambacher Fest. Männer und Ideen Speyer 1982.
BECKER, Albert: Hambach und die Frauen, in: Die Pfalz am Rhein, Jg. 1932.
DERS.: J. G. A. Wirth im Gefängnis. Briefe eines Hambacher Patrioten Neustadt an der Haardt 1932.
DERS.: Hambach und Pirmasens, Pirmasens 1928.
DERS.: Wirth, Johann Georg August. Rechtsgelehrter, Politiker, Schriftsteller, in: Anton Chroust (Hg.), Lebensläufe aus Franken, Band 5, Erlangen 1936.
BECKER, Bernhard: Siebenpfeiffer in Bern, in: Saarpfalz-Kreis (Hg.) Ein Leben für die Freiheit, a.a.O.
BEST, Heinrich u. Wilhelm WEEGE: Biographisches Handbuch der Abgeordneten der Frankfurter Nationalversammlung, Düsseldorf 1996.

BIBL, Viktor: Metternich in neuer Beleuchtung. Sein geheimer Briefwechsel mit dem bayerischen Staatsminister Wrede, Wien 1928.

BLOß, Wilhelm: Die deutsche Revolution, Nachdruck, Bonn 1978.

BÖRNE, Ludwig: Sämtliche Schriften. Neu bearbeitet und hrsg. von Inge und Peter Rippmann, 5 Bde., Dreieich 1977.

CHROUST, A.: Gesandtschaftsberichte aus München 1814-1848, Abt. 1-3. München 1935-51.

DEUCHERT, Norbert: Vom Hambacher Fest zur badischen Revolution, Stuttgart 1983.

DIETLEIN, Ernst: Dr. Johann Georg August Wirth – der Vorläufer für ein einiges deutsches Reich, in: Chronik der Stadt Hof, Band 8, Hof 1936.

DOLL, Anton: Philipp Jakob Siebenpfeiffer 1789 – 1845 / Johann Georg August Wirth 1798-1848, in: Baumann, Kurt (Hg.), Das Hambacher Fest – Männer und Ideen, Speyer 1957.

FARALISCH-LINDEMANN, Waltraud: Philipp Jakob Siebenpfeiffer – ein Leben für die Demokratie, in: Saarpfalz-Kreis (Hg.) Ein Leben für die Freiheit, a.a.O.

FELLRATH, Ingo: Georg Herweghs Aufenthalt in Emmishofen, in: Zeitschrift für Württembergische Landesgeschichte, Jg. 48 (1989).

FENSKE, N. (Hg.): Vormärz und Revolution 1840-1849. Darmstadt 1976.

FISCHER, Karl: Homburg im deutschen Vormärz. Siebenpfeiffer und Wirth im Kampf für Freiheit und Einheit 1832, in: Stadt Homburg (Hg.), Von Homburg nach Hambach. Homburger Hefte 1982.

FOERSTER, Cornelia: Der Preß- und Vaterlandsverein von 1832/33 = Band 3 der Schriftenreihe Trierer
Historische Forschungen«, Trier 1982.

GALLO, Theophil: Die Verhandlungen des außerordentlichen Assisengerichts zu Landau in der Pfalz im
Jahre 1833, Sigmaringen 1996.

DERS.: Der Landauer Assisenprozeß von 1833. Das
Strafverfahren gegen Dr. Wirth, Dr. Siebenpfeiffer und
elf Mitangeklagte, in: Saarpfalz-Kreis (Hg.) Ein Leben
für die Freiheit, a.a.O.

GLOSSY, K. (Hg.): Literarische Geheimberichte aus
dem Vormärz. 3 Bde. Wien 1912.

GRAB, Walter und FRIESEL, Uwe: Noch ist Deutschland nicht verloren. Eine historisch-politische Analyse
unterdrückter Lyrik von der Französischen Revolution
bis zur Reichsgründung, München 1970.

GRAB, Walter.: Ein Volk muß seine Freiheit selbst
erobern. Zur Geschichte der deutschen Jakobiner.
Frankfurt, Wien 1984.

DERS.: Dr. Wilhelm Schulz aus Darmstadt, Wegge-
fährte von Georg Büchner und Inspirator von Karl
Marx, Frankfurt 1987.

DERS.: Harro Harring. Revolutionsdichter und
Odysseus der Freiheit. In: Gerd Mattenklott und
Klaus R. Scherpe (Hrsg.): Demokratisch-revolutionäre
Literatur in Deutschland, Kronberg 1975.

DERS.: Heinrich Heine als politischer Dichter, Heidelberg 1982.

DERS.: Ein Volk muß seine Freiheit selbst erobern,
Zur Geschichte der deutschen Jakobiner, Frankfurt 1984.

HAASIS, Hellmut G.: Morgenröte der Republik – Die
linksrheinischen deutschen Demokraten 1789- 1849,
Frankfurt 1984.

DERS.: Volksfest, sozialer Protest und Verschwörung – 150 Jahre Hambacher Fest,
Heidelberg 1981.

HALMES, Gregor: Der gallische Hahn kräht nicht, in:
Ein Leben für die Freiheit – Philipp Jakob Siebenpfeiffer, Konstanz 1989.

HEINE, Heinrich: Werke und Briefe in zehn Bänden,
Berlin und Weimar 1972.

HERMAND, Jost. (Hg.): Der deutsche Vormärz.
Stuttgart 1967.

HERZBERG, Wilhelm: Das Hambacher Fest.
Geschichte der revolutionären Bestrebungen in Rhein-
bayern um das Jahr 1832, Ludwigshafen 1908, Ndr.
Leipzig 1974 und Köln 1982.

HOEFER, Frank Thomas: Pressepolitik und Polizeistaat Metternichs. Die Überwachung von Presse und
politischer Öffentlichkeit in Deutschland und den
Nachbarstaaten durch das Mainzer Informationsbüro
(1833-1848), München 1983.

KEIM, Anton Maria / MATHY, Helmut, unter
Mitwirkung von Joachim KERMANN, Joachim und
Klaus-Peter WESTRICH: Hambach 1832—1982.
Ein politisches Lese- und Bilderbuch zur Geschichte
von Freiheit und Demokratie, Mainz 1982.

KELLER, Hans Gustav: Die politischen Verlagsanstal-
ten und Druckereien in der Schweiz 1840-1848, Bern
und Leipzig 1935.

KERMANN, Joachim: Das Hambacher Fest (Texte
zur Landesgeschichte 8). Landesarchiv Speyer 1981.

KIMMEL, Helmut: Der Anteil der pfälzischen Geistli-
chen an den Ereignissen der Jahre 1832 und 1849, in:
Blätter für pfälzische Kirchengeschichte und religiöse
Volkskunde, Jg. 1953.

KLEIN, Hans-Georg: Annäherungsversuche – Schritte zu einer journalistischen Aneignung Siebenpfeiffers und Wirths, in: Saarpfalz-Kreis (Hg.) Ein Leben für die Freiheit, a.a.O.

KULTUSMINISTERIUM RHEINLAND-PFALZ (Hg.): Katalog zur Ausstellung »Hambacher Fest 1832-1982. Freiheit und Einheit, Deutschland und Europa« auf dem Hambacher Schloss, Neustadt a. d. Weinstraße 1982.

MAYER, Hans: Georg Büchner und seine Zeit, Frankfurt 1972.

METZ: Auf dem Hambacher Fest am 27. Mai 1832. In: Leininger Geschichtsblätter 9,1910.

MÜLLER, Otto Heinrich: Johann Georg August Wirth und die Entwicklung des radikalen Liberalismus von 1830-1848, Diss. MS, Frankfurt am Main 1925.

PAUL, Roland: Steinwenden – ein revolutionäres Zentrum in der Westpfalz, in Jahrbuch zur Geschichte von Stadt und Landkreis Kaiserslautern, Bd. 18/19, Otterbach 1981.

SAARPFALZ-KREIS (Hg.): Ein Leben für die Freiheit: Philipp Jakob Siebenpfeiffer; 1789 – 1845, Konstanz 1989.

SCHRÖTER, Hans (Hg.): J. G. A. Wirth: Aus Haft und Exil. Briefe [...] 1833 bis 1837, Speyer 1985.

SÜSS, Edgar: Die Pfälzer im »Schwarzen Buch«. Ein personengeschichtlicher Beitrag zur Geschichte des Hambacher Festes, des frühen pfälzischen und deutschen Liberalismus, Heidelberg 1956.

TREITSCHKE, Heinrich von: Deutsche Geschichte im 19.Jahrhundert, 4. Teil, Leipzig 1919.

VALENTIN, Veit: Das Hambacher Nationalfest 1832-1932. Berlin 1932, Neuauflage Frankfurt 1982.

DERS.: Geschichte der deutschen Revolution von 1848-1849, 2 Bde., 1931, Neudruck Köln 1970.

VENEDEY Hermann: Jakob Venedey, Diss., Stockach 1930.

DERS.: Belle-Vue bei Constanz, Gesicht eines politischen Verlages im Vormärz, 1840-1848, Konstanz 1973.

VOLLMER, F.: Der Traum von der Freiheit. Vormärz und 48er Revolution in Süddeutschland in zeitgenössischen Bildern. Stuttgart 1983.

WADLE, Elmar (Hg.): Philipp Jakob Siebenpfeiffer und seine Zeit im Blickfeld der Rechtsgeschichte, Schriften der Siebenpfeiffer-Stiftung; Band 1, Sigmaringen 1991.

WEBER, Wilhelm: Homburg und Hambach. Siebenpfeiffer und Wirth zum Gedenken. Ein Beitrag zur 125-Jahrfeier des Hambacher Festes. Erweiterter Sonderdruck aus der Zeitschrift für die Geschichte der Saargegend 1956/57, Homburg 1956/57.

WESTRICH, Klaus-Peter: Neustadt an der Haardt zwischen Biedermeier und Gründerzeit. Zwölf Ansichten des 19. Jahrhunderts, Neustadt an der Weinstraße 1976.

WIRTH, Max: Ernste und frohe Tage. Erlebnisse und Streifzüge, Köln 1884.

WOLLSTEIN, Günter: Das ›Großdeutschland‹ der Paulskirche. Nationale Ziele in der bürgerlichen Revolution 1848/49, Düsseldorf 1977.

NACHTRAG:

Nach der Erstausgabe der vorliegenden Arbeit im Jahre 1997 sind eine Reihe weiterer wichtiger Untersuchungen erschienen. Einige konnten bei der Neuausgabe berücksichtigt werden, andere werden zur weiterführenden Lektüre empfohlen:

GIEGOLD, Heinrich: Vogtland, Freiheit, Demokratie, Hof 1998.

HERRMANN, Axel u. KLUGE, Arnd (Hg.): Johann Georg August Wirth. Ein Revolutionär aus Hof, Hof 1999.

HÜLS, Elisabeth, Johann Georg August Wirth (1797-1848). Ein politisches Leben im Vormärz, Düsseldorf 2004.

KOPPENHÖFER, Peter: Johann Georg Deeg, Heidelberger Jahrbücher 14, Heidelberg 2010.

SCHLECHTER, Armin (Hg.): Kämpfer für Freiheit und Demokratie, Johann Georg August Wirth, Neustadt 2010.

SIEMANN, Wolfram u. MÜLLER-WIRTH, Christof (Hg.): Deutsche Tribüne (1831-1832), herausgegeben von J.G.A. Wirth, 3 Bde., bearbeitet von Elisabeth Hüls und Hedwig Herold-Schmidt, München 2007.

JOHANN GEORG AUGUST WIRTH: Die Rechte des deutschen Volkes – Eine Verteidigungsrede vor den Assisen zu Landau (1833), mit einer Einführung von Michail Krausnick, Bibliothek Europäischer Freiheitsbewegungen, Bd.1, Potsdam 1998.

ZIMMERMANN, Louise: *...von Gott verfluchte Politik.* Ein Revolutionstagebuch aus der Frankfurter Paulskirche 1848/49, hrsg. v. Günter Randecker, Kirchheim unter Teck, 1998.

Die wichtigsten dieser Veröffentlichungen wurden angeregt, gefördert und kritisch begleitet von Dr. Christof Müller-Wirth, der es sich zur Aufgabe gemacht hat, die Erinnerung an den großen Vorkämpfer und die demokratischen Wurzeln unseres Landes wachzuhalten. Seine Denkanstöße verdienen besondere Beachtung:

So hat Christof Müller-Wirth zusammen mit Wolfram Siemann die *wirkmächtigste* deutsche und europäische Oppositionszeitung zwischen 1831 und 1832, die *Deutsche Tribüne* als Reprint neu herausgegeben. Die spannende Lektüre über die *heroische Zeit der Preß-freiheit* – ergänzt durch historische Erläuterungen – ist eine unentbehrlichen Quelle für das politische Leben rund um das Hambacher Fest. An den wichtigsten Orten seines Wirkens, in Hambach, Homburg, Zweibrücken und Hof, aber auch in der Erinnerungsstätte der Freiheitsbewegungen in Rastatt, initiierte Wirths Nachfahre mit Ausstellungen, Vorträgen und Veröffentlichungen immer wieder die lebendige, nicht nur akademische, Beschäftigung mit Johann Georg August Wirth. Ein Denkmal von Andreas Theurer, ein sehenswertes und vielgerühmtes Kunstwerk, erinnert in Hof an den größten Sohn der Stadt und seinen Kampf um die Freiheit der Presse. Es verewigt die *Deutsche Tribüne* als aufgeschlagenes, steinernes Zeitungsblatt.

1998, zum 150. Todestag von J.G.A. Wirth wurde ihm in seiner Geburtsstadt Hof ein Denkmal errichtet.

Der damalige Bundespräsident Roman Herzog nannte es »das zweite Denkmal für einen Demokraten in Deutschland nach der Paulskirche«.

Das Denkmal wurde von dem aus Hof gebürtigen Bildhauer Andreas Theurer geschaffen, der aus einem Wettbewerb als Gewinner hervorgegangen war. Das begehbare Kunstwerk ist 14 x 11m groß und stellt als symbolische Nachbildung eine aufgeschlagene Seite von Wirths Zeitung *Deutsche Tribüne* dar.

Der Künstler definiert sein Werk wie folgt:
> *Eine Zeitung, eine Bühne,*
> *eine Erhebung von Unten.*
> *Sie gleicht einem Flugblatt,*
> *einer schwebenden Kraft.*
> *Einer Fahne ohne Farben*
> *schwarz auf weiß*
> *für die Kraft des Wortes*
> *für den freien Gedanken.«*

Foto: Reinhard Feldrapp

DANK

Dank ist zu sagen an alle, die das Entstehen dieser Arbeit begleitet und unterstützt haben.

Schon bei der Erstausgabe im Weinheimer Quadriga-Verlag ging mein Dank an Christof Müller-Wirth, den Ur-Urenkel von Johann Georg August Wirth, der diese Lebensgeschichtsschreibung angeregt und mit seinem Rat gefördert hat. Er machte u.a. auch Dokumente und Schriften aus dem Familienbesitz zugänglich. Denkanstöße und wertvolle Ratschläge erhielt ich zudem von dem Vormärz-Forscher Dr. Walter Grab (†), der meine Arbeit kritisch und wohlwollend begleitete.

Tatkräftig geholfen hatte zudem der Landrat des Saar-Pfalz-Kreises, Clemens Lindemann, sowie die Siebenpfeiffer-Stiftung, die Recherchen, Schreibarbeit und Lektorat finanziell ermöglichte.

Dass nunmehr, kurz vor dem 180. Jahrestag des Hambacher Festes, eine wohlfeile, auch für den Geschichtsunterricht zugängliche Taschenbuchausgabe vorgelegt werden kann, ist abermals den Bemühungen von Christof Müller-Wirth zu verdanken. Sein Ziel, junge Menschen für Freiheitsbewegungen, Menschenrechte und die Ideale unserer Demokratie zu interessieren, wird großzügig unterstützt vom Sparkassenverband Rheinland-Pfalz.

Und schließlich danke ich dem Mannheimer Verleger Ulrich Wellhöfer, der mit großem Engagement die neue Gestalt dieser Biografie besorgte.

Neckargemünd, August 2011
Michail Krausnick

ANMERKUNGEN

1   Carl Zogelmann (1808-1888) war eine wichtige Persönlichkeit
    im Leben der Stadt Konstanz. Er trat stets für fortschrittliche
    und freiheitliche Ideen ein. 1848/49 beteiligte er sich an der
    Revolution und floh danach ins Schweizer Exil (bis 1857).
    Gegen den Widerstand kirchlicher Kreise engagierte er sich
    für die Errichtung des Hussensteins als Mahnmal für Tole-
    ranz und Gewissensfreiheit. Zahlreiche wohltätige Stiftungen.

2   Staedt. Museen Konstanz, Fax vom 16.9.96 an Dr. Christof
    Müller-Wirth in Karlsruhe.

3   Das Nationalfest der Deutschen zu Hambach – Unter Mit-
    wirkung eines Redaktions-Ausschusses beschrieben von
    J.G.A Wirth, Neustadt a/H. 1832.

4   Seit Heinrich von Treitschke, der Bismarck und die Hohen-
    zollern zu den Vollendern deutscher Freiheits- und Einheits-
    kämpfe verfälschte, blieben die Hambacher Demokraten
    ebenso wie die deutschen Jakobiner und die Freiheitskämpfer
    von 1848 eine Fußnote der herrschenden bzw. untertänigen
    Geschichtsschreibung. Obgleich die Weimarer ebenso wie
    die Bonner Demokratie in ihren Verfassungen zumindest auf
    dem Papier die freiheitlichen Ideen und Traditionen ihrer
    Vorkämpfer übernahmen, blieben die einstigen »Staats-
    feinde« eher historische Randgestalten. Erst Ende der 60-er
    Jahre, nicht zuletzt auf Anstoß des Bundespräsidenten
    Gustav Heinemann, entwickelte sich kurzfristig ein Bewusst-
    sein für die demokratischen Traditionen unserer Geschichte.

5   Die Zitate dieses und der folgenden beiden Kapitel entstam-
    men – soweit nicht anders angegeben – der autobiografischen
    Schrift »Denkwürdigkeiten aus meinem Leben«, von Johann
    Georg August Wirth, Emmishofen, 1844. Wie die meisten
    Biografien zeichnet sie im Nachhinein eine Folgerichtigkeit
    der geistigen und seelischen Entwicklung der Jugendjahre,
    die man im Einzelnen bezweifeln, aber im Ganzen kaum
    widerlegen kann.
    Dagegen versuche ich Wirths Entwicklung in der chronologi-
    sche Reihenfolge und im historischen Kontext nachzuzeichnen.

Zum Vergleich hinzugezogen wurde der lokalhistorische Aufsatz von Ernst Dietlein, Dr. Johann Georg August Wirth – der Vorläufer für ein einiges deutsches Reich, in: Chronik der Stadt Hof, Band 8, Hof 1936, S. 7-71; die Dissertation von Otto Heinrich Müller, Johann Georg August Wirth und die Entwicklung des radikalen Liberalismus von 1830-1848, Frankfurt am Main 1925; die Briefsammlung von Hans Schröter (Hg.), J. G. A. Wirth: Aus Haft und Exil. Briefe [...] 1833 bis 1837, Speyer 1985, vgl. auch ADB, Allgemeine Deutsche Biographie, Bd. 43, S. 531-533.

6   J.G.A. Wirth, Handbuch der Strafrechtswissenschaft und Strafrechtsgesetzgebung, Breslau 1823.

7   Vgl. Max Wirth, Ernste und frohe Tage, Köln 1884, S. 16.

8   J.G.A. Wirth, »Über die Nothwendigkeit einer durchgreifenden und gründlichen Verbesserung der Civil-Proceßordnung, Rechtspflege und Gerichts-Verfassung in Bayern«, Bayreuth 1826.

9   J.G.A. Wirth, »Zustand der Rechtspflege in Baiern«, Entwurf eines Strafgesetzbuches«, Bayreuth 1826.

10 J.G.A. Wirth, Walderode, eine historische Novelle aus der neueren Zeit, Emmishofen 1845, S. 9ff. Die folgende Passage folgt der Erzählung.

11 J.G.A. Wirth, Walderode, a.a.O., S. 13f.

12 J.G.A. Wirth, Denkwürdigkeiten, a.a.O., S.82 ff. Die folgende Passage folgt den Memoiren.

13 J.G.A. Wirth, Walderode, a.a.O. S.195.

14 J.G.A. Wirth, Walderode, a.a.O., S. 155.

15 J.G.A. Wirth, Walderode, a.a.O., S. 155.

16 Max Wirth, Ernste und frohe Tage, Köln 1884, S.18.

17 J.G.A. Wirth, Walderode, a.a.O., S. 179ff.

18 J.G.A. Wirth, Walderode, a.a.O., S. 198.

19 J.G.A. Wirth, Walderode, a.a.O., S. 197.

20 J.G.A. Wirth, Walderode, a.a.O., S. 192.

21 Max Wirth, a.a.O., S. 22.

22 Nach Max Wirth, a.a.O., S. 23f.

23 Die folgende Passage folgt der Schilderung von Max Wirth, a.a.O., S. 20f.

24 Max Wirth, a.a. O., S. 21.

25 J.G.A. Wirth, Walderode, a.a.O., S. 199.

26 J.G.A. Wirth, Walderode, a.a.O., S. 199f.

27 Die Passage folgt der autobiographischen Erzählung in Walderode, S. 200ff.

28 Max Wirth, a.a.o., S. 20

29 J.G.A. Wirth, Walderode, a.a.O., S. 205.

30 J.G.A. Wirth, Walderode, a.a.O., S. 207f.

31 J.G.A. Wirth, Walderode, a.a.O., S. 212.

32 J.G.A. Wirth, Walderode, a.a.O., S. 214.

33 J.G.A. Wirth, Walderode, a.a.O., S. 212f.

34 Max Wirth, a.a.O., S.22.

35 J.G.A. Wirth, Walderode, a.a.O., S. 220.

36 J.G.A. Wirth, Walderode, a.a.O., S. 221.

37 J.G.A. Wirth, Walderode, a.a.O., S. 221.

38 Ludwig Börne, Briefe aus Paris, 60. Brief, 30. November 1831, in: Ludwig Börne, Sämtliche Schriften, 5 Bde., Dreieich 1977.

39 J.G.A. Wirth, Walderode, a.a.O., S. 321f.

40 J.G.A. Wirth, Walderode, a.a.O., S. 324.

41 J.G.A. Wirth, Walderode, a.a.O., S. 318.

42 J.G.A. Wirth, Walderode, a.a.O., S. 318f.

43 J.G.A. Wirth, Walderode, a.a.O., S. 325.

44 J.G.A. Wirth, Walderode, a.a.O., S. 323.

45 Ludwig Börne, Briefe aus Paris, 60. Brief, 30. November 1831.

46 29. November 1831, zit. n. Wilhelm Weber, Homburg und Hambach, Heimatschriften des Kreises Homburg, 1957, S. 30f.

47 Der Bote aus dem Westen, 6. Dezember 1831.

48 Vgl. J. G. A. Wirth, Walderode, a.a.O. S. 326.

49 Es handelt sich um das »Zöller'sche Haus« (heute: Eisenbahnstraße 13).

50 J. G. A. Wirth, Walderode, a.a.O. S. 326.

51 Später, als nach dem Hambacher Fest die verschärften Verfolgungen einsetzen, will allerdings mancher nicht mehr dabei gewesen sein. Oder redet sich gewunden heraus, wie der Dekan Weber, der von seinen Kirchenobern inquisitorisch verhört wurde: »Diese Frage muß ich allerdings mit ›ja‹

beantworten, jedoch auch zugleich bemerken, daß nicht die Anhänglichkeit an Wirth und seine Grundsätze mich dahin führten, sondern, dass mir die Veranlaßung sowie der Zweck dieses Mahles durchaus fremd und unbekannt waren, und daß ich erst auf demselben, und zwar spät, Kenntnis davon erhielt. Hier ist es nämlich sehr oft der Fall, ... daß den Beamten oder auch einem angesehenen Bürger, welche in die Stadt kommen, ein Essen zur Bewillkommnung gegeben wird ... Hier aber wollte ich mich umso weniger entziehen, da Gastwirt Cappel ein Glied meiner Gemeinde ist, und ich schon früher bei katholischen Wirten solchen Essen beiwohnte. Daß ich mich aber bei diesem Essen, sobald mir der Zweck desselben offenbar und die Toaste auf Schüler, Wirth usw. ausgebracht wurden, ganz passiv verhielt und, sobald es mit Ehren geschehen konnte, und zwar sehr frühzeitig, entfernte, dieses wird mir jeder Wahrheitsliebende bezeugen müssen.« – Zum Verständnis der lammfrommen Ausflüchte sei angemerkt, dass der Dekan als königlicher Staatsbeamter mit Amtsentzug oder Versetzung bedroht war.

52   Deutsche Tribüne, Nr.7, 9.1.1832.

53   Max Wirth, a.a.O., S. 25.

54   Max Wirth, a.a.O., S. 24f.

55   J. G. A. Wirth, Walderode, a.a.O. S. 326.

56   J. G. A. Wirth, Walderode, a.a.O. S. 334.

57   J. G. A. Wirth, Walderode, a.a.O. S. 334.

58   Max Wirth, a.a.O., S. 30.

59   Deutsche Tribüne, 7.2.1832.

60   So charakterisierte einer der polnischen Redner, Oranski, das Hambacher Fest.

61   Deutsche Tribüne, Nr. 22, 25.1.1832.

62   Deutsche Tribüne, Nr. 24, 28.1.1832.

63   Deutsche Tribüne, Nr. 24, 28.1.1832.

64   Max Wirth, a.a.O., S. 36.

65   Alexander Laski, zitiert in der Hambacher Rede von Zatwarnicki, vgl. Wirth, Das Nationalfest der Deutschen zu Hambach, a.a.O., S. 95.

66   J. G. A. Wirth, Walderode, a.a.O. S. 335.

67   Deutsche Tribüne, Nr. 35/36/37.

68 Tribüne, Nr. 36, 10.2.1832.

69 Joseph Savoye, Advokat in Zweibrücken, geboren 1801, verfasste eine Flugschrift: »Garantien der freien Presse im bayerischen Rheinkreis«, die im Anschluss an das Schülerfest bei Ritter gedruckt wurde.

70 »Deutschlands Pflichten«,Tribüne, Nr.29, 3. 2.1832.

71 Tribüne, S. 344.

72 Tribüne, S. 352.

73 Deutsche Tribüne, Nr. 42, 16.2.1832.

74 J. G. A. Wirth, Walderode, a.a.O. S. 346.

75 Ludwig Börne, Briefe aus Paris, 75. Brief, 13.2.1832.

76 Ludwig Börne, Briefe aus Paris, 78. Brief, 1.3.1832.

77 Heinrich Heine, Werke und Briefe, Berlin u. Weimar 1972, Bd. 4, S. 493.

78 Tribüne, Nr. 43, 20.2.1832.

79 J. G. A. Wirth, Walderode, a.a.O. S. 343.

80 J. G. A. Wirth, Walderode, a.a.O. S. 344.

81 J. G. A. Wirth, Walderode, a.a.O. S. 344.

82 J. G. A. Wirth, Walderode, a.a.O. S. 345.

83 Deutsche Tribüne, Nr. 5 , 7.1.1832.

84 J. G. A. Wirth, Walderode, a.a.O. S. 347.

85 Seit dem 9. Februar 1832.

86 Über Scharpff sagt Wirth in einem Einwurf auf die Anklage im Landauer Assisenprozess: »Ich muß zu Steuer der Wahrheit erklären, daß mein Freund Scharpff keine Ideen von mir entlehnt hat. Herr Scharpff ist ein sehr selbstständiger, charakterfester und sehr talentvoller junger Mann. Und wenn es der Fall ist, daß wir in unseren Ansichten uns einander nähern, so habe ich eher von ihm mir etwas zugeeignet als er von mir.« (Verhandlungen, S.442)

87 Georg Fein, geboren 1803 in Helmstedt, als Sohn des Hofrates und Bürgermeisters Fein, gestorben 26.1.1869 in Dissenhofen (Schweiz). Er versuchte nach der Verhaftung Wirths am 16.3. 1832 die *Tribüne* fortzusetzen, wurde in Zweibrücken verhaftet. kam in das Arresthaus in Homburg und hielt sich anschließend in Winnweiler auf und wurde von dem dortigen Richter Klein entlassen. Dann war er wieder in Zweibrücken und

wurde erneut verhaftet und unter großem Volksauflauf nach Kirchheimbolanden gebracht und schließlich nach Baden abgeschoben. Nach dem Hambacher Fest flüchtete Fein nach Oslo, Straßburg, Paris und 1834 nach Zürich, wo er die *Neue Züricher Zeitung* herausgab. In der Schweiz gründete er deutsche Arbeitervereine und nahm teil am Freischarenzug nach Luzern. 1848 kehrte Fein wieder nach Deutschland zurück und leitete zuletzt Fortbildungsschulen in der Schweiz.

88   Deutsche Tribüne, Nr. 52, 27.2.1832.

89   J. G. A. Wirth, Walderode, a.a.O. S. 352.

90   Demüthigung Deutschlands, Deutsche Tribüne, Nr. 18, 21. Januar 1832.

91   Ludwig Börne, Briefe aus Paris, 75. Brief, 13. 2. 1832.

92   Ludwig Börne, Briefe aus Paris, 74. Brief, 10. 2. 1832.

93   Ludwig Börne, An Jeanette, 7. März 1832, abschriftliche Mitteilung.

94   Ludwig Börne, an Jeanette, ebd.

95   Ludwig Börne, Briefe aus Paris, 77. Brief, 26.2.1832.

96   Deutsche Tribüne, Nr. 57, 58 u. 63.

97   Deutsche Tribüne, S. 200, 27.1.1832.

98   Deutsche Tribüne, Nr. 41, 15.2.1832.

99   Deutsche Tribüne, Nr.47, 22.2.1832.

100 J. G. A. Wirth, Walderode, a.a.O. S. 352.

101 J. G. A. Wirth, Walderode, a.a.O. S. 353.

102 J. G. A. Wirth, Walderode, a.a.O. S. 353.

103 J. G. A. Wirth, Walderode, a.a.O. S. 357.

104 Deutsche Tribüne, Nr. 68, 18.März 1832.

105 Max Wirth, Ernste und frohe Tage, a.a.O., S. 38.

106 Max Wirth, Ernste und frohe Tage, a.a.O., S. 38f.

107 Max Wirth, Ernste und frohe Tage, a.a.O., S. 39.

108 J. G. A. Wirth, Walderode, a.a.O. S. 370.

109 Max Wirth, Ernste und frohe Tage, a.a.O., S. 40.

110 Deutsche Tribüne, 20.3.1832.

111 J. G. A. Wirth, Walderode, a.a.O. S. 352.

112 Heinrich Heine, Werke und Briefe, Bd. 4, Berlin und Weimar 1972, S.495.

113 Speyer, Staatsarchiv: H1 Nr. 1039 Blatt 7-12. Vergl. auch Helmut G. Haasis, a.a.O., S.112ff.

114 Diesen von der herkömmlichen Geschichtsschreibung lange vernachlässigten Aspekt hat vor allem Helmut G. Haasis in seiner Arbeit »Volksfest, sozialer Protest und Verschwörung – 150 Jahre Hambacher Fest«, Heidelberg 1981, deutlich hervorgehoben.

115 Veit Valentin: Das Hambacher Nationalfest, Berlin 1932, S. 110-121.

116 Ohnehin ist es unsinnig und ungerecht, den demokratischen Aufschwung seit 1830 auf die feurigen Reden eines einzigen Tages zusammenschrumpfen zu lassen. Das nutzte nicht nur der dienenden Geschichtsschreibung und nährte die Verspottungsgelüste kaiserlicher Historiker, es bagatellisiert und verniedlicht die Freiheitsbewegung auch heute noch und lässt die Vorkämpfer allzu leicht als Phantasten und Utopisten erscheinen. Insofern ist die jahrestägliche Sicht auf das Hambacher Ereignis nicht unproblematisch. Auch demokratische Festredner bedienen sich gern dieser verkürzten Perspektive, um sich selbst und die Welt als unverbesserliche festzureden.

117 Johann Georg August Wirth (Hrsg.): Das Nationalfest der Deutschen zu Hambach, Neustadt a. d. H. 1832, S. 10- 15.

118 Jakob Venedey, unveröffentlichtes Manuskript von 1832, in: Hermann Venedey, Jakob Venedey, Stockach 1930, S.15ff.

119 Das Nationalfest der Deutschen zu Hambach, a.a.O., S.43.

120 Ebd., S. 47f.

121 Jakob Venedey, a.a.O., S. 16f.

122 Das Nationalfest der Deutschen zu Hambach, a.a.O. , S. 43-46.

123 Dieser Aspekt wurde später gern – aus dem tagespolitischen Kontext gerissen – nationalistisch interpretiert. Auch während der Rheinkrise 1840 finden sich bei Wirth überzogene antifranzösische Affekte. 1832, während des Hambacher Festes, allerdings richtete sich sein Angriff vor allem gegen mit Frankreich sympathisierende Kräfte im eigenen Lager. Fest steht: Wirth wollte keine partielle linksrheinische Freiheit. Obgleich er sich am französischen Vorbild orientierte und später auch in Frankreich Asyl suchte, ist er im Gegensatz zu den Pfälzern, die mit Napoleon konkretere und bes-

307

sere Erfahrungen hatten, noch stark von der alten Franzosen-
furcht und den »Freiheitskriegen« geprägt.

124 Vgl. hierzu Wirths eigene Darstellung in »Walderode«,
a.a.O., sowie Max Wirth, Ernste und frohe Tage, a.a.O.,
S.43f.

125 Dabei ist nicht auszuschließen, dass die tatsächliche, frei
gehaltene Rede in einigen Punkten schärfer als die gedruckte
gewesen ist. Was nicht nur die Anklage im späteren Landauer
Assisenprozess vergeblich nachzuweisen versucht.

126 Veit Valentin: Das Hambacher Nationalfest, Berlin 1932, S.
110-121.

127 Metz: Auf dem Hambacher Fest am 27. Mai 1832. In: Leininger Geschichtsblätter, 9,1910, Nr 2, S.10.

128 Albert Becker: Hambach und Pirmasens, Pirmasens 1928, S.
34-36.

129 Jakob Venedey, a.a.O., S. 23.

130 Vergl. Helmut G. Haasis, Volksfest, Sozialer Protest und
Verschwörung, a.a.O., sowie Gregor Halmes, Der gallische
Hahn kräht nicht, in: Ein Leben für die Freiheit – Philipp
Jakob Siebenpfeiffer, Konstanz 1989, S. 272ff.

131 Helmut G. Haasis, a.a.O.

132 Trotz der vielfältigen und außerordentlich reichen Quellen-
lage (von Spitzelberichten über Zeitungsberichte bis zur
Memoirenliteratur), bleibt Wirths »Das Nationalfest der
Deutschen zu Hambach« nach wie vor die wichtigste Quelle
über die »Geburtsstunde der deutschen Demokratie«. Allerdings wurden nicht alle Reden aufgenommen, etliche redigiert. Das gesprochene Wort (z.B. bei Johann Philipp Becker
und Wirth) war in der Regel radikaler als die vorgelegten
Manuskripte, wie wir aus Aussagen im Prozess wissen. Die
Festbeschreibung erschien in zwei Heften, dreißig Kreuzer
kostete das erste, 24 Kreuzer das zweite Heft. Der Gewinn
war für die »Gründung eines Fonds für deutsche politische
National-Journalistik« bestimmt. Siebenpfeiffers Rede wurde
auch separat unter dem Titel »Der Deutschen Mai« vertrieben. Die dafür veranschlagten zwölf Kreuzer waren ausdrücklich für die »Errichtung eines Denkmals dieses Festes«
vorgesehen.

133 Viktor Bibl, Metternich in neuer Beleuchtung. Sein geheimer Briefwechsel mit dem bayerischen Staatsminister Wrede, Wien 1928, S. 323f.

134 Aus Metternichs nachgelassenen Papieren, 5. Bd., Wien 1882, S.338f.

135 Viktor Bibl, a.a. O., S. 375.

136 Max Wirth, Ernste und frohe Tage, a.a.O., S. 41.

137 Max Wirth, Ernste und frohe Tage, a.a.O., S. 42.

138 Max Wirth, Ernste und frohe Tage, a.a. O., S. 2.

139 Die Original-Aufzeichnungen sind heute noch vorhanden und warten auf Entschlüsselung.

140 Brüggemann wird begnadigt, erst zu lebenslänglicher, dann zu fünfzehnjähriger Festungshaft. Am 14. August 1840 schließlich wird er anläßlich der Thronbesteigung des Königs Friedrich Wilhelm IV. amnestiert.

141 Ludwig Hoffmann (Hrsg.): Vollständige Verhandlungen vor dem königlich bayerischen Appellationsgerichte des Rheinkreises und in den öffentlichen Sitzungen des außerordentlichen Assisengerichtes Landau, Zweibrücken 1833 Hoffmann, S.122f.

142 Hoffmann, a.a.O. S.113-115.

143 Hoffmann, a.a.O., S.104-106.

144 Hoffmann, a.a.O., S.107.

145 Darstellung der blutigen Ereignisse vom Pfingsfeste 1833, Neustadt 1833, zitiert nach Helmut Mathy, Freiheitliches Erbe zwischen Anspruch und Wirklichkeit, in Keim/Mathy, Hambach 1832-1982, Mainz 1982, S.301ff. Die Dokumentation wurde nach Erscheinen sofort verboten und konfisziert.

146 Max Wirth, Ernste und frohe Tage, a.a.O., S. 44f.

147 Max Wirth, Ernste und frohe Tage, a.a.O., S. 45.

148 Max Wirth, Ernste und frohe Tage, a.a.O., S. 45.

149 Max Wirth, Ernste und frohe Tage, a.a.O., S. 49ff.

150 Max Wirth, Ernste und frohe Tage, a.a.O. S. 4.

151 Max Wirth, Ernste und frohe Tage, a.a. O. S. 4.

152 Hoffmann, a.a.O., S. 421ff., Sitzung vom 14. August 1833.

153 Vgl. Theophil Gallo, Die Verhandlungen des außerordentlichen Assisengerichts zu Landau in der Pfalz im Jahre 1833, Sigmaringen 1996, S. 99ff.

154 Hoffmann, a.a.O. S. 421ff.

155 Hoffmann, a.a.O., S. 460ff.

156 Hoffmann, a.a.O., S. 484ff.

157 Johann Georg August Wirth, Walderode, Emmishofen 1845, S. 386- 390.

158 Roland Paul, Steinwenden – ein revolutionäres Zentrum in der Westpfalz, in Jahrbuch zur Geschichte von Stadt und Landkreis Kaiserslautern, Bd. 18/19, Otterbach 1981, S. 463f.

159 Anton Doll, Philipp Jakob Siebenpfeiffer, Johann Georg August Wirth, in: Kurt Baumann (Hg.), Das Hambacher Fest, Speyer 1957, S. 81. Doll spricht nicht von »Knaben«, sondern vom elfjährigen Max und dem Zweibrücker Rechts-kandidaten Barth.

160 An Regina, 5.3.1834, in Johann Georg August Wirth, Aus Haft und Exil, herausgegeben von Hans Schröter, Speyer 1985, S. 23ff.

161 An Regina, 20.4.1834, Schröter, a.a.O.,S. 30ff.

162 An Regina, 20.4.1834, Schröter, a.a.O.,S. 30ff.

163 »Ein Attentat bei Transportierung des Dr. Wirth von Zwei-brücken nach Kaiserslautern betr.«, Schreiben des Regie-rungspräsidiums des Rheinkreises, Speyer, 24. April 1834.

164 Brief von Jakob Emig an seinen Sohn Georg am 25. Mai 1834. Zit. Nach Karl Fischer, Homburg im Deutschen Vor-märz, in »Von Homburg nach Hambach«, Homburg 1982, S.61ff.

165 Max Wirth, Ernste und frohe Tage, a.a.O.,S. 51.

166 An Regina, ...4.1834, Schröter, a.a.O., S. 33ff.

167 An Regina, ...4.1834, Schröter, a.a.O., S. 33ff.

168 An Regina, 11.1.1835, Schröter, a.a.O., S. 66ff.

169 An Regina, 6.7.1834, Schröter, a.a.O., S. 47.

170 An Regina, 15.6.1834, Schröter, a.a.O., S.44.

171 An Regina, 6.7.1834, Schröter, a.a.O., S. 47.

172 An Regina, 21.10.1834, Schröter, a.a.O., S. 59.

173 An Regina, 8.3.1835, Schröter, a.a.O., S. 73f.

174 Vgl. Schröter, Aus Haft und Exil, a.a.O., S. 47. Abstand zu seinen Theorien nahm er lt. seiner Biographie in den Biographischen Umrissen, 1848, a.a.O., vgl. auch Schlechter, a.a.O., S. 212.

175 An Regina, 19.4.1835, Schröter, a.a.O., S. 78.

176 An Regina, 13.9.1835, Schröter, a.a.O., S. 90.

177 Max Wirth, Ernste und frohe Tage, a.a.O.,S. 57.

178 Walderode, a.a.O., S. 404f.

179 Walderode, a.a.O., S. 415f.

180 Walderode, a.a.O., S. 411.

181 Ernst Dietlein, Dr. Johann Georg August Wirth, in: Chronik der Stadt Hof, Bd. 8, Hof 1936, S. 48f.

182 Walderode, a.a.O., S. 417.

183 Walderode, a.a.O., S. 418f.

184 Walderode, a.a.O., S. 413.

185 Braga, Vaterländische Blätter für Kunst und Wissenschaft, Heidelberg 1838,
Über Weltliteratur, S. 90.

186 Braga, a.a.O., S. 191.

187 J.G.A. Wirth, Die politisch-reformatorische Richtung der Deutschen im XVI. und XIX. Jahrhundert, Bellevue im Canton Thurgau 1841, S. II.

188 Walderode, a.a.O., S. 421.

189 Walderode, a.a.O., S. 429.

190 Walderode, a.a.O., S. 429, handschriftliche Notiz, mitgeteilt von Christof Müller-Wirth.

191 Otto Heinrich Müller, Johann Georg August Wirth, Diss. Frankfurt 1925. Hierbei dürfte sich Müller auf Andeutungen aus der Familie gestützt haben, die heute nicht mehr verifizierbar sind.

192 Walderode, a.a.O., S. 78.

193 Vgl. Armin Schlechter, Johann Georg August Wirth, Neustadt 2010, S. 189 u. Peter Koppenhöfer, Johann Georg Deeg, Heidelberger Jahrbücher 2010,S. 162ff.

194 Hermann Venedey, Jakob Venedey, Phil.Diss., Stockach 1930, S.104f.

195 Ignaz Vanotti (1798-1870), Anwalt am Konstanzer Hofgericht, wird als leidenschaflicher Republikaner, selbstbewusster Jurist und uneigennütziger Verleger und Publizist geschildert. Für seinen Verlag *Belle Vue* bei Konstanz und die beiden Blätter *Leuchtthurm* (1838-1839) und die *Deutsche Volkshalle* (1839-1841) setzte er fast sein ganzes

Vermögen ein. Es geht ihm um die Propagierung freiheitlicher Ideen. Als versierter Jurist führt er – erfolgreicher als andere – in dieser Zeit einen tagtäglichen Kleinkrieg gegen die Zensur. Die Beteiligung an der Revolution im Jahre 1848 zwang ihn zur Emigration. Vgl. Norbert Deuchert, Vom Hambacher Fest zur badischen Revolution. Politische Presse und Aanfänge deutscher Demokratie, Stuttgart 1983, S. 101ff.

196 Es sei nicht unberechtigt, meint Norbert Deuchert, »die um 1840 entstehende politische Presse Badens als Avantgarde der vormärzlichen Publizistik anzusehen« und damit als einen »Neuansatz der Opposition«(a.a.O. S. 88). Zu den Zeitungen dieser Periode zählt auch der »Rheinische Postillon« in Mannheim.

197 Vgl. Deuchert, a.a.O., S. 115.

198 Deutsche Volkshalle 1839, Nr. 1, Constanz, 1. September 1839, S. 1.

199 J. G. A. Wirth, Regierungsgewalt und Opposition, in: Deutsche Volkshalle, zitiert nach »Sonnenblicke aus dem Thurgau«, von Schr ...n, Belle-Vue bei Constanz, 1845, S. 31.

200 Erst am 4.3.1841 gibt sich Wirth als verantwortlicher Hauptredakteur offiziell zu erkennen, was allerdings zu diesem Zeitpunkt bereits europaweit bekannt war. Dennoch scheint eine offizielle Namensnennung nicht opportun gewesen zu sein. Herweghs Autorschaft sowie seine Redaktion des »Kritischen Theils« wurde schon Anfang 1840 bekannt gegeben.

201 Metternich an Wittgenstein, zit. Nach Glossy, Geheimberichte I (XXI), vgl. Frank Thomas Hoefer, Pressepolitik und Polizeistaat Metternichs. Die Überwachung von Presse und politischer Öffentlichkeit in Deutschland und den Nachbarstaaten durch das Mainzer Informationsbüro (1833-1848), München 1983, S. 48.

202 Ebners Geheimberichte an das Mainzer Informationsbüro v. 5.11.1839, 19.11.1839, 9.4.1840 u. 24.1.1841 liegen im Haus-, Hof und Staatsarchiv in Wien (HHSTA) vor. Vgl. Hoefer, a.a.O., S. 119.

203 Geheimbericht Strohmeyers vom 25.11.1846, nach Hoefer, a.a.O., S. 119.

204 Zit. nach Hoefer, a.a.O. S. 116, Engelshofen an Metternich, 10.12.1841.

205 Brief an Wilhelm Gerstel, Anfang Januar 1840. Zit. nach Ingo Fellrath, Georg Herweghs Aufenthalt in Emmishofen, in: Zeitschrift für Württembergische Landesgeschichte, Jg. 48 (1989), S. 239-267, S. 262.

206 Ebd.

207 Brief an Wilhelm Gerstel, Anfang 1840. Zit. nach Fellrath, a.a.O., S. 263.

208 Brief an Gutzkow vom 29. Dezember 1839. Zit. nach Fellrath, a.a.O., S.262.

209 Die politisch-reformatorische Richtung der Deutschen im XVI. und XIX. Jahrhundert«, Belle-Vue 1841, S. 320ff.

210 Die politisch-reformatorische Richtung der Deutschen, a.a.O., S. 345.

211 Die politisch-reformatorische Richtung der Deutschen, a.a.O., S. 326 u. 337.

212 Georg Fein in einer Nachschrift zu einem Brief Rauschenplatts an Jakob Venedey, 7. Hornung 1841, in Hermann Venedey, Jakob Venedey, Phil.Diss., Stockach 1930, S. 120f.

213 Georg Fein an Jakob Venedey, 12. April 1841, in: Hermann Venedey, Jakob Venedey, a.a.O., S. 122f.

214 Die politisch-reformatorische Richtung der Deutschen, a.a.O., S. 343f.

215 Anzeige, die Deutsche Volkshalle betreffend, im Anhang zu Wirth, Die politisch-reformatorische Richtung der Deutschen, Belle-Vue bei Constanz, 9. Nov. 1840.

216 Hoefer, a.a.O., S. 151.

217 Deuchert, a.a.O., S. 118.

218 Walderode, a.a.O., S. 421.

219 Deuchert, a.a.O., S. 126.

220 Deuchert, a.a.O., S. 126.

221 Ich teile die Einschätzung von Norbert Deuchert, a.a.O., S.124ff.

222 »Ewige Wahrheiten des Dr. Wirth« – Auszüge aus den Artikeln der Volkshalle, von Schr ...n, »Sonnenblicke aus dem Thurgau«, a.a.O., S. 133ff.

223 Die politisch-reformatorische Richtung der Deutschen,
    a.a.O., S.215.
224 Die politisch-reformatorische Richtung der Deutschen,
    a.a.O., S. 222.
225 Die politisch-reformatorische Richtung der Deutschen,
    a.a.O., S. 215.
226 Die politisch-reformatorische Richtung der Deutschen,
    a.a.O., S. 369.
227 Walderode, Die sociale Reform, a.a.O., S. 243ff.
228 Walderode, a.a.O., S. 293.
229 Wilhelm Weitling, zit. nach Deuchert, S. 127.
230 Walderode, a.a.O., S. 422.
231 Walderode, a.a.O., S. 425.
232 J.G.A. Wirth, Die Geschichte der Deutschen, Emmishofen
    bei Konstanz am Bodensee, im Verlage des Verfassers, Erster
    Band, 1842, S. 12.
233 Walderode, a.a.O., S. 298f.
234 J.G.A. Wirth, Ein Wort an die deutsche Nation. Kunstverlag
    Karlsruhe 1848, S. 3.
235 Ebd., S.6.
236 Ebd., S. 10.
237 Wilhelm Zimmermann, Die deutsche Revolution (=Band
    4 von Wirths »Die Geschichte der deutschen Staaten ...«,
    »nach dessen Tode fortgesetzt«, Karlsruhe, 1848, S.371ff.
238 J.G.A. Wirth, Ein Wort an die deutsche Nation, a.a.O., S. 13.
239 Ebd., S. 13.
240 Ebd., S. 4.
241 Ebd., S. 8f.
242 Ebd., S.14.
243 Verhandlungen des Deutschen Parlaments, Officielle Aus-
    gabe, Frankfurt 1848, S. 55f.
244 Johann Georg August Wirth's Letztes Wort an die deutsche
    Nation, Mit Randglossen von M. Wirth, Frankfurt 1849.
245 Ebd., S.17f.
246 Ebd. S. 22f.
247 Ebd. S. 21.
248 Ebd. S.18.
249 Ebd. S. 19f.

250 Ebd. S. 23.

251 Ebd., S. 23.

252 Ebd., S. 23f.

253 Ebd. S. 27.

254 Lt. Parlamentsprotokoll in seiner Wohnung in der »alten Mainzerstraße Nr.46«.

255 Zitiert, nach »Dr. Johann Georg August Wirth – der Vorkämpfer für ein einiges deutsches Reich«, S. 58.

256 1872 zum 40. Jahrestag des Hambacher Festes schreibt Friedrich Stoltze *gegen die damals grassierende Vereinnahmung und verlogene Heimholung der Demokratiebewegung ins Kaiserreich* in einem Gedicht:

»Der Verbrüderung der Nationen
Und der deutschen Republik
Brachte Wirth ein Hoch! Und Kronen
Hielt er für ein Mißgeschick.
Vom Cherusker und der Eiche
Vom Kyffhäuser und so fort
Und vom Kaiser und vom Reiche
Sprach er nicht ein Sterbenswort.

Siebenpfeiffer rief: Nicht Knechte
Sind wir! Was im Lande weilt
Das ist frei! – Die Menschenrechte
Wurden unters Volk verteilt.
Freiheit! Freiheit! Welch ein Tosen,
Jubeln, völkerjugendlich!
Deutsche, Polen und Franzosen
Lagen an den Herzen sich.«

Michail Krausnick im Wellhöfer Verlag

Michail Krausnick

Du bist mir so unendlich lieb

96 Seiten, 9,80 Euro
ISBN: 978-3-939540-63-2

Michail Krausnick hat die romantischtragische Liebesbeziehung dreier Musiker aus ihren Briefen und Tagebüchern herausgelesen und zusammengestellt. »Ich lasse nicht von Dir!«, schreibt Robert an Clara, die als Wunderkind gefeierte Tochter seines Klavierlehrers. Doch der Vater sucht mit allen Mitteln eine Verbindung mit dem neun Jahre älteren Musiker zu verhindern. Nach jahrelangem Kampf erstreiten die Liebenden die Heiratserlaubnis. »Deine Briefe sind mir wie Küsse«, schreibt der zwanzigjährige Johannes an die Frau des Komponisten Robert Schumann. Während die vierzehn Jahre ältere Clara als Pianistin den Lebensunterhalt für die Familie verdient, kümmert sich der junge Musiker um ihre Kinder und den kranken Freund, der nach einem Selbstmordversuch in der Nervenheilanstalt lebt – aus Zuneigung, Trost und Zärtlichkeit wird mehr: »Die Leiden des jungen ... Brahms«

Michail Krausnick im Wellhöfer Verlag

Michail Krausnick

Denn Du bist mein Liebstes auf der Welt

96 Seiten, 9,80 Euro
ISBN: 978-3-939540-66-3

Der Geheime Rat und Bestsellerautor Johann Wolfgang von Goethe geht im Park an der Ilm »so für sich hin«, als ihm ein hübsches, junges Mädchen mit einer Bittschrift in den Weg tritt: Christiane Vulpius. Der Dichter ist schnell entflammt, sein Gartenhaus nicht weit und wenig später sind beide ein Paar. Aus dem amourösen Abenteuer wird mehr: eine leidenschaftliche Liebe, eine 28-jährige, glückliche Lebensgemeinschaft. Und ein Skandal für eine vermeintlich bessere Gesellschaft. Christiane wurde beneidet, beschimpft, verleumdet und in ihrer Bedeutung für das Leben und Werk Goethes bis in unsere Tage verkannt. Die Briefe machen deutlich, wie beständig und stark die Liebes- und Lebenskunst des ungleichen Paares war, aber auch, wie Christiane aller Gehässigkeit zum Trotz schließlich als Gattin des Dichters und »Herrin des großen Hauses« über Klatschmäuler und Lästerzungen triumphierte.

Michail Krausnick im Wellhöfer Verlag

Michail Krausnick

Beruf: Räuber

208 Seiten, 9,80 Euro
ISBN: 978-3-939540-38-0

Das Buch ist so spannend zu lesen wie ein
Krimi. Nur: Es ist kein Krimi.
Den Mannefriedrich und die Hölzerlips-
bande hat es wirklich gegeben: Zwischen
Spessart und Odenwald trieben sie ihr Unwesen. Im Mai 1811
haben sie an der Bergstraße bei einem Postkutschenüberfall einen
Kaufmann getötet, sind später gefasst und in Heidelberg mit dem
Schwert hingerichtet worden.
Michail Krausnick hat nach alten Akten und Gerichtsprotokol-
len eine historische Reportage geschrieben, in deren Mittelpunkt
ein Räuberdichter zur Schillerzeit steht: Philipp Friedrich Schütz,
genannt Mannefriedrich, ein Liedermacher, Märchenerzähler
und Musikant. Seine in der Heidelberger Haft in die Kerkerwand
geschriebenen Lieder erzählen vom Leben der Vaganten und der
Not der Arbeits- und Obdachlosen.

»Die Armut, die war freilich schuld,
Weil man sie nicht mehr hat geduld't.
Die großen Herrn sind schuld daran,
Dass mancher tut, was er sonst nicht getan!«

Der mehrfach ausgezeichnete Räuber-Klassiker (über 70.000 Exem-
plare) in überarbeiteter Neuauflage.

Michail Krausnick im Wellhöfer Verlag

Michail Krausnick

Der Pfälzer Al Capone

224 Seiten, 12,80 Euro
ISBN: 978-3-939540-44-1

Ende der 50er-Jahre sorgte er als *Al Capone von der Pfalz* für Schlagzeilen:
Bernhard Kimmel, berüchtigt als der »erfolgreichste Tresorknacker der Adenauer-Ära«.
In einem biografischen Roman erzählt Michail Krausnick die Entwicklung eines Mannes, dessen Taten einst die Republik erregten. Was als romantisches Räuber- und Gendarm-Spiel und jugendliches Aufbegehren begann, endete in Schuld und lebenslanger Haft. Erzählt wird zugleich ein Stück Zeitgeschichte: eine Kindheit und Jugend in den Kriegs- und Nachkriegsjahren, außergewöhnlich und symptomatisch für die Zeit der Halbstarken und Frühreifen, der Alt-Nazis und Wirtschaftswunderbäuche.

Der legendäre Bandenchef ist heute ein von seiner Schuld gezeichneter Mann, der über 30 Jahre hinter Gefängnismauern verbüßte und schließlich in künstlerischer Arbeit eine neue Perspektive fand.

Michail Krausnick zeichnet in klarer, fesselnder Sprache die Biografie dieses »Räubers unserer Tage« nach. Fasziniert verfolgt der Leser den zweifelhaften Aufstieg des jungen Bernhard Kimmel zum meistgesuchten Gangster der Republik. Krausnick gelingt es, einem Stück Zeitgeschichte Atem einzuhauchen und die psychologischen Hintergründe aufzudecken.
Mannheimer Morgen

»Al Capone und Hilly im Pfälzer Wald« – Eine Story wie aus dem Kino. Spannende Zeitgeschichte; ein packendes Zeitpanorama der Kriegs- und Nachkriegsjahre.
Rhein-Neckar-Zeitung

Peter Klimm im Wellhöfer Verlag

Peter Klimm

50 Französische Erinnerungsorte in der Pfalz

139 Seiten, gebunden, ca. 80 Abbildungen
16,80 Euro
ISBN: 978-3-939540-26-7

1000 Jahre haben Pfälzer und Franzosen gemeinsame Geschichte gelebt. Die Spuren dieser Geschichte haben sich in den vergangenen Jahren und Jahrzehnten zunehmend verwischt. Ein zusammen wachsendes Europa braucht jedoch auch und gerade in einem seiner Kerngebiete Erinnerungsorte als Kristallisationskerne gegen das Vergessen.

»Da war doch mal was?«, mag sich manch einer angesichts so unterschiedlicher Orte wie Schlösser, Walmdachhäuser, Burgruinen oder Weinbergen in der Pfalz fragen. Dieses Buch liefert Antworten durch all die Geschichten, welche die Erinnerungsorte erzählen, die hier dargestellt und erläutert werden. Vorangestellt ist eine dem Fortgang der historischen Ereignisse folgende und der neueren Forschung verpflichtete zusammenhängende Darstellung der oft spannungsreichen Beziehungen zwischen Franzosen und Deutschen in der Pfalz.